THÈSE

POUR LE DOCTORAT

DROIT ROMAIN

CARACTÈRES GÉNÉRAUX SUR L'EXÉCUTION
AUX DIFFÉRENTES ÉPOQUES
DE LA LÉGISLATION ROMAINE

DROIT FRANÇAIS
DE LA
JURIDICTION DES RÉFÉRÉS

THÈSE POUR LE DOCTORAT

L'ACTE PUBLIC SUR LES MATIÈRES CI-APRÈS
Sera soutenu le Jeudi 1er Juin 1893, à 2 heures 1/2

PAR

Léon ARTHUS
PRINCIPAL CLERC D'AVOUÉ
LAURÉAT DE LA FACULTÉ DE DROIT

Président : M. GLASSON.

Suffragants : MM. AGLAVE.
CAUWÈS.
JOBBÉ-DUVAL. } *professeurs.*

PARIS
LIBRAIRIE NOUVELLE DE DROIT & DE JURISPRUDENCE
ARTHUR ROUSSEAU, ÉDITEUR
14, RUE SOUFFLOT ET RUE TOULLIER, 13

1893

A MA MERE

DROIT ROMAIN

CARACTÈRES GÉNÉRAUX
DE L'EXÉCUTION, AUX DIFFÉRENTES ÉPOQUES,
DE LA LÉGISLATION ROMAINE

CHAPITRE PREMIER

INSTITUTIONS PRIMITIVES

Les nécessités qui rapprochent les différents hommes les uns des autres et les amènent à contracter, n'existaient pas à l'époque de la législation romaine à laquelle nous nous plaçons. Alors l'activité industrielle ou commerciale, source de la plupart des contrats, faisait complètement défaut, chacun se suffisant à lui-même. L'individu d'ailleurs se trouvait rarement isolé, il vivait au milieu de la famille dont tous les membres se devaient protection et assistance ; les différentes familles vivaient isolément les unes à côté des autres ; on a comparé, avec beaucoup de justesse, leur situation toute indépendante à celle des États modernes.

Il est facile de concevoir, qu'avec une telle organisation sociale, il n'y avait pas beaucoup de place pour les contrats.

Lorsque des conflits s'élevaient entre ces groupes sociaux indépendants il n'y avait pas alors d'autre procédé pourles régler, si du moins un accord amiable n'intervenait pas, que de recourir aux armes ; les conflits qui pouvaient donner lieu à ces guerres privées étaient de deux espèces, en les classant au point de vue des faits susceptibles de leur donner naissance, la contestation pouvait s'élever entre deux familles, considérées dans leur ensemble et l'une et l'autre représentées par le *pater familias*, ou bien prendre naissance entre quelquesuns seulement de leurs membres respectifs ; au point de vue des résultats que les conflits interfamiliaux entraînaient, il n'y a pas lieu de s'intéresser à la distinction que nous venons de signaler.

Que la contestation soulevée soit de celles qui intéressent au même point chacun des membres de la famille, ou qu'elle ne touche, directement au moins, qu'aux intérêts de quelques-uns de ses membres, la famille tout entière se soulèvera et prendra les armes pour défendre ses prétentions.

Il y a là une conséquence directe du devoir d'assistance lequel est une des bases fondamentales de la constitution primitive de la famille romaine. Pour que ce résultat se produise il suffira du moins que la famille considère que celui de ses membres qui est cause du conflit n'a pas commis un acte déloyal, que ce qu'il réclame est juste, ou que ce qu'on réclame de lui est injuste, car, s'il en était autrement, la famille est armée de ce droit puissant d'exclure de son sein celui de ses membres qui a démérité, l'abandonnant à lui-même, isolé dans une société où la force réside dans l'union, sûr d'avance de disparaître, écrasé par les rouages se mouvant autour de lui sans qu'il puisse prendre part à leur mouvement.

Ainsi que nous l'avons déjà fait observer, cette situation des familles les unes vis à vis des autres présente sur beaucoup de points des ressemblances frappantes avec les relations internationales : le seul moyen de résoudre les conflits entre nations indépendantes, conflits qui n'ont pas pu s'aplanir par un accord librement consenti ; c'est le recours à la guerre ; de même que dans les conflits interfamiliaux, dans les conflits internationaux la question litigieuse peut être de celles qui touchent directement aux intérêts de l'Etat, elle peut aussi être de celles qui ne regardent l'Etat que parce que celui-ci doit protection et assistance à chacun de ses membres, mais dans ce dernier cas, pour que son intervention se produise, faut-il encore qu'il considère les prétentions de ses membres comme fondées, il n'est pas tenu d'épouser leurs querelles quand il pense qu'elles ne sont dues qu'au sentiment de l'intérêt personnel poussé trop loin, a *fortiori* quand elles ont pour causes la déloyauté ou la mauvaise foi. C'est ce qui fait qu'on aurait tort de croire qu'une société dans laquelle les conflits, soit ceux entre les particuliers, pourvu du moins qu'ils n'appartiennent pas à la même famille, soit ceux entre les familles ne peuvent être résolus autrement par la guerre, soit nécessairement une société vouée à la barbarie et dans laquelle la force physique et brutale soit la loi suprême. Tout dépend de l'état d'avancement des idées de morale et de justice du peuple chez lequel un pareil état de choses subsiste.

Si c'est un peuple qui sait entendre et obéir à d'autres sentiments qu'au désir de la vengeance, qui connait d'autres lois que celle du tallion on pourra dire avec M. d'Hering (t. I p. 122) que chez ce peuple « la prépondérance de la force physique se jetait régulièrement du côté de celui qui avait le droit pour lui ; le sentiment du droit ayant par lui seul l'instinct de se réaliser » ; mais si au contraire le peuple auquel nous avons affaire est de ceux qui, quant au développement des idées de justice, en est encore à la période embryonnaire, la conséquence d'un pareil état de choses serait à n'en pas douter la guerre sans trève ni merci entre les différents groupes sociaux, autant dire l'état de barbarie dans lequel la force des armes parait seule digne de respect.

Nous n'avons pas parlé jusqu'ici des conflits individuels qui pouvaient prendre naissance entre membres d'une même famille ; la raison qui faisait que les conflits dont nous avons parlé jusqu'ici ne pouvaient se régler d'une façon certaine que par la guerre, c'était l'absence d'une autorité commune aux belligérants et pouvant imposer à eux ci le respect de sa volonté ; mais ce motif ne se retrouve plus dans les cas qui nous occupent maintenant. Chaque membre de la famille est soumis à la puissance si considérable du pater familias, ce sera donc à celui-ci de trancher la difficultés pouvant s'élever entre ceux qui se trouvent soumis à sa puissance ; il n'aura besoin, pour faire exécuter sa sentence quelle qu'elle soit, qu'à faire appel au respect dû à ses moindres volontés, et en cas de rebellion il trouvera dans les nombreux droits, qui sont l'apanage de sa puissance, le moyen de réduire à néant les insoumis.

Les familles indépendantes les unes des autres pouvaient d'ailleurs se rapprocher et limiter leur indépendance en se liant les unes aux autres par des traités ; on a dit que c'était là les premiers contrats, nous trouvons qu'ils en diffèrent à un point de vue essentiel, c'est qu'en prononçant aujourd'hui ce mot de contrat, nous avons en vue une convention à l'exécution de laquelle les parties qui s'y sont engagées pourront être contraintes, tandis que les traités qui nous occupent ressemblent beaucoup plus aux traités internationaux modernes en ce que, ainsi que pour ceux ci, la seule garantie qu'il y ait de les voir respecter réside dans le respect et le caractère sacré de la parole librement donnée.

Quoiqu'il en soit, l'utilité de ces traités, au point de vue des conflits qu'ils devaient avoir pour but de résoudre, pouvait être double. Ou bien, ils intervenaient a *priori* et établissaient entre deux familles une sorte de *modus vivendi* dans lequel on s'efforçait de prévoir toutes les difficultés susceptible de donner naissance à des conflits et on les résolvait à l'avance ; une source abondante de ces difficultés paraît avoir été les délits commis par les membres d'une des familles contractantes à l'encontre des membres de l'autre famille ; aussi, dans les traités dont nous nous occupons en ce moment, prévoyait-on un grand nombre de ces actes délictueux, entrant dans les plus minutieux détails pour régler à l'avance la compensation pécuniaire qui serait due à la victime. Mais les traités de paix entre familles pouvaient intervenir dans des conditions différentes, il s'agissait alors de résoudre un conflit né ou à naître, mais un conflit déterminé et basé sur certains faits dès lors accomplis. Il s'agit, si l'on veut, de déterminer la compensation due à la victime d'un délit qu'on n'avait pas pu prévoir à l'avance. Il est à croire que ces traités, d'abord isolés, devinrent de plus en plus fréquents, qu'il arriva un moment où ils furent la loi générale, où presque toutes les familles étaient reliées entre elles par des traités de paix de la nature de ceux dont nous venons de parler.

Il devait y avoir, dans ces différents traités, un grand fonds commun, et il arriva alors ce qui se produit toujours en pareil cas : les règles conventionnelles devinrent des règles coutumières. Il y eut alors un certain nombre de principes, et même de règles de détail, qu'il n'y eut plus besoin d'établir et de consacrer dans une convention préalable, pour s'y trouver soumis ; une telle obligation eut été du pur formalisme, puisqu'il était certain que le respect de ces règles était dans tous les esprits et qu'elles étaient devenues de style, en quelque sorte, dans les différents traités.

Nous ne pouvons nous empêcher, à chaque pas en avant dans le chemin du progrès suivi par la législation

romaine en notre matière, de nous reporter au développement du droit international public, qui ne s'est réalisé, il
est vrai, que bien des siècles après, et qui cependant est
passé par des étapes presque identiques. Ce droit, parti du
néant, à une époque où la guerre sans règles ni merci était
le seul procédé connu pour régler les conflits internationaux,
est arrivé à la période des traités ayant entre autres pour
but de réglementer le droit de guerre, et puis certaines des
dispositions de ces traités devenant fréquentes, se retrou-
vant identiques dans les différents traités intervenus entre
les différentes nations, ont perdu leur caractère convention-
nel pour devenir des règles coutumières, et c'est cette période du droit public qui correspond à la période du droit
privé que nous venons de quitter.

En même temps que cette évolution progressive se réalisait dans les relations entre familles, il se produisait au
sein même de la famille un relâchement considérable du
lien qui unissait les différents membres entre eux, sous la
puissance commune du père de famille. Peu à peu le rôle
si absorbant de la famille diminuait, l'individu commençait
à avoir une existence indépendanle ; sans doute, la famille
était toujours là pour lui fournir au besoin sa protection,
mais fallait-il encore qu'il y fît appel ; désormais ce serait
avant tout lui en personne qui devrait répondre de ses actes,
c'est lui qui devrait réclamer les réparations auxquelles il
croirait avoir droit ; et la famille n'interviendrait que lorsque les moyenns de l'individu seraient insuffisants pour

faire respecter son droit ou qu'il ne pourrait pas fournir la réparation qu'on réclamerait de lui légitimement. Et encore s'agit-il alors d'une intervention toute gracieuse, si l'on peut ainsi dire, et qui ne devrait se réaliser qu'autant qu'il s'agirait de donner son appui à un homme luttant pour son droit ou de secourir un malheureux à la bonne foi duquel on ne pourrait rien reprocher : à moins cependant que la famille n'intervienne pour échapper au déshonneur qui pourrait rejaillir sur son nom du fait d'un de ses membres.

Jusqu'ici nous n'avons pas parlé de l'intervention de l'Etat dans le règlement des conflits qui pouvaient naître dans son sein, c'est qu'en effet pendant longtemps il s'est abstenu de toute intervention en cette matière. Les premières dispositions législatives, relatives aux matières qui nous occupent, ont eu pour but de fixer un taux légal des réparations que les différents délits pouvaient engendrer ; puis, tout en maintenant à la poursuite de cette réparation son caractère privé, elles l'ont réglementée et soumise à des formes solennelles (*manus injectio*).

Enfin les conflits entre parties se résolvaient souvent par le recours à un arbitrage, nouvelle intervention de l'Etat, qui a imposé le recours à des arbitres choisis par les parties, l'exécution, demeurée d'ailleurs toujours chose privée, étant subordonnée à leur sentence (création de l'organisation judiciaire).

Nous avons supposé jusqu'ici que les conflits s'élevant entre particuliers avaient uniquement pour cause des actes délictueux, c'est qu'en effet, ainsi que nous l'avons dit au commencement de cette thèse, pendant longtemps la législation romaine pour des raisons que nous avons indiquées en quelques mots, a ignoré les contrats.

Peu à peu cependant, et à raison même du relâchement progressif des liens de famille dont nous avons parlé, des rapports d'affaires s'établirent entre les hommes. On vit apparaître la vente au comptant, dans laquelle le rôle de monnaie était joué par des têtes de bétail ou des esclaves, l'échange et enfin le prêt d'argent. Il n'est pas douteux qu'à l'origine aucune forme légale n'était imposée pour la réalisation de ces différents actes ; mais d'un autre côté, comme chez tous les peuples primitifs le seul échange des volontés devait être inopérant tant pour réaliser une mutation de propriété que pour créer une obligation. Cet échange de volontés devait être accompagné de formes solennelles, devant par elles-mêmes frapper les sens et se graver profondément dans le mémoire de ceux en présence desquels elles s'étaient réalisées ; mais le but de ces formes extérieures n'était pas uniquement de fixer d'une façon plus durable le souvenir de l'acte accompli, elles étaient avant tout destinées à donner à l'acte réalisé un caractère quasi sacré à faire comprendre extérieurement, si l'on peut ainsi dire, aux contractants l'importance de ce qu'ils proposaient de faire ; elles avaient donc un double but, faciliter pour la suite la preuve de cet acte d'une part et d'autre part de protéger la volonté des parties au moment du contrat, de permettre de traiter comme des parjures ceux qui par la suite n'exécuteraient pas leurs engagements, et ainsi leur demander bien plus la réparation de l'injure subie par celui qui avait cu foi en leur parole, que l'exécution du contrat lui-même ; il y a là une idée propre à toutes les législations primitives. il importe de ne pas la perdre de vue car elle domine toute la procédure d'exécution que nous aurons à étudier par la suite. Les formes solennelles dans lesquelles les contrats furent conclus à l'origine étaient donc laissées à l'initiative individuelle et particulière de chacun des contractants, mais bientôt la coutume dut imposer certaines formes et c'est seulement après que cette coutume fut bien établie et bien fixée que la législation créa les actions de la loi.

A quelle époque de la législation romaine correspond l'état de civilisation auquel nous sommes arrivés dans notre rapide esquisse des institutions primitives, c'est ce qu'il serait assez difficile de dire avec quelque précision, en tous cas à l'époque de la rédaction de la loi des Douze Tables cet état paraît être atteint depuis longtemps. Résumons donc en quelques mots l'état de la législation, sur les matières qui nous occupent, tel qu'il résulte de la loi des Douze Tables.

A cette époque, la principale source des obligations, ce sont les délits, il paraît y avoir quelques obligations quasi contractuelles et un seul contrat, le prêt d'argent réalisé dans la forme du *nexum*.

Les conflits entre particuliers, doivent être tranchés par un juge, choisi par les parties, lequel est un simple arbitre disant seulement le droit, mais ne prononçant jamais de condamnation. L'exécution demeure chose privée, mais elle doit s'accomplir en observant certaines formes solennelles dont l'étude rentrera directement dans notre sujet.

Il sera également fort intéressant pour nous, d'examiner les formes dans lesquelles l'arbitre disait le droit, car nous verrons par cet examen que le plus souvent cet arbitre s'efforçait, avant de rendre sa sentence, de lier les parties, de telle sorte qu'elles ne puissent plus que très difficilement se soustraire à l'exécution de celle-ci, une fois prononcée, et arrivait ainsi indirectement à faire respecter une sentence qui n'avait cependant par elle-même aucun caractère exécutoire.

Nous avons dit qu'à cette époque, le seul contrat c'était le prêt d'argent, réalisé dans la forme du *nexum*, nous verrons qu'au point de vue de l'exécution, les droits qui résultaient pour le créancier du *nexum*, étaient très différents de ceux résultant des autres obligations, ce qui justifiera l'étude que nous nous proposons de faire sous un chapitre spécial de l'exécution des obligations contractées dans la forme du *nexum*.

Au point de vue de l'ordre chronologique, il paraît bien certain que la *manus injectio* a précédé toutes les autres actions de la loi et notamment la *legis actio sacramenti* ; il peut paraître étonnant, au premier abord, que l'action de la loi établissant les formes de l'exécution, ait précédé celle réglant la procédure antérieure à la sentence du juge ; mais cela ne doit nous surprendre nullement, après ce que nous avons dit, relativement à la marche progressive de l'intervention législative dans le domaine des contrats et de l'exécution ; nous avons vu en effet qu'on a réglementé l'exécution avant de la soumettre à la nécessité d'une sentence préalable. Mais cette remarque faite, nous dérogerons à l'ordre chronologique, pour étudier la procédure, afin de jugement antérieurement à la procédure afin d'exécution, enfin nous étudierons sous un chapitre spécial l'exécution, telle qu'elle résultait du *nexum*.

CHAPITRE II

SECTION I. — Des actions de la loi, introductives d'instance

§ I.— *De la legis actio sacramenti*

Rappelons que la procédure de l'*actio sacramenti*, implique un pari réciproque auquel doivent se soumettre les deux adversaires. Chacun, après avoir affirmé son droit dans les formes solennelles prescrites, doit déposer entre les mains des pontifes une certaine somme d'argent, variant avec l'intérét du litige ; le plaideur qui gagnera son procès, sera autorisé à reprendre son enjeu, mais au contraire l'enjeu de plaideur qui aura succombé, sera acquis au trésor ; *stricto sensu*, c'est la somme versée au trésor dans de telles conditions, qui porte le nom de *sacramentum*.

Le juge appelé à trancher la question litigieuse, objet de la *legis actio sacramenti*, n'aura à résoudre que la question du pari ; sans aucun doute, pour arriver à dire quel est celui des deux plaideurs dont la *sacramentum est justum*, celui qui par conséquent pourra retirer son enjeu, il devra entrer dans l'examen du fond du litige, mais cet examen n'aura d'autre but que de lui permettre de trancher le pari, jamais de résoudre le litige lui-même.

Ceci dit et rappelé comment arrivera-t-on à exécuter la sentence de l'arbitre dans le cas d'un *sacramentum in rem ?*

A. Du « Sacramentum in Rem »

Avant de répondre à cette question, il importe de passer en revue les différentes théories soutenues sur la nature et les caractères de la sentence du juge rendue dans la *legis actio sacramenti*.

D'après une première théorie, contrairement à ce que nous venons de dire ci-dessus, la sentence du juge contiendrait condamnation, cette condamnation serait même la partie principale de la sentence, le règlement du pari, c'est-à-dire la déclaration par le juge du caractère juste ou injuste du *sacramentum* de l'un et de l'autre des plaideurs, ne serait que l'accessoire.

Mais les partisans de cette théorie, d'accord sur le principe de la condamnation, se divisent sur le point de savoir sur quoi portait la condamnation.

Pour les uns la condamnation portait sur la *res ipsa*, pour les autres elle était toujours pécuniaire ; c'est la fameuse discussion sur l'interprétation du paragraphe 48 du quatrième commentaire de Gaïus.

Dans un second système on admet que la sentence du juge ne contient pas de condamnation elle n'a pas d'autre objet que de trancher le pari, mais si le plaideur dont le *sacramentum* a été déclaré *injustum* ne se conforme pas volontairement à la déclaration de droit qui ressort implicitement de la décision sur le *sacramentum*, cela donnera lieu à une procédure accessoire, appelée l'*arbitrium litis œstimandœ*, à la suite de laquelle interviendra une condamnation pécuniaire.

Quelques auteurs, tout en se rangeant à ce systéme, pensent qu'il n'est pas l'expression du droit primitif, qu'il correspond à cet état de civilisation déjà avancé où l'exécution bien que demeurée chose privée ne peut cependant se réaliser qu'en observant des formes solenelles dont la première est la nécessité préalable d'une sentence de condamnation. Mais originairement ces auteurs admettent qu'après la décision du juge sur le *sacramentum* tout était terminé sauf au plaideur à faire exécuter à son profit le droit qui lui avait été implicitement reconnu comme bon lui semblait.

Enfin d'après un troisième système, jamais tant que la procédure des actions de la loi a été en vigueur, la mission du juge n'a eu d'autre objet que de trancher la question de pari, sa sentence ne contenant qu'implicitement la solution de la question litigieuse ; jamais, dit-on dans ce système, il n'y a eu, pas plus au moment de l'instance sur le *sacramentum* que dans une procédure accessoire et postérieure, de condamnations prononcée contre l'un des plaideurs.

Nous ne discuterons point ni ne prendrons parti sur ces différents systèmes.

Quelle que soit l'opinion que l'on adopte, à moins cependant que l'on ne se range au système, très peu suivi d'ailleurs, d'après lequel la sentence du juge contenait condamnation *ad rem ipsam* et pouvait être exécutée *manu militari*, il faut bien reconnaître qu'en tous cas cette sentence du juge intervenue dans la procédure du *sacramentum in rem*, risquait fort de ne donner au plaideur, en faveur duquel elle avait été rendue, qu'une satisfaction peu adéquate au but par lui poursuivi : sa demande était une revendication et on lui répondait en prononçant à son profit une condamnation pécuniaire.

C'est pour remédier à ces inconvénients, qu'a été imaginé le moyen suivant permettant, comme on le verra, d'atteindre très heureusement le but recherché.

En présence de la contestation soulevée, l'arbitre confisquera la chose litigieuse et, le procès terminé, celle-ci sera remise au plaideur dont le *sacramentum* aura été déclaré *justum*. L'exécution de la sentence se trouvera donc ainsi réalisée d'une façon très heureuse, puisqu'elle sera assurée dès avant le prononcé de la sentence et n'obligera celui des plaideurs qui profitera de celle-ci à l'exercice d'aucune menace ni d'aucune voie de contrainte, contre la personne de son adversaire.

Mais cette séquestration de l'objet litigieux, en général facile à réaliser, lorsque cet objet sera une chose mobilière, deviendrait bien encombrante, si elle devait porter sur un immeuble. L'exercice des pouvoirs et des droits du sequestre implique en effet pour celui-ci des devoirs de surveillance et d'administration que ses fonctions publiques ne pourraient guère lui permettre de remplir. Aussi le juge, qui d'ailleurs ne laisse pas nécessairement durant le procès l'immeuble entre les mains de celui qui le possédait antérieurement, ne le sequestre pas à son profit ; après l'examen des garanties que les parties présentent au point de vue d'une restitution éventuelle, il attribue la possession intérimaire de l'immeuble à celui des plaideurs qui lui en paraît le plus digne. (Gaïus, IV, p. 16).

Pour cette hypothèse, il fallait rechercher un autre moyen d'arriver à l'exécution de la sentence, on l'a trouvé dans l'intervertion fort ingénieuse au cours de l'instance de cautions venant s'engager à côté, ou plutôt à la place d'un des plaideurs, vis-à-vis de l'autre, à l'exécution de la sentence, quelle qu'elle soit. (Gaïus, IV, p. 16).

Ainsi donc, c'est au début de l'instance, au moment où le magistrat va attribuer à l'un des plaideurs la possession intérimaire, que ces plaideurs présentent leurs cautions (*prædes*), l'intérêt de ces plaideurs, à ne pas se soustraire à cette présentation, réside précisément dans ce fait que c'est d'elle que va dépendre l'attribution de la possession intérimaire, avantage très appréciable, on le comprend sans peine. Il ne nous semble pas douteux que si le plaideur, qui a obtenu cette possession, rencontrait de la part de son adversaire une résistance à l'exécution de l'ordre du magistrat, il pourrait, pour la vaincre, demander aide et protection au magistrat lui-même.

Nous disions tout à l'heure que les *prædes* de l'un des plaideurs s'engageaient vis-à-vis de l'autre plaideur, mais la vérité est qu'ils s'engagent vis-à-vis de l'Etat, en réponse à l'attribution de la possession concédée au nom de celui-ci par le magistrat. Lorsque le procès sera terminé, l'Etat cédera sa garantie à celui des plaideurs dont le *sacramentum* sera déclaré *justum*.

Voyons maintenant quelle est l'obligation contractée par les *prœdes* et dans quels cas on peut leur en demander l'exécution.

Les *prœdes* s'obligent uniquement au paiement d'une somme d'argent déterminée. L'objet même de leur engagement nous montre que l'obligation par eux contractée n'est point une obligation accessoire, dont l'exécution ne pourrait leur être réclamée qu'en cas d'inexécution de l'obligation principale par le principal obligé, celui qu'il ont cautionné.

Le défendeur à l'action réelle, n'est en effet nullement obligé vis-à-vis du demandeur, pas plus après la sentence du juge, qu'auparavant.

Cependant, la somme déterminée que les *prœdes* se sont engagés à payer, représentant l'évaluation faite à forfait et d'avance de l'intérêt que le demandeur aurait d'obtenir l'exécution de la sentence qui reconnaîtrait ses prétentions, l'obligation des *prœdes* se trouve subordonnée à l'inexécution par le défendeur, de la sentence du magistrat. Et c'est ici qu'apparaît le caractère dominant du moyen vraiment très ingénieux, imaginé pour amener l'exécution de sentences qui par elles-mêmes n'auraient aucune force exécutoire. Les *prœdes* sont en général des parents, des amis de la personne qu'ils ont cautionnée, ils vivent auprès d'elle, jouissent sans doute vis-à-vis d'elle, à raison même de leurs relations, d'une grande influence, il est donc à croire que si cette personne, succombant dans l'instance en revendication, se refusait à exécuter la sentence prononcée, ils mettraient tous leurs efforts à le faire changer d'opinion et auraient de grandes chances de l'y amener, d'autant plus grandes, qu'en ce qui les concerne, ils sont fortement intéressés à ce que cette exécution se réalise et qu'on pourrait compter sur tous leurs efforts.

Pour évaluer l'intérêt du demandeur à l'exéeution de la sentence, que faisait-on entrer en ligne de compte ?

Nous savons que ces cautions portaient le nom de *prœdes litis vindiciarum*. Gaïus traduit : *id est rei et fructuum.* Nous avons dit que les *prœdes* s'engageaient au paiement d'une somme déterminée représentant l'intérêt du litige, il nous semble alors difficile d'admettre que la valeur des fruits perçus au cours de la possession intérimaire devait entrer en ligne de compte ; on sait en effet que l'engagement du *prœdes* s'accomplissait au début du procès, avant même qu'il ait été statué sur la question de savoir auquel des deux plaideurs on accorderait les avantages de la possession provisoire, et il était alors impossible de prévoir quel serait la durée de cette possession et par conséquent d'évaluer la valeur des fruits qui seraient perçus durant son cours. Il est donc supposable que la somme déterminée à laquelle s'engageaient les plaideurs représentait uniquement la valeur de la chose revendiquée.

Peu à peu cependant l'obligation des *prœdes* perdit son caractère primitif, ceux-ci devinrent devinrent de véritables cautions promettant accessoirement la valeur de la chose qu'on pouvait exiger du principal obligé ; or, le défendeur à l'action réelle qui ne restituait pas tous les fruits perçus durant la possession intérimaire était exposé de ce chef à une condamnation au double, à la garantie de laquelle devait s'étendre l'engagement du *prœdes* : à cette époque il est vrai de dire avec Gaïus que la garantie des *prœdes* s'applique à la restitution de la chose et des fruits.

A défaut par celui qui avait succombé dans la procédure du *sacramentum* d'exécuter la sentence prononcée, et par les *prœdes* de se soumettre à l'accomplissement volontaire de l'engagement par eux solennellement pris, le plaideur bénéficiaire de cet engagement pouvait procéder contre eux dans les formes de la *manus injectio*.

En passant en revue les différents systèmes qui s'étaient élevés touchant les caractères de la sentence du juge dans la procédure du *sacramentum in rem*, nous en avons signalé un aux termes duquel cette sentence contiendrait condamnation *ad ipsam rem* et pourrait être exécutée *manu militari*. Il nous semble vraiment qu'il a fallu une bien grande bonne volonté pour construire un pareil systéme n'ayant pour toute base qu'un texte incertain dont l'apparence lui est contraire il a contre lui toutes les raisons que le bon sens peut suggérer. Le texte, c'est le paragraphe 48 du IVe commentaire de Gaïus dans lequel celui-ci voulant caractériser la condamnation sous le système formulaire se reporte à la procédure antérieure des actions de la loi et s'exprime ainsi : *Judex non ipsam rem condemnat eum cum quo actum est sicut olim fieri solebat astimata re pecuniam eum condemnat.*

Toute la question se résume à savoir si Gaïus a entendu établir on non une opposition entre les deux membres qui composent la phrase ci-dessus rapportée. En d'autres termes les mots *sicut olim fieri solebat* se rapportent-ils et doivent-ils être rattachés aux mots qui les précédent ou bien à ceux qui les suivent. Dans le premier cas, la phrase veut dire : Le juge ne condamne pas à la chose elle-même, comme cela avait lieu dans le temps, il estime la chose et prononce une condamnation pour le montant de sa valeur. Dans la second hypothèse il faut traduire : le juge ne prononce pas de condamnation à la chose elle-même, mais, suivant en cela l'ancienne coutume, il estime la chose..... On voit donc, simplement par ce qui précède, que nous nous trouvons en présence d'un texte incertain, mais nous avons dit qu'à s'en tenir à la lettre du texte l'explication la plus plausible était la dernière, et, en effet, pour arriver à lui donner le sens indiqué par la première leçon, on a été obligé, puisqu'il s'agit d'une opposition entre deux membres de phrase, d'introduire entre les mots *actum est* et *sicut* la particule *sed*, alors que le texte du manuscrit ne présente entre ces deux mots aucune lacune. Il faut donc bien reconnaître qu'à s'en tenir au texte du paragraphe 48 il y aurait plutôt à tirer argument en

faveur du système qui se refuse à voir dans la condamnation pécuniaire du système formulaire un retour en arrière
par rapport à la condamnation dans la procédure des actions de la loi, condamnation qui aurait alors porté, dans
la mesure du possible, *in rem ipsam*. — Mais en admettant
que cette condamnation *ad rem ipsam* ait été employée au
temps de la procédure des actions de la loi comment l'exécution s'en serait-elle réalisée, c'est ce qu'il serait bien
difficile de dire : la seule voie d'exécution alors connue c'est
la *manus injectio* et celle-ci ne se comprend à raison même
des formes auxquelles elle est soumise qu'autant qu'elle a
pour but d'arriver au paiement d'une somme d'argent. Et
enfin une législation qui aurait connu et pratiqué la condamnation *ad ipsam rem* et qui en reviendrait au principe
des condamnations purement pécuniaires ne suivrait-elle
pas une voie bien anormale, rétrogradant dans le chemin du
progrès, cela n'est pas douteux et voilà encore ce qui rend
bien improbable le système que nous exposons.

Mais ne faut-il pas aller plus loin et dire que dans la
procédure de *l'actio sacramenti*, la sentence du juge ne
donnait la solution du droit en litige qu'implicitement et par
la solution du pari ne contenant jamais de condamnation
contre l'un des plaideurs.

En ce qui concerne la procédure du *sacramentum in
rem* cela paraît bien probable ; nous avons dit il est vrai
que les précautions prises par le juge pour assurer l'exécution de sa sentence se comprenaient même en présence
d'une sentence de condamnation ne devant donner au plai-

deur triomphant qu'une satisfaction très relative ; mais ces précautions se comprennent bien mieux, elles deviennent indispensables si l'on admet que la sentence du juge ne contenait aucune condamnation. Et puis l'époque de la législation durant laquelle cette action de la loi est en vigueur parait bien correspondre à cette phase de la civilisation dans laquelle le juge n'est encore qu'un arbitre, n'ayant d'autre autorité vis-à-vis des parties, que celle qui résulte du choix que celles-ci ont fait et de l'engagement qu'elles ont pris de s'en rapporter à sa décision ; le juge ne se croit pas encore autorisé à imposer sa sentence au moyen d'une condamnation prononcée contre l'une des parties.

C'est cette même question que nous allons nous poser à propos des autres actions de la loi : ce sera là d'ailleurs la seule chose intéressante à en étudier au point de vue de notre étude, car nous n'y rencontrerons plus de moyens indirects imaginés pour assurer par avance l'exécution des sentences rendues ; ce qui s'explique par ce fait que ces nouvelles actions de la loi tendent uniquement au paiement de sommes d'argent et qu'il y a une voie d'exécution dont le mécanisme a été réglé pour atteindre ce but : le *manus injectio.*

B. Du Sacramentum in personam

Il semble bien qu'on ne peut introduire au moyen de cette action de la loi qu'une action basée sur un *certum* et un *certum œs.*

Mais avant de se demander si le juge de l'action *sacramenti in personam* avait à prononcer une condamnation contre le plaideur dont le *sacramentum* avait été déclaré *injustum*, il importe de ne pas se méprendre sur le sens de ces mots *damnari, condemnari*.

Aujourd'hui le mot condamnation veut dire deux choses : que le juge a imposé à l'un des plaideurs, partie au litige qu'il a tranché, une prestation au profit de l'autre partie ; il implique de plus que cette dernière jouira du droit de faire appel à la force publique pour obtenir l'exécution à son profit de la condamnation prononcée.

Nous savons qu'il ne faut pas parler pour la période du droit Romain à laquelle nous sommes placés en ce moment, de recours à la force publique, l'exécution est chose privée.

Qu'est-ce donc que la *damnatio*, c'est le droit reconnu au profit d'une partie d'avoir à exiger de l'autre une certaine prestation, imposée à cette dernière à titre d'obligation.

Il semble bien que dans la *legis actio sacramenti in personam.* comme dans la *legis actio sacramenti in rem.* la mission du juge était complètement terminée lorsqu'il avait tranché le pari engagé entre les plaideurs au début de l'instance.

Le droit de *damnare* qui fait s'éloigner le juge de son rôle primitif de simple arbirtre, paraît bien ne lui avoir été accordé à l'origine que dans les cas dans lesquels, pour trancher complètement le débat, il ne suffisait pas d'indiquer de quel côté était le droit, mais où il fallait en même temps déterminer précisément la prestation à fournir ; mais cette nécessité n'apparaît pas dans les contestations qui donnent lieu à la procédure du *sacramentum in personam* laquelle, ainsi que nous l'avons dit, a pour but de reconnaître les obligations reposant sur un *certum œs*. Dans ces cas, lorsque le juge aura statué sur le *sacramentum*, sa mission sera terminée ; si c'est le demandeur qui triomphe, il lui sera loisible de poursuivre contre son adversaire l'exécution de son droit, au moyen de la *manus injectio*.

§ II. — *De la legis actio per judicis arbitrive postulationem*

De nombreuses controverses ont été soulevées et de nombreux systèmes édifiés, pour dire à quel besoin correspondait l'introduction de cette procédure à côté de celle du *sacramentum* ; nous n'entrerons pas dans ces discussions. Qu'il nous suffise de dire que le but de cette *legis actio* parait avoir été de permettre l'obtention d'un jugement, dans les cas où, à raison du caractère non pécuniaire du droit, la nécessité d'une estimation préalable s'imposait. Il est à croire que cette *legis actio* fut d'abord restreinte aux obligations délictuelles et quasi contractuelles ; qu'en ce qui concerne les obligations dérivant des contrats, comme on ne connaissait à l'origine que les obligations *certœ pecuniœ*, point n'était besoin pour les faire sanctionner de recourir à une autre procédure que celle de la *legis actio sacramenti*.

Lorsque le droit contesté était ainsi indéterminé dans

son *quantum*, le recours aux voies d'exécution, à la *manus injectio*, ne se comprenaient qu'autant qu'il avait été procédé à une liquidation préalable de ce droit. Le juge outre le pouvoir de dire le droit (*judicare*) dut avoir celui de déterminer l'objet de ce droit (*arbitrare*). C'est de cette double mission imposée au juge, que provient cette dénomination de la *legis actio* qui nous occupe en ce moment « *judicis arbitrive postu latio* ».

Ici on comprend sans peine que la *judex* dût avoir le pouvoir *de prononcer une damnatio*, de créer une obligation ; et les pouvoirs reconnus alors au juge peuvent être, suivant les circonstances, plus ou moins étendus, il peut s'agir pour lui d'estimer simplement la prestation due (*actio de re certa*); si l'objet du droit est un *incertum*, avant d'évaluer pécuniairement la prestation à fournir, il doit déterminer cet *incertum*.

§ III. — *De la legis actio per condictionem*

Il est bien difficile de dire à quelle nécessité répondit cette nouvelle action de la loi, nous n'en dirons que quelques mots touchant le sujet qui nous occupe ; il y a deux sortes de *condictiones* :

1° La *condictio certæ pecuniæ* qui s'engage au moyen de la *sponsio tertiæ partis* ; il est probable qu'au début la sentence porta uniquement sur la *summa sponsionis* ; il n'y avait qu'un *judicatum* permettant de recourir à la *manus injectio* ; plus tard une condamnation intervient tant du chef de la *sponsio* que de l'obligation principale, les textes ne se réfèrent qu'à cette seconde période.

2° La *condictio ex lige Calpurnia*, elle porte de *omni certa re*, on comprend qu'un simple *judicatum* ne donnerait pas entière satisfaction aux intérêts en jeu, il faut une *damnatio* qui est pécuniaire et donne par conséquent ouverture à la *manus injectio*.

TRANSITION A L'ÉTUDE DE LA MANUS INJECTIO

Au point où nous en sommes, nous savons quels sont les droits qui résultent au profit du plaideur qui a gagné son procès de la sentence du juge prononcée en sa faveur.

De condamnation *ad ipsam rem* cette sentence n'en contient jamais ; cependant par un procédé dont nous avons pu admirer le caractère ingénieux, le juge des actions réelles arrive le plus souvent, lorsque cela est possible, à procurer à celui auquel il a donné gain de cause, la satisfaction qu'il réclamait.

En dehors de ce cas la sentence du juge, tantôt contient une condamnation, laquelle est toujours pécuniaire, tantôt tranche simplement la question du pari, la solution du droit ne se trouvant alors qu'implicitement résolue. Dans l'un et dans l'autre cas le recours à la force publique n'est pas permis à celui dont le droit a été reconnu pour contraindre son adversaire à l'exécution des obligations que cette reconnaissance de droit implique ; le seul droit pour le plaideur triomphant, c'est de reprendre la guerre privée un

instant suspendue, mais il s'agit alors d'une guerre soumise à des règles et à des formes solennelles, qui constituent à elles toutes, la procédure de la *manns injectio* à
l'étude de laquelle nous arrivons maintenant.

SECTION II. — De la manus injectio

On essaie, en général, de caractériser la procédure de
la *manus injectio* en disant qu'elle est un mode d'exécution
contre la personne.

Nous éprouvons quelque scrupule à nous servir de
cette formule qui pourrait prêter à une équivoque. Elle
semble vouloir dire, en effet, que dans le système de la
procédure d'exécution de l'ancien droit romain, la personne
même du débiteur était le but même, le but unique de
l'exécution, et que, lorsque le créancier d'une somme d'argent, par exemple, n'avait point été payé de ce qui lui était
dû, il ne pouvait légitimement avoir d'autre désir que de
s'emparer de la personne de son débiteur, de réduire celui-
ci en esclavage ou de le mettre à mort, qu'arrivé à cette fin
il aurait eu mauvaise grâce à réclamer quelque chose
encore. A notre avis, le système du droit romain est tout
autre :

Lorsqu'une dette est le résultat d'un engagement pur
et simple du débiteur, d'un engagement auquel ne s'est
point trouvée jointe, et pour la garantir, une affectation spéciale de biens, et nous verrons que, même à cette époque

très reculée du droit romain, il y avait des engagements
contractés dans cette forme, en cas d'inexécution de l'engagement contracté, le seul droit du créancier, c'est de
s'adresser à la personne de son débiteur pour lui réclamer
cette exécution. Il est vrai que les réclamations successives
que le créancier pourra et devra adresser à son débiteur dans
ce but, prendront un ton de plus en plus pressant, seront accompagnées de sanctions de plus en plus énergiques, au
fur et à mesure qu'elles se renouvelleront, se présentant
ainsi sous forme de menaces, progressives dans leur
rigueur, et pouvant aboutir à la rigueur suprême, à la mise
à mort du débiteur ou à sa réduction en esclavage ; mais
même sous cette dernière forme, c'est toujours et encore
une réclamation adressée à la personne.

Si donc lorsqu'on dit que, sous le système des actions
de la loi, l'exécution avait lieu contre la personne, on
entend par là que la personne étant seule obligée, le créancier ne pouvait pas, laissant cette personne de côté, s'en
prendre à ses biens, nous sommes complètement d'accord.
Mais veut-on aller plus loin, et prétendre que cette appré-
hension de la personne était le but même de l'exécution,
c'est là à notre avis que serait l'erreur, et c'est ce qui nous
a fait dire tout à l'heure, que l'emploi de la formule ci-dessus rapportée nous paraissait dangereux.

En réalité le but du créancier, et nous ne parlons pas
ici du but que peut se proposer tel ou tel créancier particulièrement choisi, mais le but du créancier tel que l'a conçu
le législateur, c'est d'atteindre les biens de son débiteur,

seulement il y a un obstacle qui s'oppose, tant qu'il subsiste, à ce que ce but soit atteint, c'est la personne du débiteur.

Nous allons voir précisément que les divers actes de la procédure de la *manus injectio* tendent à diminuer peu à peu la force de résistance de cette personne et en dernier lieu, s'il faut aller jusque là, à la réduire à néant.

Lorsqu'à l'échéance le débiteur n'exécute pas l'engagement qu'il a contracté nous savons que le créancier intente contre lui l'une des actions de la loi introductive d'instance que nous avons passée en revue plus haut. Devant le magistrat de deux choses l'une, ou bien le débiteur ne consteste pas l'existence de la dette, et il devient alors ce qu'on appelle un « *confcsseus in jure* » et le magistrat en présence duquel cet aveu est fait, le constate et le retient officiellement, c'est ce qu'exprime la règle « *confessus in jure pro judicato habetur* » ou bien la dette est contestée, les prétentions réciproques des parties sont alors examinées par un juge qui leur est désigné à cet effet par le magistrat ; et dans le cas où, après cet examen, c'est la prétention du demandeur qui triomphe, un jugement est rendu contre le dèbiteur qui devient « *judicatus* ». D'ailleurs que la reconnaissance officielle de la dette resulte d'un aveu *in jure* ou de la sentence du juge, cela est indifférent au point de vue de la procédure d'exécution qui s'en suivra, ce sont exactement les mêmes règles qu'on appliquera dans l'un et l'autre cas.

Un délai de 30 jours à partir de l'aveu ou de la condamnation est alors accordé au débiteur, délai pendant lequel aucun acte d'exécution ne peut-être fait contre lui. La concession de ce délai a pour but de donner au débiteur le temps de se retourner. si l'on peut ainsi dire, et de chercher à se libérer, soit en réalisant ses propres biens, soit en faisant appel à la bourse de ses amis.

Après l'expiration de ces 30 jours, qui se sont écoulés sans que la dette ait été acquittée, le créancier est autorisé à recourir à l'emploi de la *manus injectio*. Il appelle de nouveau le débiteur par devant le magistrat et, en présence de ce dernier, il lui adresse ces paroles solennelles qui nous sont rapportées par Gaïus (Com. IV, 21) : « *Quod tu mihi judicatus es sestertium decem millia. quæ dolo malo non solvisti, ob eam rem tibi sestertium decem millia judicati manum injicio* ». Et en même temps qu'il prononce ces paroles, *manum injicit*, il met la main sur la personne de son débiteur « *aliquam partem corporis ejus prendebat* » pour manifester d'une manière solennelle et autrement que par des paroles prononcées, sa volonté de s'emparer de cette personne ; en présence de cette volonté solennellement exprimée et par les paroles et par le geste que va faire le magistrat ? Si du côté du débiteur aucune protestation ne s'élève contre la prétention du créancier, son rôle est tout indiqué, il ne peut qu'attribuer (*addicere*) la personne du débiteur au créancier, qui est autorisé à emmener avec lui et à retenir dans sa demeure ce débiteur qui devient un *addictus*. Mais si, au moment où le créancier prononce les paroles solennelles de la *manus injectio*, le débiteur élève des protestations, et prétend avoir de justes raisons d'écarter de lui la main de son créancier « *manum sibi depellere* » et qu'en même temps, il puisse présenter au magistrat une personne qui se déclare prête à faire sienne et à soutenir en son propre nom les prétentions défensives du débiteur, le magistrat ne peut pas rendre son décret d'attribution avant que les moyens, sur lesquels le débiteur établit son opposition, aient été discutés entre le créancier et le vindex, et appréciés par le juge.

Cette intervention, au début de la procédure d'exécution, d'une personne complètement étrangère aux intérêts en litige, est une conception très originale du droit romain qui mérite de fixer notre attention pendant quelques instants. Le législateur romain a compris la nécessité de ne pas laisser au débiteur le moyen d'entraver indéfiniment, et sur les motifs les plus futiles, les actes de la procédure d'exécution suivie contre lui. Il a craint, avec beaucoup de raison, que le débiteur n'abusât des facilités qut lui seraient laissées de discuter sans limites le droit d'agir de son créancier, en soulevant à l'occasion de chaque acte nouveau de la proeédure d'exécution une exception nouvelle. Il a pensé que le créancier, dont le droit avait été officiellement reconnu dans les formes légales, devait avoir vis-à-vis de son débiteur une situation spécialement avantageuse. Et cet avantage consistera précisément en ce que le débiteur ne sera point écouté, lorsqu'il voudra s'élever contre la légitimité des actes de l'exécution suivie contre lui. Pour que cette opposition soit recevable , il faudra qu'un tiers, étranger aux débats, vienne déclarer qu'il fait

siennes les prétentions du débiteur, prenne l'engagement
de venir les discuter avec le créancier, et consente à sup-
porter personnellement les conséquences dommageables
que cette entrave, ultérieurement reconnue mal fondée,
pourra causer au créancier. On fait d'ailleurs une appréciation à forfait de ce dommage, et la condamnation à laquelle
le vindex s'expose en se faisant le défenseur d'une opposition qui est écartée par la suite, est égale quant à son quantum à celle qui pèse sur le débiteur, et elle n'a point bien
entendu pour effet de donner au créancier un débiteur à la
place d'un autre, mais de lui donner deux débiteurs au lieu
d'un.

Il faut louer sans réserve l'esprit de prévoyance du
législateur romain, qui, de bonne heure, aperçut le danger
qu'il y aurait à ne pas restreindre dans d'étroites limites
les droits d'opposition du débiteur, au cours de la procédure
d'exécution. Sur l'existence de ce danger et le grand intérêt
qu'il y a à l'écarter, le législateur moderne a accepté sans
discussion, les idées romaines, et c'est cette nécessité, par
lui reconnue, de restreindre au minimum les droits du
débiteur poursuivi, qu'exprime cet axiome de notre droit
« La provision est due au titre ». Il est vrai que si le droit
romain et le droit moderne ont l'un et l'autre ressenti la
nécessité de donner satisfaction à un même intérêt, ce sont
par des voies différentes qu'ils ont essayé d'atteindre leur
but. Nous n'avons pas à comparer le plus ou le moins
d'efficacité des moyens employés, constatons simplement
l'originalité toute romaine de cette intervention du vindex ;

on sent bien là qu'on est encore dans un état de civilisation
dans lequel chacun s'intéresse vivement et spontanément
aux choses de ses concitoyens, où aucune injustice ne saurait se commettre dans la cité, au préjudice d'un de ses
membres, sans soulever la réprobation générale et sans
provoquer, dans le but même d'en défendre la victime, l'intervention des autres membres de la cité.

Tout débiteur qu'on verra traîner devant le magistrat
par son créancier, et auquel on saura des moyens certains
et sincères d'arrêter contre sa personne les rigueurs de
l'exécution, trouvera parmi ses amis, sinon parmi ses
concitoyens, autant de vindices qu'il en voudra, pour soutenir et défendre en leurs propres noms, ses droits, qu'il
ne lui est plus permis de défendre lui-même. Lorsqu'on
saura au contraire, qu'en récriminant contre l'exécution,
le débiteur n'a d'autre intérêt ni d'autre désir que de gagner
du temps, en traînant son créancier en longueur, ou même
peut-être de se soustrairs aux poursuites de ce créancier,
on s'exposera difficilement aux rigoureuses conséquences
qu'on assumerait en se faisant le porte-parole, le défenseur
d'un débiteur qu'on sait de mauvaise foi. Le but recherché
était donc pleinement atteint au moyen de cette intervention
du *vindex*, et nous pouvons maintenant comprendre
comment cette conception, bizarre au premier abord, était
au fond pleine de sagesse.

Faut-il d'ailleurs admettre que le *vindex* étais admis
à soutenir tous les moyens que le débiteur jugeait bon de
soulever contre l'exécution, de telle sorte que tous les

moyens qui avaient déjà pu être invoqués par le débiteur, avant la sentence, pouvaient être repris par le *vindex* et faire l'objet d'un second examen et d'une seconde décision ; nous ne le pensons pas. S'il en était ainsi, il y aurait là un procédé de réformation des sentences tellement bizarre, qu'on aurait quelque peine à en comprendre le sens. Il faut penser que l'opposition à l'exécution, devait être fondée sur des faits nouveaux ; le débiteur pourra prétendre par exemple qu'il s'est libéré de sa dette, ou bien qu'elle se trouve aujourd'hui compensée, ou bien que le créancier lui a accordé depuis la sentence, un délai pour se libérer, plus long que le délai de 30 jours, résultant à son profit de la loi, ou tous autres faits, sous la seule condition qu'ils ne remettront pas en question la sentence précédemment rendue, mais lui laisseront son autorité pleine et entière.

Nous avons dit qu'après la prononciation par le créancier, des paroles solennelles de la *manus injectio*, et si aucune objection n'était soulevée, le magistrat rendait un décret aux termes duquel le débiteur devenait *l'addictus* du créancier qui l'emmenait avec lui dans sa maison, « *qui vindicem non dabat domum decebatur ab actore* ». (Gaïus, IV, 21).

Quelle va être la situation juridique de ce débiteur, retenu dans la demeure de son créancier, *in carcere privato*. On exprime en général cette situation en disant qu'il vit comme esclave sans être légalement esclave.

Et d'abord en droit il n'est pas esclave.

Cela résulte notamment du § 199 Com. III de Gaïus, dans lequel celui-ci, recherchant quel peut être l'objet du *furtum*, s'exprime ainsi : « *Interdum autem etiam* LIBERO-RUM HOMINUM *furtum fit, velut siquis liberorum nostrorum qui in postestate nostra sunt. sive etiam uxor quæ in manu nostra sit, sive* ETIAM JUDICATUS *vel auctoritatus meus subreptus fuerit* », c'est encore ce qui dit Quintillen, en même temps qu'il dégage une conséquence de cette situation toute spéciale de *l'addictus*, « *aliud est servus esse, aliud servire ; qui servus est. si manumittitur, fit libertinus non item addictus* ». En résumant ces avantages de la situation de l'*addictus* sur celle du *servus* le même auteur s'exprime ainsi « *Propria liberi, quæ nemo habet nisi liber : præ-nomen, cognomen, tribum, habet hac addictus* ».

Mais il nous semble que même au point de vue du fait la situation de l'*addictus* ne peut pas être assimilée à celle de l'esclave. Les ressemblances qui existent entre ces deux situations, c'est que l'*addictus* peut-être enfermé et retenu dans la demeure du créancier, comme l'esclave dans celle du maître, que l'un et l'autre peuvent être chargés de chaînes et soumis à la loi du travail dont le profit appartiendra exclusivement à celui sous la puissance duquel ils sont pla-cés. Mais, au moins à l'époque de la législation romaine à laquelle nous sommes placés en ce moment, les droits du maître sur la personne de l'esclave étaient-ils limités, ils ne comportaient d'autres limitations que celles qui résultaient du bon vouloir et des sentiments d'humanité du *dominus* ;

celui-ci pouvait sans raison mettre à mort son esclave à plus forte raison pouvait-il lui faire endurer tous les supplices que sa cruelle imagination pouvait lui suggérer.

Tels n'étaient point les droits du créancier sur la personne de l'*addictus* ; et d'abord il ne pouvait ni le mettre à mort, ni le vendre ; ces droits pouvaient il est vrai ultérieurement lui appartenir. mais c'était qu'alors la situation du débiteur avait changé, avait empiré à raison de la marche en avant et de l'accomplissement d'actes nouveaux de la procédure d'exécution ; mais sur la personne de l'*addictus* proprement dit, c'est-à-dire, du débiteur contre lequel le magistrat vient de rendre son décret d'attribution, l'exercice de ces droits extrêmes ne fut jamais autorisé.

Bien plus, les Douze Tables prenaient le soin de préciser et de règlementer le *modus vivendi* de l'*addictus* durant son séjour dans la demeure du créancier, règlementation qui ne se comprendrait pas si elle devait avoir pour effet de protéger un esclave. Voici quelle était la disposition de la loi des Douze Tables en ce qui concerne la détermination du poids maximum des chaînes dont l'*addictus* pouvait être chargé « *Vincito aut nervo aut compedibus XV pondo ne majore, si volet minore vincito* ». La nourriture elle-même, qui devait être donnée à l'*addictus*, était règlementée « *Libras farris endo dies dato, si volet plus dato, si volet suo vivito, vi suo vivit, qui eum vinctum habebit libras farris endo dies dato* ».

Le travail, auquel l'*addictus* pouvait être soumis par le créancier et dont les bénéfices devaient exclusivement profiter à ce dernier, avait-il pour but, et devait-il avoir pour résultat, de procurer à ce créancier un paiement en nature de ce qui lui était du ; nous ne le pensons pas.

Et d'abord ce travail fourni par le débiteur devait être le plus souvent d'un bien maigre profit pour le créancier. Il est à supposer que le plus souvent le créancier n'était pas en mesure d'utiliser les connaissances ou les aptitudes spéciales du débiteur, qu'il ne pouvait pas lui fournir les moyens de continuer dans sa demeure l'exercice de sa profession, il était alors obligé de l'employer à des travaux auxquels il était jusqu'alors resté complètement étranger, à des travaux aussi, qui n'exigent pas des connaissances spéciales qui lui auraient sans doute fait défaut. Cela devait beaucoup ressembler au travail des détenus dans nos maisons centrales ; à part quelques spécialistes qui trouvent encore dans ces prisons l'utilisation de leurs connaissances, la plupart est employé à deux ou trois espèces de travaux qui peuvent être exécutés par tout le monde, sans un apprentissage préalable ; est-il besoin de dire que le produit de ces travaux est des plus minime, et s'il fallait compter sur les bénéfices qu'ils donneront, ne fut-ce que pour retrouver la nourriture de ceux qui les exécutent, on serait à coup sûr bien déçu. Que serait-ce si le produit d'un tel travail devait servir à acquitter des dettes souvent importantes et allant s'augmentant sans cesse par l'adjonction de gros intérêts ! la vie d'un homme, et des plus longues, n'y suffirait certainement pas. D'ailleurs, et c'est ce qui achève de détruire la pensée qu'on pourrait avoir que le travail de l'*addictus* avait pour but de permettre au débiteur de s'acquitter de sa dette, cette première phase de l'*addictio* ne durait que 60 jours, « *Nisi pactiforent, habebantur in vinculis dies sex agenta* ».

Cependant il n'est pas douteux qu'au nombre de ces pactes qui pouvaient se sceller entre le créancier et le débiteur, à ce moment de la procédure une convention pouvait intervenir, aux termes de laquelle cette situation légalement provisoire de l'*addictus*, était maintenue pendant un délai beaucoup plus long que celui de soixante jours, peut-être à perpétuité, le créancier devant profiter pendant tout ce temps du travail de son débiteur, mais s'engageant de son côté à respecter la liberté et la vie de celui-ci et à ne pas user contre lui dans toute leur rigueur des droits que la loi lui donnait.

Pour caractériser cette première période de la procédure d'exécution, il faut dire qu'elle constitue le premier moyen de contrainte tenté sur la volonté du débiteur, et ce qui distingue cette première période de celles qui vont suivre, c'est qu'ici les moyens employés sont avant tout dirigés contre la personne même du débiteur, on lui suppose encore des ressources, on le croit encore en mesure d'acquitter sa dette, et cette captivité déshonorante et pénible qu'on lui fait subir, n'a pas d'autre but que de lui enlever la dernière velléité de résistance, si c'est à elle qu'il faut attribuer son inertie.

Mais les soixante jours en question écoulés, il y a vraiment tout lieu de penser que l'inexécution de la sentence prononcée contre le débiteur est due à son impuissance bien plus qu'à sa mauvaise volonté, ce n'est donc plus par voie de contrainte sur la volonté de la personne même du débiteur qu'on va agir, on va maintenant faire appel à la charité publique, tout au moins à celle de ses parents et de ses amis, telle est le caractère propre de la deuxième phase de l'*addictio* à laquelle nous arrivons maintenant.

Après l'expiration du délai de soixante jours, qui a commencé à courir le jour où le magistrat a rendu son décret, le créancier doit mener son débiteur à trois marchés consécutifs, lesquels se tiennent tous les neuf jours, et là, il doit proclamer le montant de la dette de l'*addictus*. Comme nous le disions tout à l'heure, le sens de cette exposition et de cette proclamation publiques, c'est un appel à la pitié de ceux qui peuvent encore s'intéresser à la conservation de la personne du débiteur, c'est un appel suprême, et s'il reste sans réponse, c'est que vraiment ce débiteur dénué de toutes ressources, est aussi délaissé de tous ; le créancier qui lui a fait confiance a été trompé, il va se venger sur sa propre personne qui se trouve être le seul bien qu'il lui reste.

A partir de ce moment le débiteur devient en droit aussi bien qu'en fait l'esclave, c'est-à-dire la chose de son créancier, qui peut soit le conserver chez lui et le traiter comme un esclave, soit le mettre à mort, soit le vendre, sous cette seule restriction, s'il choisit ce dernier parti, que la vente n'en soit faite qu'à un pérégrin *trans Tiberim*.

SECTION III. — De l'exécution des obligations contractées dans la forme du nexum.

Nous avons supposé jusqu'ici qu'à l'obligation, à l'occasion de laquelle des poursuites d'exécution étaient exercées contre le débiteur, n'avait été jointe, au moment de sa formation, aucune garantie spéciale ; nous avons supposé que le débiteur n'avait engagé que sa propre personne.

Nous avons vu les conséquences que le droit romain faisait découler de cette obligation purement personnelle. En droit français toute personne qui s'oblige oblige ses biens, et son patrimoine devient le gage de ceux envers lesquels elle s'est obligée. Pour qu'il en fût ainsi en droit romain, pour que le patrimoine du débiteur devint le gage de ses créanciers, il fallait que ce débiteur ait, au moment même du contrat, déclaré affecter spécialement ce patrimoine à la garantie de ses obligations. Il fallait du moins qu'il ait contracté dans certaines formes impliquant de sa part l'intention de consentir cette affectation au profit de ses créanciers, et la forme de contrat qui produisait cet important effet c'était le *nexum*.

Mais il ne faudrait pas croire après ce que nous venons de dire que le but du *nexum* ait été de donner aux créanciers une garantie au point de vue de l'exécution.

Qu'était-ce au juste que cette opération *per æs et libram* appelée le *nexum* ; les commentateurs du droit romain ne sont pas d'accord sur cette question ; pour les uns, c'était le mode primitif et nécessairement employé pour s'obliger, mais à l'obligation se trouvaient joints divers éléments accessoires ayant entre autres pour but d'en garantir l'exécution, le débiteur s'engageait à se mettre, lui et les siens, à défaut d'exécution à l'échéance, à la discrétion du créancier et à lui fournir des services en nature (*operæ*).

Pour d'autres, le *nexum* n'était pas autre chose que la mancipation appliquée à l'ensemble des biens composant le patrimoine ; mais par le moyen du *nexum* on arrivait indirectement à s'obliger ; pour atteindre ce but, il intervenait entre les parties qui se proposaient de contracter un pacte de fiducie aux termes duquel celui qui avait mancipé son patrimoine se réservait le droit de rachat moyennant le paiement à l'acquéreur d'une certaine somme, justement celle qui formait l'objet de l'obligation.

Ceci dit d'une façon générale, quelle était exactement la garantie fournie au créancier dans le cas d'une obligation contractée dans la forme du *nexum* ? Sur cette délicate question les commentateurs les plus autorisés du droit romain diffèrent d'opinion et cette divergence est la conséquence nécessaire de celle que nous venons de signaler sur la nature de cette opération. D'après MM. de Savigny et Giraud, la garantie offerte au créancier consistait simplement dans l'engagement pris par le débiteur de se rendre lui et les siens, en cas d'inexécution de l'obligation par lui contractée, à la discrétion du créancier, qui serait autorisé à les soumettre les uns et les autres à un travail dont les bénéfices lui profiteraient exclusivement. comme aussi de les conserver dans cette quasi-servitude jusqu'à ce que la dette lui ait été intégralement payée.

D'après une seconde théorie (Zimmern et Bonjean), l'obligation contractée dans la forme du *nexum* impliquait, de la part du débiteur une mancipation de sa propre personne, de la personne de tous ceux qui étaient en sa puissance et de son propre patrimoine.

Il n'est guère douteux que les droits du créancier bénéficiaire d'une obligation contractée dans la forme du *nexum* s'étendaient au patrimoine du débiteur ; les partisans de la première théorie pour expliquer, comment le créancier pouvait atteindre les biens de son débiteur, sont obligés d'admettre, que les obligations contractées dans la forme du *nexum* étaient accompagnées, d'une aliénation fiduciaire du patrimoine, quoiqu'il en soit, et avec l'introduction de ce correctif dans la théorie de M. de Savigny, on arrive dans l'un et l'autre des deux systèmes, tant au point de vue des avantages dont pouvait profiter le créancier, que des obligations auxquelles était soumis le débiteur, à des résultats à peu près indentiques. avec cette différence toutefois, que lorsque le créancier était désintéressé et qu'il voulait rendre au débiteur son état antérieur, si l'on admet que le *nexum* entrainait une mancipation, le débiteur devrait être affranchi et demeurerait *libertus*.

Pratiquement, la véritable différence entre le débiteur

d'une obligation contractée dans la forme du *nexum* et le débiteur d'une obligation contractée sans que ces formes aient été remplies, c'est que le premier affecte spécialement sa personne et ses biens à la garantie de sa dette : et la conséquence essentielle que nous nous empressons d'en tirer, c'est qu'alors, et à raison même de cette affectation, le débiteur qui ne s'exécute pas ne sera plus soumis à toute la serie des contraintes, tant morales que physiques, que nous avons étudiée plus haut, longue suite de tortures de plus en plus accablantes infligées au débiteur dans le but de l'amener à s'exécuter. Nous avons vu en effet que la raison d'être de l'emploi de ces contraintes, résidait dans cette idée, qui ne péchait peut être bien que par excès de logique, que lorsqu'un débiteur s'est engagé, le créancier, bénéficiaire de cet engagement, ne peut avoir d'autres droits que de demander et d'exiger, par tous les moyens il est vrai, que son débiteur s'exécute ; qu'il outrepasserait ses droits et violerait la liberté du débiteur si, faisant abstraction de la personne de ce dernier, il mettait la main sur les biens composant son patrimoine. Mais lorsque l'obligation contractée renferme quelque chose de plus qu'un engagement pur et simple de la personne du débiteur, lorsque celui-ci a consenti à son créancier une cession éventuelle, pour le cas d'inexécution, des biens composant son propre patrimoine, comme aussi de sa propre personne et de celle de ceux placés sous sa puissance, les mêmes scrupules n'existent plus pour interdire à ce créancier de s'attaquer, soit à ces biens, soit à cette personne, considérée alors comme susceptible de procurer des avantages pécuniaires.

Une autre conséquence immédiate de cette affectation spéciale consentie, par le débiteur obligé dans la forme du *nexum*, c'est que lorsqu'à l'échéance le débiteur ne s'exécute pas, pour opérer la main mise sur sa personne, et sur ses biens, le créancier n'a pas besoin d'avoir recours à l'intervention du magistrat. Dans ce cas le créancier jouit, si l'on peut employer cette expression, du droit d'exécution parée, l'exécution devient chose privée à laquelle le magistrat reste complétement étranger.

Il ne faudrait pas voir dans ce droit d'exécution parée accordé au créancier, dans le cas des obilgations contractées dans la forme du *nexum*, quelque chose d'analogue au bénéfice du même droit découlant aujourd'hui de la possession d'un titre authentique, d'un acte notarié par exemple. Ce qui fait de nos jours que le bénéficiaire d'une obligation contractée dans la forme authentique, peut poursuivre l'exécution de son obligation sur les biens de son débiteur, sans que l'intervention d'aucune autorité judiciaire soit nécessaire à cet effet, c'est qu'une telle obligation présente par l'effet même des règles de sa formation, les plus grandes garanties de sincérité et de sécurité pour la volonté du débiteur. Nous ne pensons pas que ce soit cette raison qui dispense le créancier d'une obligation contractée dans la forme du *nexum* d'avoir recours à l'intervention du magistrat ; peut être pourrait-on soutenir que la présence au moment de la formation du contrat du libripens et des témoins est l'équivalent des formes auxquelles sont soumis aujourd'hui les actes notariés, et qu'il n'est pas étonnant par conséquent de voir les mêmes effets attachés aux uns et aux autres au point de vue de l'exécution. Nous ne croyons pas que ce soit à ce point de vue là que le législateur romain se soit placé, ni à cet ordre d'idées qu'il ait obéi, pour arriver aux conséquences que nous savons ; ces droits exceptionnels conférés au créancier ont ici pour fondement la volonté même des parties, solennellement exprimée au moment de la formation du contrat.

Ceci nous amène à dire, que lorsqu'on se trouve en présence d'une obligation qui n'a pas été contractée dans la forme du *nexum*, la nécessité du recours au magistrat pour arriver à l'exécution, n'a pas pour raison d'être, au moins unique, la sauvegarde et la garantie des droits du débiteur ; c'est une mise en demeure solennelle et propre à agir sur la volonté de celui-ci, c'est la première des contraintes dont nous avons étudié la longue série progressive à laquelle le débiteur est soumis en cas d'inexécution de l'obligation. Suivant que l'on se range du côté de l'une ou de l'autre des deux théories que nous avons énoncées plus haut, relativement à la nature de la garantie affectée à l'exécution de l'obligation contractée dans la forme du *nexum*, les droits que l'on reconnaîtra au créancier seront différents.

Admettons-nous que le *nexum* ue contient rien autre chose que l'engagement pris par le débiteur de travailler lui et les siens pour le compte du créancier en cas d'inexécution de l'obligation principale ; lorsque cette condition se sera réalisée, le débiteur tout en restant libre et en conservant tous ses droits, devra se mettre, lui et les siens à la disposition la plus complète du créancier, qui sera autorisé à les retenir tous dans sa demeure et à les soumettre à un travail quelconque dont les bénéfices lui profiteront exclusivement ; et de plus en vertu de l'aliénation fiduciaire du patrimoine que l'on admet dans cette théorie, le créancier mettra la main sur ce patrimoine. mais là se borneront tous ses droits.

Admet-on, au contraire, avec M. de Savigny, que l'obligation contractée dans la forme du *nexum* implique mancipation ; en cas d'inexécution de l'obligation à son échéance, ou plutôt 30 jours après cette échéance, le débiteur, les personnes placées sous sa puissance et les biens qui composent son patrimoine, tomberont *in mancipio creditoris*. Les personnes deviendront esclaves du créancier, et nous avons vu quelles étaient les conséquences que cette réduction en esclavage entraînait quand le débiteur, ayant payé sa dette, devait être rendu à la liberté. Cependant il n'y a là qu'un esclavage mitigé, si l'on peut ainsi dire, le créancier ne peut ni vendre ni mettre à mort son débiteur, et celui-ci jouit pour le cas où des excès seraient commis contre sa personne par le créancier et contre celui-ci, de l'action *injuriarum*. C'est ce que nous dit Gaïus (C. I, p. 141) : « *In summa admonendi sumus, adversus eos quos in mancipio habemus, nihil nobis contumeliose facere licere ; alioquim injuriarum actione tenebimur.* »

Mais cet état de servitude volontaire auquel se sou-
mettaient les *nexi* fut prohibé par la loi Pœtilia, en l'an de
Rome 428. Cette loi supprime l'engagemement de la personne par le *nexum « ne quis nisi noxam mœruisset donec
pœnam lueret in compedibus aut in nervo teneretur pecuniæ
creditæ, bonis debitoris non corpus obnoxium esset. »* Cette
loi modifiait la situation des *addicti*; elle défendait aux
créanciers de les mettre à mort ou de les vendre comme
esclaves.

Nous avons vu que le but de l'exécution, bien que celle-
ci fut dirigée contre la personne, c'était d'atteindre les biens,
tant dans le cas où on se trouvait en présence d'un débiteur
obligé dans les formes du *nexum* que dans le cas contraire.

En ce qui concerne les premiers, et quelle que soit
l'opinion que l'on adopte sur la nature du *nexum*, une
aliénation du patrimoine au profit du créancier se réalisant
dans tous les cas, celui-ci, à défaut d'exécution de l'obligation à l'échéance, pouvait s'emparer des biens de son débiteur dans les mêmes conditions et dans les mêmes formes
qu'il pouvait mettre la main sur la personne de celui-ci jusqu'à la loi Pœtilia.

APPENDICE AUX SECTIONS 2 ET 3.— DE L'EXÉCUTION SUR LES BIENS

En ce qui concerne l'*addictus*, au moins jusqu'à la loi
Pœtilia, aucun mode d'exécution directe sur les biens n'était
autorisé au profit du créancier; mais nous avons vu que
les différents actes de la procédure de *manus injectio* avaient

principalement pour but et devaient avoir pour effet, à raison même de leur rigueur d'amener le débiteur à consentir
à son créancier l'abandon de ses biens, s'il en avait. En tous
cas, après avoir fait subir au débiteur toutes les tortures
que nous savons, si celles-ci étaient demeurées inefficaces,
il arrivait un moment où le créancier pouvait le vendre comme
esclave ; qu'on admette alors que le patrimoine de ce débiteur
devenait la propriété de ce créancier ou qu'il passait à l'acquéreur de l'esclave, dans les deux cas le créancier vendeur
profitait de sa valeur qui devait, dans la seconde hypothèse,
entrer en ligne de compte, pour fixer le prix de la vente.

Mais après la loi Pœtilia le créancier ne peut plus vendre
son débiteur, d'uu autre côté les rigueurs dont il peut faire
usage à son égard sont très atténuées ; et l'une des conséquences des règles nouvelles de cette loi dut être d'enlever au créancier, en présence d'un débiteur de mauvaise
volonté, presque tout espoir d'arriver à mettre la main, soit
directement, soit indirectement sur ses biens : c'est alors
que le préteur, empruntant au droit civil un de ses modes
d'exécution, autorisé seulement dans des cas exceptionnels,
la *bonorum sectio*, en vint à prononcer au profit des créanciers
des envois en possession suivis de *bonorum venditio*.

Ce qui prouve qu'il en fut ainsi, c'est qu'on voit la loi
Julia introduire, au profit des débiteurs, la faculté de
bonorum cessio, dont le principal avantage est de permettre
à ceux-ci d'échapper à l'infamie, conséquence de la *bonorum
venditio*, il fallait donc qu'avant la loi Julia on procédât à
des ventes de biens en masse.

SECTION IV. — **Des modes d'exécution spéciaux en usage sous le système de procédure des actions de la loi.**

A côté des modes d'exécution que nous venons d'étudier ct qu'on pourrait appeler les modes d'exécution du droit commun, il y avait, dans des cas exceptionnels, des modes d'exécution spéciaux.

Disons tout de suite, pour caractériser d'un mot ces modes d'exécution exceptionnels, qu'ils constituent l'exécution sur les biens, en ce sens que les biens sont considérés comme le gage éventuel du créancier et que c'est sur eux, qu'indépendamment de toute contrainte personnelle, il doit diriger ses poursuites.

Deux modes d'exécution correspondent à ce type, la *pignoris capio et la bonorum sectio.*

§ 1ᵉʳ. — *De la Pignoris capio*

La *pignoris capio* était une des cinq actions de la loi de l'ancien droit romain. C'est du moins ce que nous dit Gaïus. C. IV, p. 12) : « *Lege autem agebatur modis quinque ; sacramento, per judicis postulationem, per condictionem, per manus injectionem, per pignoris capionem* ».

Elle se rapprochait des autres actions de la loi en ce qu'elle impliquait la prononciation de certaines paroles solennelles.

Elle en différait sensiblement en ce que ces paroles solennelles n'étaient point prononcées en présence du magistrat, qui n'avait aucun rôle à jouer en cette matière.

On peut donc dire que c'était une action de la loi à part à tel point que certains jurisconsultes Romains en étaient venus à se demander si la *pignoris capio* était bien à proprement parler une action de la loi.

C'est encore ce que nous apprend Gaïus C. IV. p. 29 : « *Plerisque placebat hanc quoque actionem legis actionem esse ; quibusdam autem non placebat : primum quod pignoris captio extra jus peragebatur, id est, non apud prætorem, plerumque etiam absenti adversario, cum alioquin cæteris actionibus non aliter uti possent quam apud prætorem, præsenti adversario ; præterea nefasto quoque die, id est, quo non licebat legire agere pignuscapi poterat* ».

Au fond, et après les paroles solennelles qui devaient être prononcées par celui qui se proposait d'user de cette action, comme but et comme résultat elle tendait et aboutissait à la prise de possession à titre de gage de certains biens du débiteur par le créancier. De même que la *manus injectio* aboutissait à une main mise sur la personne du débiteur, la *pignoris capio* aboutissait à une main mise sur ses biens.

Comme nous l'avons dit la solennité des paroles et la prise de possession se réalisaient d'une manière absolument privée et en dehors du magistrat, Gaïus suppose même dans le passage que nous venons de citer que le plus souvent elles se réalisaient « *absente adversario* » ces mots, veulent-ils simplement dire que cette action de la loi pouvait être mise en mouvement contre un débiteur absent, c'est-à dire sur l'existence duquel on avait des doutes, ou bien impliquent-ils que la présence du débiteur, dont l'existence dans un endroit déterminé était connue du créancier, n'était pas même indispensable ; nous serions plutôt disposé à admettre cette seconde explication en présence du texte de Gaïus que nous avons rapporté ci-dessus ; autrement il faudrait donc admettre que l'incertitude sur l'existence du débiteur était la règle, ce qui ne paraît guère plausible. Les paroles solennelles qui devaient être prononcées par le créancier dans cette *legis actio* ne nous sont point connues. Il est à supposer, qu'à raison même de la possibilité qu'elles fussent prononcées en l'absence du débiteur, elles ne devaient pas contenir une interpellation directement adressée à celui-ci ; qu'elles devaient uniquement exprimer le droit du créancier et son intention, à raison même de l'existence de ce droit, de s'emparer de certains biens. Il est à croire qu'elles devaient être prononcées en présence de témoins ; comment comprendre des paroles solennelles qui ne pourraient être entendues que par celui qui les prononcerait. Les dangers que l'emploi abusif de cette voie d'exécution par les créanciers, seuls juges de leur droit, pouvait faire courir aux débiteurs, étaient atténués par un certain droit d'opposition qui appartenait à ces derniers. Le débiteur, dont les biens avaient été ainsi appréhendés, pouvait être admis à prétendre que cette main mise, purement privée, s'etait réalisée sans droit, de la part du créancier, et cette contradiction donnait naissance, à une instance dont le magistrat était appelé à connaître ; instance qui pouvait aboutir, lorsque l'opposition du débiteur était reconnue bien fondée, non seulement à la mise à néant de la *pignoris capio*, mais encore à des dommages-intérêts à la charge du créancier.

Et maintenant, en supposant les paroles prononcées et la main mise, sur les objets que le créancier avait en vue, réalisée, quel va être le droit du créancier sur ces objets, comment par leur moyen, arrivera-t-il à se payer du montant de ce qui lui est dû ?

Sur ce point, qui serait cependant le plus intéressant de la matière, les renseignements précis font absolument défaut et on est réduit à faire des hypothèses plus ou moins vraisemblables. Certains commentateurs, touchés des règles de l'ancien droit romain sur les droits du créancier gagiste, et pensant que c'était les mêmes règles qui devaient servir à déterminer les droits du créancier, possesseur de certains des biens de son débiteur en vertu de l'exercice de la *pignoris capio*, ont pensé que dans ce dernier cas, le créancier n'avait qu'un droit de rétention sur les objets qu'il avait appréhendés. Mais si le droit de rétention peut suffire au créancier gagiste qui, en demandant un gage n'a pas eu d'autre but que d'acquérir une garantie pour l'exécution de l'obligation contractée envers lui, ce droit est tout-à-fait insuffisant au créancier dont la créance est exigible et qui, dans la main mise opérée sur les biens de son débiteur, désire et espère trouver une satisfaction compensatoire de celle qu'il était en droit d'attendre de l'exécution de l'obligation ; pour que ce but soit atteint, il faut plus que le droit de rétention, il faut le droit de réalisation. C'est en présence de cette considération, que les auteurs qui n'ont pas cru pouvoir donner au créancier possesseur de certains des biens de son débiteur, en vertu de l'exercice de la *pignoris capio*, des droits plus étendus que ceux qui appartenaient au créancier gagiste, ont eu recours à un ingénieux détours, pour expliquer comment à leur avis, le droit romain, tout en respectant les principes, était arrivé à pourvoir à tous les intérêts; et il faut avouer qu'il y aurait là quelque chose d'assez conforme au génie du droit romain. Le créancier, nanti du gage qu'il avait appréhendé, pouvait d'après eux assigner son débiteur en rachat de gage, et à défaut par ce dernier de payer la somme fixée par le magistrat pour ce rachat, somme qui devait être égale au moment de sa dette, le créancier était autorisé à les vendre. S'il fallait admettre cette manière de voir, il en résulterait que la mise en œuvre de la *pignoris capio*, et cette conséquence nous paraît être en contradiction absolue avec ce que nous savons de cette voie d'exécution qui était essentiellement une voie d'exécution extrajudiciaire, donnerait nécessairement lieu à un procès. Nous serions donc fort tentés d'admettre, bien que cela ne repose sur rien de certain, qu'après avoir appréhendé les biens de son débiteur, le créancier était autorisé soit à les faire siens et à les garder en compensation de sa créance, soit à les vendre et à s'en assimiler le prix.

Nous pensons également que les réclamations du débiteur, qui pouvaient prendre naissance au moment de la main-mise du créancier sur les biens, pouvaient s'élever plus tard, et à raison des actes nouveaux de la procédure de *pignoris capio* ; qu'elles pouvaient notamment prendre naissance au moment et à l'occasion de l'appropriation que le créancier entendait faire à son profit, et en compension de sa créance, des biens antérieurement appréhendés. Les plaintes du débiteur à ce sujet, se comprendront alors si celui-ci soutient que les biens dont il a été dépossédé, sont d'une valeur bien supérieure au montant de la créance de celui qui entend les garder ; il pourra encore se plaindre si les biens saisis ont été vendus et que le créancier qui a fait procéder à cette vente en a conservé tout le produit bien supérieur à ce qui lui était dû. Et s'il en était ainsi, c'était dans ce droit d'intervention et de réclamation du débiteur que résidait le contrepoids aux abus qui pouvaient être commis par le créancier.

Quant au droit des autres créanciers, vis-à-vis de celui qui avait exercé le *pignoris capio*, tout ce que l'on pourrait dire à ce sujet serait de la pure hypothèse en présence de l'absence complète de texte qui nous renseigne à cet égard.

Nous avons dit en commençant que le *pignoris capio* était une voie d'exécution exceptionnelle, il nous reste donc à rechercher dans quels cas on pouvait y recourir. Gaïus nous indique ces cas, pour les uns, c'est à la coutume qu'il faut faire remonter l'emploi de la *pignoris capio* ; pour les autres c'est à une disposition expresse de la loi (Com. IV. p. 26) : *Per pignoris capionem lege agebatur de quibusdam rebus moribus, de quibus dam lege ;.* »

Trois sortes de créance donnent droit à l'emploi de la *pignoris capio* aux termes de la coutume : *œs militare — œs sequestre æs hordiarum.* —

L'*æs militare*, c'est la solde proprement dite du soldat ; l'*œs equestre*, c'est l'indemnité accordée à ce même soldat pour acheter un cheval ; et l'*æs hordiarum* l'indemnité de nourriture du cheval ; ces sommes étaient prélevées au moyen d'un impôt qui pesait sur les *viduæ* et les *orbi* et payées à leurs bénéficiaire par le tribunus œrarius, lequel avait également pour mission de percevoir l'impôt ; était-ce contre ce dernier ou contre les débiteurs eux-mêmes de l'impôt, que l'exercice de la *pignoris capio*, comme moyen d'exécution, était autorisé ; les commanteurs du droit romain diffèrent d'opinion sur cette question ; s'il nous était permis d'émettre une opinion à ce sujet, nous serions portés à dire que c'était contre les débiteurs de l'impôt eux-mêmes que l'exercice de la *pignoris capio* au profit du militaire, créancier de sa solde, était autorisé. Il nous semble qu'autrement le moyen offert n'aurait pas donné grande garantie à ceux en faveur desquels il était introduit ; le tribunus œrarius ne pouvait guère, il nous semble, avoir suffisamment de biens pour qu'une prise de possession de tous ceux-ci pût avoir quelque chance, de procurer à tous les soldats auxquels il était chargé de payer la solde, ce qui leur était dû.

La loi des Douze Tables autorise l'emploi de la *pignoris capio* « *adversus eum qui hostiam emisset nec pretium redderet, item adversus eum qui mercedem non redderet pro eo jumento quod*

*quis ideo lacasset, ut inde pecunium acceptum in dapem, id est,
in sacrificium impederet.* » (Gaïus IV. 28).

Voici le cas le plus important, au moins au point de la
fréquence de ses applications, dans lequel le recours à la
pignoris capio était autorisé. C'est une loi, qui paraît s'être
appelée la *Lex Censoria*, qui a introduit ce cas d'application de notre voie d'exécution exceptionnelle :
« *Data est pignoris cuptio publicanis vectigalium publico-
rum populi romani adversus eos qui aliqua lege vectigalia
deberent.* » Ce sont donc les publicains auxquels est permis l'emploi de la *pignoris capio* contre les contribuables
débiteurs de l'impôt.

Depuis la découverte récente de la table d'Aljustrel
on sait qu'il y eut d'autres cas que ceux indiqués par
Gaïus dans lesquels l'emploi de la *piquoris capio* était
autorisé. Il s'agit dans tous ces cas du recouvrement de
créances ayant leur origine dans l'exercice d'un monopole.

§ II. — De la Bonorum sectio.

Le *bonorum sectio* n'est pas à proprement parler une
voie d'exécution, elle a un champ d'application beaucoup
plus vaste. C'est ainsi que la vente du butin pris sur
l'ennemi, des biens confisqués, des biens dépendant d'une
succession vacante se réalise par la *bonorum sectio*. Mais
il est tel cas d'application de la *bonorum sectio* dans lequel
il s'agit véritablement d'une exécution, c'est quand il
s'agit de la vente des biens d'un débiteur du trésor (Cic.
pro Flacco 18. — L 6. c. De fid. et jur. hast. X. 3). Ce

sont les questeurs qui font procéder, après l'accomplissement de certaines formalités de publicité, à la *bonorum sectio*, qu'il s'agisse de la vente des biens de débiteurs du trésor ou de tout autre vente

Au moins dans le cas particulier qui nous intéresse, c'est-à-dire dans le cas de la vente des biens d'un débiteur du trésor, la *bonorum sectio* ne s'appliquait pas à quelques-uns ou même à tous les biens du débiteur pris isolément, mais à l'ensemble du patrimoine ; elle constituait un mode de vente et d'acquisition *per universitatem*, et elle transportait à l'acquéreur, non seulement la propriété quiritaire des biens qui se trouvaient dans ce patrimoine, mais aussi le bénéfice des créances et la charge des dettes ; en ce qui concerne ces dernières, il est bien entendu qu'il n'était tenu de les payer que jusqu'à concurrence de son prix d'acquisition, peut-être même, comme cela aura lieu dans la voie d'exécution, de droit commun sous le système formulaire, ce prix d'acquisition était-il uniquement déterminé par la fixation d'un dividende qui devait être payé à chacun des créanciers.

L'acquisition faite à la suite d'une *bonorum sectio* avait cet effet remarquable que la propriété des biens vendus passait en la personne de l'acquéreur aussitôt que celui-ci avait payé son prix et indépendamment de toute prise de possession (L. 3 c. X. 3) il y a là quelque chose d'anormal et de contraire à la règle d'après laquelle la propriété ne se transmet pas par le seul consentement.

CHAPITRE III

TROISIÈME PÉRIODE ALLANT DE LA LOI ÆBUTIA AU RÈGNE DES ANTONINS.

On n'est pas absolument d'accord sur la date de cette loi Æbutia, il parait bien toutefois qu'il faut la faire remonter à la fin du vi^e siècle de Rome fondée. Quant aux dispositions qu'elle contenait on admet généralement que c'est elle qui a aboli la *manus injectio*. Mais ne nous y trompons pas, cette suppression n'a pas apporté un grand changement dans la situation des débiteurs condamnés, nous avons vu en effet que depuis la loi Pœtilia le seul droit du créancier sur la personne du débiteur c'était de retenir celui-ci dans sa demeure et de le soumettre au travail, or ce droit a survécu à la suppression de la *manus injectio* sous la forme de la contrainte par corps, du *duci jubere* prononcé par le magistrat. Les paroles solennelles prononcées par le créancier, la main-mise qu'il exerçait sur son débiteur, *in jure* dans une forme consacrée, voilà ce qui fut abrogé.

C'est la loi Julia rendue sous Auguste qui a institué la *bonorum venditio* comme mode d'exécution de droit commun, mais il est certain qu'en cela elle n'a pas réalisé une innovation législative il est très probable qu'elle n'a fait que sanctionner une pratique courante.

Nous avons vu que la jurisprudence prétorienne s'appli
qua après la loi Pœtilia à donner aux créanciers le moyen
d'atteindre directement le patrimoine de leur débiteur ; que
pour arriver à ce but le préteur prononçait des envois en
possession suivi de *bonorum venditio*. C'est ce procédé
qui s'est généralisé au point de s'imposer au législateur
qui dut le sanctionner. Mais le préteur lui-même en
autorisant ces modes d'exécution directe sur les biens
n'avait innové que dans une faible mesure. C'est ce dont
il est facile de se rendre compte.

Nous avons dit, en étudiant la matière de l'exécution
sous le régime des actions de la loi, qu'à côté de la *manus
injeclio*, qui était la voie d'exécution de droit commun, il y
avait, à titre exceptionnel, dans certains cas spéciaux, deux
autres voies d'exécution : la *pignoris capio* et la *bonorum
sectio*. Nous avons vu, que le caractère distinctif de ces deux
voies d'exécution, c'était qu'elles constituaient des modes
d'exécution directe sur les biens, tandis que la *manus injeclio* était une procédure d'exécution dirigée contre la personne, et dans laquelle les biens du débiteur ne se trouvaient
atteints que par contrecoup, accidentellement, et sans qu'on
puisse dire qu'ils aient été le but de l'exécution.

Sous le système formulaire il n'est pas possible de dire
que ces trois voies d'exécution soient disparues, mais la
pignoris capio subsiste avec son caractère de voie d'exécution exceptionnelle, et les deux autres, la *bonorum sectio* et
le *manus injeclio*, se fondent l'une dans l'autre pour pro-

duire un mode d'exécution nouveau, qui devient le mode d'exécution de droit commun : la *bonorum venditio*.

SECTION I. — De la pignoris capio sous le système de la procédure formulaire

La *pignoris capio* subsiste donc sous le système formulaire, plusieurs modifications y sont cependant apportées, tant au point de vue des cas dans lesquels elle peut être employée que de son mode d'exercice.

Et d'abord à ce dernier point de vue, antérieurement elle constituait, comme nous l'avons vu, une voie d'exécution purement privée ; ceux qui étaient autorisés à y avoir recours, entraient en possession des biens du débiteur sans qu'aucune autorisation du magistrat fut nécessaire à cet effet. C'est à ce point de vue qu'un premier changement a été introduit, et c'est Gaius qui nous l'apprend (com. IV, p. 32) : « *Item in ea forma quæ publicana proponitur, talis fictio est, ut, quantua pecunia olim, si pignus captum esset, id pignus is a quo captum erat luere deberet, tantam pecuniam condemnetur* ».

Ainsi donc à ce point de vue deux innovations, il n'y a plus qu'une prise de possession fictive laquelle doit être précédée d'une sentence de condamnation émanée du magistrat.

Au point de vue de son champ d'application, il apparait que les cas dans lesquelles cette voie d'exécution fut autorisée devinrent de plus en plus nombreux ; c'était sous le système ancien une voie d'exécution réservée aux créanciers dont la créance se rattachait à un certain intérêt public ou religieux, nous voyons un rescrit d'Antonin le Pieux en concéder l'usage aux simples particuliers (L. 31, Dig. XLII, 1). Mais, même après cette extension, le *pignoris capio* ne pouvait pas suffire à tous les besoins de l'exécution.

Cette voie d'exécution n'est en effet utile, et ne peut être employée, qu'autant qu'on a affaire à un débiteur solvable, mais récalcitrant et qui refuse de s'exécuter.

Or dans une société les débiteurs qui ne paient pas leurs dettes parce qu'ils ne le veulent pas, sont en somme l'exception, et pour que cette résistance ne soit ni trop fréquente, ni trop prolongée, quand elle vient à se produire, il leur leur suffit de croire à l'existence d'une force publique ou privée ferme et résolue, qui saura contraindre leurs volontés et contre laquelle la lutte n'est pas possible.

Mais la véritable procédure d'exécution c'est celle qui fournit aux créanciers, en présence d'un débiteur insolvable, le moyen d'en tirer tout ce qu'il peut rendre, sans que la loi de l'égalité soit violée par les uns au préjudice des autres ; et le besoin de créer une procédure d'exécution, ou pour parler plus exactement, une procédure de liquidation qui réponde à ce but apparait à une civilisation, dès qu'elle est sortie de cet état primitif, dans lequel on ignore les insolvables, parce que l'égalité des fortunes existe à peu près entre tous, que chacun vit, de ce qu'il possède, d'une façon à peu près identique, et où par conséquent il n'y a ni riches ni pauvres, ceux-ci faisant appel au crédit de ceux-là qui le leur font payer largement. Or c'est un fait bien connu, qu'à l'époque à laquelle se place l'introduction à Rome du système de la procédure formulaire, les usuriers pullulaient, et là, où de pareils gens exercent leur triste métier, les insolvables abondent, c'est une loi d'une rigoureuse exactitude encore aujourd'hui.

La procédure romaine de la liquidation du patrimoine des insolvables c'est la *bonorum venditio*.

SECTION II. — De la bonorum venditio

Nous avons dit que cette *bonorum venditio* n'était que l'ingénieuse combinaison opérée par le préteur des deux modes d'exécution du système ancien la *manus injectio* et la *bonorum sectio*. Nous ferons remarquer, dans l'étude que nous allons faire de cette procédure d'exécution nouvelle, ce qui provient de la *manus injectio* ce qui subsiste de l'exécution sur la personne. Quant aux analogies de la *bonorum sectio* avec la *bonorum venditio* elles sont frappantes et elles nous apparaîtront à chaque pas.

La *bonorum venditio*, ainsi que son nom l'indique c'est la vente des biens du débiteur, mais cette vente n'est que le terme d'une procédure très longue et très compliquée, et les formalités sans nombre qui doivent être observées pour arriver à cette vente, ne constituent elles-mêmes que la deuxième phase de la procédure de *bonorum venditio* dont la première phase est constituée par l'envoi des créanciers en possession des biens composant le patrimoine du débiteur : la *missio in possessionem*. C'est cet envoi en possession qu'il nous faut tout d'abord étudier.

§ I. — *De la missio in possessionem*

Les débiteurs, dont les créanciers peuvent se faire envoyer en possession de leurs biens, appartiennent à deux classes bien distinctes. Ce sont d'abord, les débiteurs contre lesquels existe une sentence de condamnation, ou qui ont reconnu leur dette en justice. Ce sont ensuite ceux qu'on appelle les *indefensi*.

Sur la première classe rien à dire de particulier ; la condamnation du débiteur est encore aujourd'hui, comme cela avait lieu en droit romain, le préalable indispensable de toute voie d'exécution à suivre contre ces débiteurs.

Quelques explications doivent au contraire être données en ce qui concerne les *indefensi*, car il y a là quelque chose de très original et de propre au droit romain.

Pour bien comprendre l'utilité et la raison d'être des contraintes, dont le droit romain autorise l'emploi contre les *indefensi*, expression que l'on peut traduire par les défaillants, il faut se rappeler cette règle de la procédure romaine d'après laquelle, l'instance ne pouvait s'engager qu'en présence des deux parties ; pour employer une expression moderne, on ne connaissait pas à Rome les instances par défaut. Il est vrai que la comparution simultanée des deux parties n'est pas exigée durant tout le cours de la procédure qui aboutira à la sentence de condamnation ou d'absolution, mais au moment où l'instance s'engage devant le magistrat, et jusqu'à ce que celui-ci ait délivré la formule d'action qui investit le juge, et détermine d'une façon précise l'étendue de sa mission, l'absence de l'une des deux parties réduit l'autre à l'impuissance.

On comprend sans peine que cette obligation, imposée au défendeur de comparaître *in jure*, devait avoir pour corollaire, sous peine de voir réduire à néant le droit d'agir en justice, la mise à la disposition du demandeur d'un moyen de contrainte d'une certaine nature et propre à enlever au défendeur toute idée de défaillance.

Il est vrai que le Droit Romain ancien autorisait le demandeur à s'emparer par la force du défendeur récalcitrant et à l'entraîner par devant le magistrat *obtorto collo* et que ce procédé grossier et violent fut remplacé par le préteur au moyen de la concession d'une action pénale contre le débiteur qui refusait de comparaître, mais ces modes de contrainte ne pouvaient pas dans tous les cas donner satisfaction au but recherché. En effet tant pour l'exercice de la contrainte matérielle de l'ancien droit, que de l'action pénale d'innovation prétorienne, il fallait que le défendeur ait été mis en demeure de comparaître et cette mise en demeure, l'*in jus vocatio*, impliquait qu'on avait rencontré sa personne à laquelle elle devait directement s'adresser. — Or le défendeur pouvait se retirer dans certains lieux, sa demeure, les temples et autres lieux sacrés, considérés comme inviolables, et où par conséquent on ne pouvait pas pénétrer pour lui adresser l'*in jus vocatio* ; bien plus le défendeur pouvait se cacher et on pouvait ignorer son lieu de retraite, il pouvait être absent au sens moderne du mot, il pouvait être hors de la cité, en voyage ou en mission dans un pays éloigné, dans tous ces cas les moyens de contrainte autorisés contre lui restaient inpuissants à forcer sa résistance.

Le moyen de contrainte autorisé par le préteur, la concession d'une action pénale, était encore. à un autre point de vue, plus insuffisant que le procédé brutal de l'ancien droit pour permettre au demandeur d'atteindre son but. Qu'importait en effet au défendeur qu'on délivrât contre lui une action pénale, si par sa résistance et son refus de comparaître devant le magistrat il pouvait enpêcher que cette action pénale elle-même procédât utilement contre lui.

C'est pour donner satisfaction à tous ces intértês, jusque-là en souffrance que le préteur imagina d'autoriser le créancier en présence d'un débiteur qui refusait de comparaître *in jure* et paralysait ainsi tout moyen d'action contre lui, à se faire envoyer en possession des biens de ce dernier. Voici à ce sujet comment s'exprime l'Edit : « *In bona ejus qui judicio, sistendi causa, fidejussorem dedit, si neque potestatem sui faciet, neque defenderetur, iri jubeto* ».

D'après les termes de l'Edit l'envoi en possession ne serait possible que dans le cas où il y aurait eu de la part du défendeur, et au moment de la *vocatio in jus*, une pro-

messe de comparaître, mais l'Edit semblerait ne point s'appliquer dans le cas de ce qu'on pourrait appeler la défaillance sur la *vocatio in jus*, elle-même ; *Doneau*, dans son
(*Commentarium juris civilis*, L. 23, Chap. 2, n° 4), fait
observer, avec juste raison il nous semble, que si l'Edit ne
parlait et ne visait que les cas de défaillance survenant après
la *vocatio in jus* et la promesse de comparaître *in jure*,
c'est que c'était le seul point douteux ; que sous le système
antérieur de la procédure et en ce qui concernait le
défendeur qui se soustrayait à la *vocatio in jus* on le traitait comme un *damnatus* ; qu'il n'était donc point étonnant
que l'Edit ne parlât pas de ce défaillant, que par *a fortiori*
de ce qui se passait vis-à-vis du défendeur dont la défaillance ne survenait qu'après le *vocatio in jus*, le bénéfice de
l'envoi en possession devait être autorisé contre lui.

Pour terminer ici avec cet exposé de la théorie de *l'in-
difensio*, disons tout de suite, bien que cela nous fasse un
peu empiéter sur un sujet ultérieur, qu'au point de vue des
suites que pouvait avoir la *missio in possessionem* des biens
d'un *indefensus*, il y avait lieu de distinguer deux classes
d'*indefensi*.

D'un côté ceux qui ne comparaissent pas, pour se soustraire à la justice, ceux qui se cachent, (*latitant*), pour employer l'expression romaine; la *latitatio* impliquant l'idée de
mauvaise foi de la part du débiteur.

Et d'un autre côté ceux qui ne comparaissent pas pour
un motif, n'impliquant pas de leur part la mauvaise pensée
de se soustraire à l'action de leur créancier, et auxquels on

ne peut tout au plus reprocher que leur indifférence, leur négligence, dans laquelle il ne faut pas cependant leur permettre de se renfermer puisqu'elle peut causer un grave préjudice au créancier.

Le caractère frauduleux de la *latilatio* est nettement indiqué dans la loi 7. par. 5 Dig. XLII. 4 : « *Is, qui fraudationis causa latitet, non tamen propter creditores, et hæc latitatio creditores fraudet, in ea tamen erit causa, ne hic possidere bona ejus possint, quia non hoc animo latitit, ut fraudentur creditores ; animus enim latitentis quæritur, quo animo latitit, ut fraudet creditores, an alia ex causa.* »

Ce texte, qui détermine d'une façon si précise le caractère frauduleux de la *latitatio*, commet une inexactitude en disant que là où il y a défaillance sans *latitatio*, il n'y a pas lieu à envoi en possession ; ce n'est pas exact. Dans tous les cas de défaillance du défendeur le demandeur peut se faire envoyer en possession de ses biens, la différence consiste en ce que, s'il s'agit d'un défendeur (*latitans*), l'envoi en possession pourra être suivi de la vente des biens, comme s'il s'agissait d'un *damnatus*, et que dans les autres cas, les créanciers envoyés en possession devront en rester à cette mesure conservatoire, il leur sera interdit de faire procéder à la vente des biens. Il est évident, que dans le fragment que nous avons ci-dessus rapporté, le jurisconsulte Ulpien a outrepassé sa pensée et qu'il a simplement voulu dire, qu'en l'absence de *latitatio*, il ne pouvait pas y avoir d'envoi en possession suivi de vente. C'est d'ailleurs ce qui résulte de la loi 21. p. 2 Dig. IV. 6 du même Ulpien, dans laquelle celui-ci comparant justement la situation du débiteur latitans et celle du défaillant non latitans s'exprime ainsi : « *Ceterum si non existebat defensor. æquissimum erat subveneri ; eo potius quod eorum, qui non defunduntur, si quidem latitent, Prætor ex edicto pollicetur in bona eorum mittere, ut. si res exegerit, etiam distrahantur ; si vero non latitent, licet non defendantur, in bona tantum mitti.* »

Mais, cette remarque faite sur l'inexactitude du texte d'Ulpien antérieurement rapporté, retenons-en ceci, c'est que, pour qu'un défendeur soit considéré comme *latitans*, il ne suffit pas qu'il se cache, qu'il se soustraie à la *vocatio in jus* dirigée contre lui, il faut qu'il agisse ainsi dans la pensée frauduleuse de tenir en échec le droit que le demandeur voudrait faire reconnaître en justice contre lui.

Deux sortes de débiteurs peuvent donc voir leurs créanciers se faire envoyer en possession de leurs biens, les *indefensi* et ceux contre lesquels existe une sentence de condamnation. — Nous ne reparlerons plus de cette distinction, nous laisserons maintenant complètement de côté les *indefensi* et nous supposerons pour la suite de nos développements que nous sommes toujours en présence d'un défendeur condamné ,d'un *damnatus*.

La sentence de condamnation vient d'être prononcée, comment le bénéficiaire de cette sentence doit-il procéder pour se faire envoyer en possession des biens de celui contre lequel elle a été prononcée ?

Un délai de trente jours est accordé au débiteur à par-

tir de la sentence de condamnation, pendant ce délai aucune
poursuite ne peut être exercée contre lui ; c'est là un souvenir et un reste de l'ancienne exécution contre la personne;
la sentence du magistrat portant condamnation constitue la
mise en demeure, la contrainte personnelle, que nous avons
rencontrée à chaque pas dans notre marche à travers les
actes multiples de la *manus injectio*. Et, de même que,
sous l'empire de cette procédure, toute contrainte était suivie
d'un certain délai pendant lequel l'emploi d'une contrainte
nouvelle n'était pas autorisé, délai dont le but était justement de permettre aux effets qu'on attendait de cette contrainte de se réaliser ; tel est encore bien le sens de ce délai
de trente jours accordé au débiteur condamné après sa
condamnation : « *Bona autem venii int judiratroum post
tempus quod eis, partim lege XII tabulorum, partim edicto
prætoris, ad ex pediendam pecuniam tribuitur.* (Gaïus, III, 78).

Ce délai « *ad ex pediendam pecuniam* » est porté à deux
mois par une constitution de Gratien Valentinien et Théo-
dose à quatre mois par Justinien. Le magistrat est d'ailleurs
autorisé, mais dans des cas exceptionnels, à augmenter ce
délai et, dans des cas encore plus exceptionnels, à l'abréger
(l. 2. l 4. p. 5. l. 31. Dig. XLII. 1).

Supposons donc que le délai de grâce, à partir de la
condamnation, quelqu'en ait d'ailleurs été la durée. soit
expiré, le ou les créanciers poursuivants devront s'adresser au magistrat qui a rendu la sentence, à moins que
celui-ci ne soit un magistrat municipal, auquel cas ils devront s'adresser au magistrat supérieur hiérarchique de ce

dernier, et lui demander à être envoyés en possession des biens de leur débiteur.

Et alors la procédure à suivre diffère suivant que l'on se trouve dans l'une ou l'autre des hypothèses suivantes :

S'agit-il d'une demande d'envoi en possession, formée à la suite d'une sentence de condamnation ou d'un aveu judiciaire ; le rôle du magistrat se réduit à fort peu de choses, il n'a qu'à examiner si la sentence invoquée a bien été rendue et à rechercher si elle n'a pas déjà reçu d'exécution, ces constatations faites il ne peut que déférer à la demande du bénéficiaire de cette condamnation. Dans tous ces cas dans lesquels, pour employer l'expression romaine, il n'y a pas lieu à *cognitio causæ*, le magistrat peut statuer « *per libellum de plano* » on pourrait traduire par ordonnance sur requête. S'agit-il au contraire d'une demande d'envoi en possession formée pour cause d'*indefensio* ; la question de savoir si l'on se trouxe bien en présence d'un défendeur défaillant, et même, car il importe de préciser, si l'on se trouve en présence d'un défendeur *latitans*, était des plus délicates, puisque la solution ne dépendait pas toujours d'une constatation de faits, mais exigeait souvent une appréciation d'intention. Le défendeur ne comparaît pas, c'est certain, il se cache, c'est encore certain, mais se cache-t-il pour se soustraire aux investigations du demandeur, c'est beaucoup moins facile à dire, il y a là une question qui ne peut pas se résoudre de *plano*, elle doit donner lieu par devant le magistrat à une discuscussion et c'est ce qu'on exprime en disant que le magistrat est appelé à la « *cognitio causæ* » et ne doit rendre sa sentence que « *per decretum pro tribunali* ».

Il semble bien que sous Justinien la *cognitio causæ* devint la règle.

La sentence d'envoi en possession aussitôt rendue est rendue publique par l'affichage qui en est fait ; cet envoi en possession déssaisissant celui qui en est l'objet il est utile de prévenir les tiers ; il importe aussi aux autres créanciers, auxquels cet envoi en possession doit profiter, de le connaître et enfin peut-être bien que cette publicité donnée à l'envoi en possession est un appel à la famille et aux amis du débiteur pour les amener à désintéresser le créancier ou les créanciers, au profit desquels il est prononcé.

Nous avons laissé entendre par avance que l'envoi en possession des biens d'un débiteur, bien que prononcé au profit d'un créancier déterminé qui l'a demandé, ne constitue pas au profit de celui-ci vis-à-vis de ses cocréanciers un privilège. C'est ce qu'on exprime en disant que l'envoi en possession a lieu *in rem*, on pourrait traduire en bloc au profit de tous les créanciers, sous la seule condition que ceux ci réclament et se fassent connaître avant la rédaction du cahier des charges de la vente dont nous parlerons plus loin (L. 12, pr. Dig. XLII, 5).

Et maintenant quels sont les effets de cette sentence d'envoi en possession ?

D'abord au point de vue du débiteur. On ne saurait mieux les comparer qu'aux effets produits par la déclaration de faillite ; elle opère un dessaisissement de l'exercice des droits résidant en la personne du débiteur. Ce débiteur reste plein et entier propriétaire de tous les biens qui composent son patrimoine, il n'en perd pas même la possession ; mais ils ne peut exercer aucun de ces droits qui résultent à son profit de sa qualité de propriétaire et de possesseur.

Or les droits qui appartiennent à tout propriétaire peuvent se ramener à trois : Droits de disposition, il ne peut pas vendre ses biens ni les donner. — Droits d'administration, il ne peut pas faire des baux ni s'engager pour les besoins de cette administration. — Droits de jouissance, il ne peut pas toucher les revenus ou les fruits de ses biens.

Et cependaut, à raison même de l'origine prétorienne de la *missio in pos⸱essionem*, tous actes de disposition ou d'administration, accomplis par le débiteur au mépris de l'envoi en possession prononcé contre lui, ne sont pas nuls de plein droit, mais le préteur permet aux créanciers l'emploi de l'action paulienne pour les faire annuler.

Au point de vue de la perte de la jouissance les effets de l'envoi en possession subissent une certaine restriction quand il s'agit de l'envoi en possession des biens d'un pupille, celui-ci conserve en effet le droit de prélever jusqu'à sa puberté des aliments sur les revenus de son patrimoine. Paul. Sent, L. V. T. V. B, p. 1 : « *Pupillo, si non defendatur, in possessione bonorum creditoribus constitutis, ex his usque ad pubertatem alimenta prœstanda sunt* ».

Pour terminer sur ces effets du dessaisissement du débiteur, par suite de l'envoi en possession, disons qu'il porte sur tous les biens et tous les droits de ce débiteur, tant les droits réels que les droits personnels, on en excepte seulement les personnes libres placées sous sa puissance, sa concubine, ses enfants naturels et aussi les statues élevées en son honneur (L. L. 29 et 38, Dig. XLII, 5).

Au point de vue des effets de l'envoi en possession vis-à-vis des créanciers, on dit d'ordinaire que leurs droits se ramènent à trois : rétention, gage, administration.

A s'en tenir à ces expressions, et en disant que les créanciers envoyés en possession ont un droit de rétention et un droit de gage, on serait porté, en donnant à ces mots le sens qu'ils ont aujourd'hui, à se faire une idée inexacte des effets de l'envoi en possession. Le droit de rétention, au sens moderne du mot, c'est par exemple le droit pour le créancier gagiste de conserver la chose à lui donnée en gage, jusqu'à ce qu'il ait été désintéressé de la dette à l'occasion de laquelle le gage lui a été donné, c'est d'une façon générale le droit pour quelqu'un de conserver une certaine chose en sa possession matérielle. De même le gage ; c'est une garantie donnée à un créancier, aux termes de laquelle, celui-ci est autorisé à détenir la chose à lui donnée en gage, et en cas d'inexécution de l'obligation, et après l'observation . de certaines formalités, à vendre la chose gagée et à se payer sur le prix par préférence aux autres créanciers. Si c'était là les deux droits qu'il fallait reconnaître aux envoyés en possession, on admettra en tout cas qu'il y aurait inutilité à les énoncer séparément;l'un, le droit de rétention,n'étant que la conséquence de l'autre,le droit degage. Il est bien évident que si la masse des créanciers,au profit de laquelle l'envoî en possession est prononcé, avait sur le patrimoine du débiteur undroit de gage au sens moderne du mot, ce droit impliquerait au profit de cette même masse un droit de rétention. Mais il nous semble, que ces deux droits de rétention et de gage ont, dans le langage romain, un sens tout spécial qu'il importe de bien préciser.

Au point de vue du droit de rétention, Ulpien le caractérise de la façon suivante : « *Creditores vero missos in possessionem rei servandœ causa interdictio uti possidetis uti non posse, et merito, qui non possident sed sunt in possessione custodire causa* ». Et Cicéron dans son plaidoyer *pro Quintio*, chap. 27, nous rapporte le texte de l'Edit ; « *Qui ex edicto meo in possessionem venerint, eos ita videtur in possessione esse oportere ; quod ibidum custodire poterunt id ibidem custodiunt; quod non poterunt, id aufere et abducere licebit.*

Voici maintenant une application du principe posé. — « *Dominum invitum detradere non placet.* » On voit très bien par là que ce droit de rétention est un simple droit de garde ou plutôt de surveillance; la conservation intacte du patrimoine du débiteur dans l'état où il se trouvait au moment de l'envoi en possession, telle est la raison d'être, mais telle est aussi la mesure et la limite de ce droit de surveillance. Les créanciers sont donc seulement autorisés à entrer en possession effective des choses qu'on pourrait craindre de voir disparaître, en les laissant à la disposition du débiteur. — Le sens de ce droit de rétention ainsi défini et déterminé implique que les envoyés en possession doivent pouvoir, au moment même de l'envoi en possession, faire dresser un état descriptif et estimatif du mobilier et de tout ce qui se trouve dans la maison du débiteur. Tel est l'avis d'Ulpien (L. 15 pr. Dig. XLII, 5) : « *Ego puto, creditoribus instrumentorum etiam* ἀναργαφην (*descriptionem*) *facere, non ut describant ipsa corpora instrumentorum, sed quot sint, de qua re sint, subnotent sibi. et quasi inventarium facient; quod etiam universorum facere iis erit permitttendum. Præterea nomenquam Prætor causa cognita etiam describere aliquid ex instrumentis creditoribus debebit permittere, si qua idonea causa interveniat.* » Les créanciers ont même le droit de se faire représenter les objets inventoriés, mais pour que ce droit ne se transforme pas en mesure vexatoire à l'encontre du débiteur, le même Ulpien, qui nous rapporte sur cette question l'opinion de Labéon (même loi, par. I), déclare que les créanciers ne peuvent demander qu'une fois à se faire représenter les biens inventoriés, à moins cependant qu'ils na prêtent serment qu'ils n'agissent point « *calumniæ causa* », auquel cas, ils peuvent exercer ce droit une seconde fois, mais jamais plus.

Existait-il une sanction contre le débiteur pour le cas où celui-ci n'aurait pas pu représenter quelques-uns des biens qu'il avait an moment de l'envoi en possession, c'est probable, mais nous ne l'avons trouvé nulle part écrit d'une façon certaine.

En ce qui concerne le droit de gage reconnu d'ordinaire à l'ensemble des créanciers envoyés en possession, qui dit droit de gage dit droit de préférence au profit de certains créanciers ; or il y a bien ici un droit de préférence, ainsi que nous le verrons par la suite, au profit des créanciers antérieurs à l'envoi en possession, à l'encontre des créanciers postérieurs, mais il nous semble qu'il y a là beaucoup moins le résultat de la concession d'un droit de gage au profit de ces créanciers antérieurs, qu'une conséquence directe du dessaisissement du débiteur. Si les biens compris dans l'envoi en possession ne peuvent pas servir à désintéresser les créanciers postérieurs, c'est qu'à partir de cet envoi, le débiteur ne peut plus faire sortir de son patrimoine aucun des biens qui s'y trouvent : il ne peut pas le faire directement en aliénant quelques-uns de ces biens, il ne peut pas davantage le faire indirectement en contractant des obligations qui pourraient s'exécuter sur ces biens ; toute obligation nouvelle d'un débiteur déjà insolvable est une véritable aliénation de biens qui ne peut donc pas être accomplie par une personne dessaisie de son patrimoine.

C'est une question douteuse sous l'empire du droit classique que celle de savoir si le droit de gage des créanciers permettait à ceux-ci l'exercice du droit de suite, mais Justinien le leur accorde d'une façon certaine (L 2. C. VIII. 22).

Nous avons vu que le débiteur était privé par le fait de l'envoi en possession de l'exercice de tous ses droits de propriétaire. Or, parmi ces droits figure au premier rang, celui d'administrer ses biens.

Administrer ses biens, c'est leur faire produire les revenus en rapport avec leur nature. Nous dirons plus loin que les créanciers envoyés en possession appréhendent les revenus des biens de leur débiteur, or, l'administration ne se comprend guère détachée de la jouissance ; celui qui jouit doit pouvoir régler son mode de jouissance et d'un autre côté les dépenses d'administration se paient sur les revenus. Il est à croire qu'en fait, lorsque le débiteur avant l'envoi en possession, administrait lui-même certains de ses biens, qu'il exploitait par exemple un domaine agricole, on le laissait, s'il le demandait, continuer cette exploitation ; mais il devait être tenu de rendre compte à ses créanciers, qui de leur côté devaient l'autoriser à prélever et à conserver une quote-part des fruits à titre d'indemnité du travail qu'il exécutait pour leur compte, et pour lequel, à son défaut, ils auraient du payer un étranger. Mais le droit romain n'accordait au débiteur, sur ses biens devenus le gage de ses créanciers, aucune créance alimentaire, à moins qu'il ne s'agisse d'un pupille, comme nous l'avons dit plus haut ; on lui permettait cependant de continuer à habiter dans sa maison, le droit romain dans la voie si inhumaine dans laquelle il s'était engagé, n'a pas cru pouvoir aller jusqu'à jeter le débiteur sur la voie publique.

Comme nous le faisions remarquer il n'y a qu'un instant, les droits d'administration et de jouissance sont intimement liés l'un à l'autre et une étude séparée en serait presqu'impossible. Etudions donc la mise en œuvre de ce double droit des créanciers d'administrer les biens et de percevoir leurs revenus.

Rien ne s'oppose à ce que les créanciers administrent eux-mêmes le patrimoine de leur débiteur. Pratiquement cela se comprend très bien quand il ne se présente qu'un seul créancier, lequel se trouve ainsi substitué à la personne du débiteur, cela se comprend encore, en présence de quelques créanciers seulement, qui arrivent facilement à se mettre d'accord, mais cela devient presqu'impossible quand le nombre des créanciers, profitant de l'envoi en possession, est quelque peu considérable. Comment en effet arriver à administrer sérieusement des biens quand, à l'occasion du moindre acte d'admininistration à réaliser, il faudra que tous les créanciers se réunissent et tombent d'accord. Deux moyens leur sont alors accordés pour remédier à ces dangers. Ils peuvent charger l'un deux, ou même étranger, de la gestion, mais, et toujours en supposant un qu'on ait affaire à une masse nombreuse de créanciers, sera-t-il bien facile de les mettre tous d'accord sur le choix de ce gérant, car pour que ce gérant puisse valablement agir aux lieu et place de tous les créanciers il faut que le mandat qui lui a été confié n'ait recu d'opposition de la part d'aucun. La législation romaine, pleine de sagesse et de prévoyance à cet égard, a pensé qu'il serait dangereux, pourles créanciers eux-mêmes, de laisser subsister intact le droit appartenant a chacun d'eux, qu'aucune acte mème de simple gestion soit accompli sur les biens composant le patrimoine du débiteur, sans que tous y aient consenti. Elle a pensé que le maintien de ce droit exposerait les créanciers à voir leur gage péricliter, en présence de l'impossibilité où ils seraient le plus souvent de se mettre d'accord soit sur les actes à faire soit sur le choix d'un mandataire pour les accomplir. Voici donc ce quelle a décidé : « *quum plures criditores in possessionnem rerum debitores mittantur, ne corrumpantur rationes uni hoc negocium a creditoribus esse landum quem major pars creditorum elegerit* » (Ulpien L. 15 pr. Dig. XLII. 5).

Ainsi, les créanciers peuvent choisir soit l'un d'eux soit un étranger, qui, sous la seule condition d'être élu par la majorité, les représentera valablement tous au point de vue de l'administration du patrimoine du débiteur. Et ce mandatataire nommé par la majorité des créanciers porte le nom de curateur. Une fois élu, ce curateur a pouvoir de faire tous les actes d'administration qu'il juge utile, sous sa seule responsabilité, sans être obligé d'en référer aux créanciers non plus que de se faire autoriser par le magistrat ; mais ses pouvoirs se bornent aux seuls actes d'administration, les actes de disposition lui sont formellement interdits.

Ainsi que nous l'avons dit plus haut, la nomination d'un curateur pour administrer les biens du débiteur n'était que facultative pour les créanciers,ils pouvaient s'ils le préféraient, administrer ces biens par eux-mêmes ou conférer à quelqu'un mandat à cet effet, mais il semble bien qu'il y avait au moins un cas dans lequel la nomination d'un curateur était obligatoire; c'était quand il s'agissait d'intenter une action en justice.C'est ce que semble décider une loi de Paul L.15pr.Dig.XLII.5:« *creditore in possessionem rerum debitoris misso, curator debet. siquidem actionem perituræ sunt* » le texte nous apprend en même temps dans quel cas l'exercice des actions pouvait être considéré comme un acte d'administration, il fallait qu'il s'agisse d'actions dont l'exercice était urgent, soit sans doute qu'elles fussent relatives à des droits susceptibles de disparaître par l'effet d'une prescription prochaine, ou qu'elles dussent avoir recours à des moyens de preuve qu'il serait difficile de produire plus tard. Nous pensons qu'en dehors de ces actions « *quæ perituræ sunt* », le curateur pouvait intenter les actions qui se rattachaient aux actes d'administration proprement dits, par exemple les actions tendant au paiement de fermages.

§ II. — *De la bonorum venditio proprement dite*

C'est ici qu'il nous faut rappeler la distinction que nous avons établie plus haut entre les causes qui pouvaient donner naissance à l'envoi en possession.

D'une part, la sentence de condamnation du magistrat,

et d'autre part les cas de défaillance du débiteur, dans le sens large que nous avons donné à cette expression. — Dans ce dernier cas et sauf cependant en ce qui concerne le défendeur *latitans* qu'on assimilait par une sorte de pénalité au *damnatus*, l'envoi en possession se prolongera jusqu'à une époque indéterminée, jusqu'à ce que le magistrat prenant en considération, l'intérêt des créanciers d'une part, et d'autre part le peu d'espoir qu'il peut y avoir de voir cesser les faits qui ont donné lieu à l'envoi en possession, autorise la vente.

Mais revenons maintenant pour n'en plus sortir, au cas du débiteur condamné, du *damnatus* qui a laissé passer le délai de trente jours après la condamnation sans s'exécuter, et qui a vu après l'expiration de ce délai ses créanciers envoyés en possession de ses biens.

Nous trouvons encore à ce moment de la procédure d'exécution une tentative de contrainte personnelle ; l'envoi en possession doit se prolonger pendant trente jours ; ce sont les différentes étapes progressives de la *manus injectio* qui n'ont pas complètement disparu, non plus que les raisons qui les avaient fait établir. — Mais ce délai passé va commencer la procédure de la vente du patrimoine. Nous ne disons pas de la vente des biens, parce que la procédure d'exécution du système formulaire, et c'est là son côté faible, n'admet pas la vente détaillée des biens, mais seulement la vente en bloc du patrimoine.

Il semble bien qu'il y ait encore là un reste des idées primitivement admises sur le caractère de l'obligation purement personnelle du débiteur ; avec le procédé employé de la vente en bloc du patrimoine, c'est sa personnalité qu'on va mettre en vente, et celui qui en deviendra acquéreur, se trouvant substitué à cette personnalité, quand les créanciers lui demanderont de leur payer ce qui leur est dû, ils pourront encore avoir l'illusion de s'adresser au débiteur ; en vendant les biens en détail on affirme au contraire d'une façon trop apparente qu'on considère ces biens comme le gage des créanciers en dehors de la personne du débiteur.

Le délai de trente jours ou de quinze jours pendant lequel a duré l'envoi en possession est expiré : « *Postea jubet (prœtor) convenire creditores et ex eo numero magistratum creari, id est eum per quem bona veneant.* » (Gaïus III 79). C'est ce qu'exprime Théophile sous une autre forme: « *Quia difficile erat omnes creditores, in unum quoque die convenire ex epsis unum diligebant qui magister dicebatur et ille deinde contrahebat eum eis qui emere volebant* ». Ainsi donc et théoriquement ce seraient les créanciers eux-mêmes qui devraient procéder à la vente du patrimoine en possession duquel ils ont été envoyés, mais toujours en présence des difficultés pratiques souvent insurmontables qu'il y aurait pour les créanciers à se mettre d'accord avec un acquéreur, ils choisiront l'un d'eux et l'investiront de la mission de procéder à la vente ; ce sera le *magister bonorum vendendorum.*

Cette nomination d'un *magister* était-elle obligatoire pour les créanciers, où bien ceux-ci ne pouvaient-ils pas, sous la seule condition de se mettre préalablement d'accord,

procéder eux-mêmes à cette vente ; bien que les textes supposent toujours la nomination du *magister*, les principes
semblent devoir nous conduire à penser que les créanciers
pouvaient se dispenser de cette nomination. Mais ce qui
est supposable, c'est que dans le cas ou l'accord nécessaire
entre tous les créanciers pour éviter cette nomination ne se
réalisait pas immédiatement, ou se rompait à l'occasion de
certaines difficultés imprévues après avoir existé, le magistrat pouvait, afin d'éviter par trop de retard dans cette
procédure déjà si longue de la vente, imposer aux créanciers
le choix de ce *magister*.

Il semble bien d'ailleurs que le magistrat jouait un rôle
actif dans la nomination de ce *magister*, c'était lui qui était
chargé de convoquer les créanciers (Gaïus III, 79), et il est
à croire que dans le cas où ces créanciers ne répondaient
pas à son appel il devait constater officiellement leur absence
donner contre eux une sorte de défaut à la suite duquel on
pouvait passer outre au vote. Ulpien nous représente même
le magistrat comme nommant le *magister* après avis des
créanciers réunis : « *De curatore constituendo hoc jure
utimur, ut Prætor adeatur, isque curatorem curatores
que constituat ex consensu majoris partis creditorum, vel
præses provinciæ si bona distrahenda in provincia sunt.*»
(L. 2, Dig. XLII 7). Ce texte nous apprend en outre qu'il
suffisait que ce *magister* réunit pour être élu les voix de la
majorité des créanciers.

La mission précise de ce magister *bonorum vendendorum*, ainsi que son nom l'indique d'ailleurs, c'est de procé-

der à la vente du patrimoine du débiteur. La première formalité à remplir par lui va être la rédaction et l'apposition « *in celeberrimis locis* » d'affiches annonçant cette vente. Théophile nous a transmis le modèle de ces affiches : « *Ille debitor noster in ea causa est ut bona ejus divendi debeant. Nos creditores patrimonium ejus distrahimus. Qui cumque emere velit adesto.* »

Bien que cette affiche se termine par un appel aux amateurs, il ne nous semble pas que le but de cette publicité soit, au moins principalement, de provoquer des enchères ultérieures, en faisant connaitre la vente à ceux qui pourraient se proposer d'acheter. Ce qui nous amène à penser ainsi ; c'est d'abord qu'on se trouve en présence d'une publicité bien sommaire ; puisqu'elle ne contient aucune désignation des biens composant le patrimoine mis en vente ni aucune des conditions de cette vente.

De plus, nous allons rencontrer tout à l'heure, une autre publicité, bien plus sérieuse et bien plus complète celle-là, et dont le but sera à n'en pas douter de faire connaître la vente aux amateurs. A notre avis la première publicité a un double but : C'est encore un nouvel appel aux proches et aux amis du débiteur qui, pour empêcher la consommation de sa ruine, pourraient être amenés à désintéresser les créanciers. Mais cette publicité est surtout faite en vue des créanciers de celui dont le patrimoine va être mis en vente. Il importe en effet beaucoup de porter dès maintenant à la connaissance de ces créanciers, la vente qu'on se propose de faire ; car il faudra, sous peine de déchéance, qu'ils se soient fait connaître et aient indiqué le montant de ce qui leur est dû au plus tard au moment où le cahier des charges de la vente sera dressé ; car nous verrons que parmi les indications qui doivent figurer dans ce cahier des charges se trouvent et les noms des créanciers et le montant de leurs créances; on comprendra sans peine tout à l'heure la nécessité qu'il y avait à ce que ces énonciations figurassent dans le cahier des charges.

Après l'apposition des affiches on attendait un certain nombre de jours, qui ne parait pas déterminé, afin de permettre aux créanciers de se faire connaître ; ce délai expiré le magister s'adressait au magistrat afin d'obtenir de ce dernier l'autorisation de procéder à la rédaction et à la publication du cahier des charges (Théophile sur les *Inst. De succ. subl.* III. 12. pr.)

Cette nécessité de recourir à l'autorisation du magistrat se comprend très bien après ce que nous savons. Nous avons dit que le délai qui devait s'écouler entre l'apposition des premières affiches et la rédaction du cahier des charges paraissait indéterminé, et nous avons dit également que l'expiration de ce délai avait pour effet de faire déchoir de leur droit de prendre part à la répartition ultérieure du prix provenant du patrimoine qui va être mis en vente, les créanciers qui ne s'étaient pas fait connaître. Il fallait donc permettre au magistrat de rechercher et d'apprécier si la publicité qui avait été faite, s'était réalisée dans des conditions suffisamment sérieuses et avait duré un espace de temps suffisamment long, pour qu'on pût penser

raisonnablement que les créanciers en avaient eu connaissance, et que, s'ils ne s'étaient pas fait connaître c'était, ou
bien qu'ils renonçaient à leurs droits, ou bien qu'ils étaient
coupables de négligence, que dans les deux cas, il n'y
avait pas lieu de se préoccuper de la déchéance qu'ils allaient
encourir.

Après avoir obtenu l'autorisation du magistrat, le magister va procéder à la rédaction et à la publication de la
« *Lex bonorum vendendorum* ». Quels sont les énonciations que doit contenir cette *lex* : 1° La désignation des
biens composant le patrimoine du débiteur ; — 2° L'énonciation des créanciers privilégiés et hypothécaires et le
montant de leurs créances ; 3° L'énonciation du nombre des
créanciers chirographaires et le montant de leurs créances ;
4° La mise à prix, laquelle, ainsi que nous l'apprend Théophile, n'était pas une somme déterminée, mais l'indication
du dividende qui devait être payé aux créanciers chirographaires après le désintéressement des créanciers privilégiés et hypothécaires : « *ut cui debeantur accipiat quin-
quaginta solidos ut cui debeantur ducenti accipiat cen-
tum.* » Et des affiches relatant, d'une façon plus ou moins
complète les énonciations de la *lex*, étaient apposées aux
endroits les plus fréquentés et y restaient pendant un délai
qui paraît bien avoir été de trente jours, lorsqu'il s'agissait
de la vente du patrimoine d'un vivant, et de quinze jours,
lorsqu'il s'agissait de la vente du patrimoine d'un prédécédé.

Toutes ces formalités remplies, il était alors procédé à
la vente. Cette vente devait-elle nécessairement avoir lieu

aux enchères? Au temps de Cicéron, cela est certain (*pro-Quintio*, 5) ; antérieurement, cela est plus douteux, et cependant nous serions bien tentés de l'admettre.

Nous avons dit que la mise à prix était représentée par le dividende à payer aux créanciers chirographaires après le désintéressement des créanciers privilégiés, il en était de même du prix d'adjudication.

L'acquisition faite, à la suite de la *bonorum venditio*, ne confère qu'une propriété prétorienne, c'est la conséquence de ce qu'il s'agit là d'un mode d'acquisition introduit par le préteur. Par le fait de l'adjudication, le *bonorum emptor* n'acquiert pas la propriété quiritaire des biens composant le patrimoine du débiteur, il les a seulement *in bonis*, et il ne pourra en acquérir la propriété civile qu'en les usucapant. C'est ce que nous dit formellement Gaïus (C. III, p. 80) : « *Neque autem bonorum emptorum res pleno jure frient, sed in bonis efficiuntur ; ex jure quiritium autem ita demum adquiruntur si usuceperunt.* » Une conséquence immédiate de cette règle, au point de vue de l'exercice par le *bonorum emptor* des actions qui résidaient en la personne du débiteur, c'est que ce *bonorum emptor* n'aura que des actions utiles. Deux stratagèmes de procédure ont été imaginés par le préteur pour permettre au *bonorum emptor* l'exercice des actions du débiteur. Ou bien la formule d'action, mise au service du *bonorum emptor*, contient une fiction dans laquelle le magistrat prescrit au juge de supposer que le *bonorum emptor* est l'héritier du débiteur, et lui ordonne de prononcer une condamnation à son

profit toutes les fois que cette condamnation aurait été prononcée, s'il s'était trouvé en présence d'un héritier véritable. Cette action fictive accordée au débiteur, c'est l'action
Servienne (Gaïus, IV, 55, *in fine*). L'autre moyen de procédure imaginé pour procurer au *bonorum emptor* le bénéfice des actions du débiteur est l'action Rutilienne. Il n'y a
plus ici aucune fiction, le magistrat prescrit au juge de rechercher franchement si le débiteur était en mesure d'obtenir une condamnation, mais, dans le cas de l'affirmative, il
lui dit de prononcer cette condamnation au profit du *bonorum emptor*, c'est une action utile. M. Demangeat fait justement remarquer que s'il s'agissait de la vente du patrimoine d'un prédécédé, on ne devait pas pouvoir employer
le moyen de l'action Rutilienne, parce dans la formule le
nom d'un mort ne pouvait figurer.

Le *bonorum emptor* était également privé de l'exercice
des actions possesoires mais le préteur lui accordait un interdit spécial (Gaïus IV 145). « *Bonorum quoque emptori*
« *proponitur interdictum, quod quidam possessorium*
« *vocant.* »

De même, au point de vue de l'exercice des actions qui
pouvaient compéter contre le débiteur, l'exercice ne pourra
plus en être poursuivi contre le *bonorum emptor*, et les titulaires de ces actions n'auront contre ce dernier que des
actions utiles ; il va sans dire d'ailleurs que les créanciers
du débiteur ne pouvaient réclamer au *bonorum emptor* que
le dividende qu'il s'était engagé à payer aux termes même

de l'adjudication, sauf en ce qui concerne les créanciers prévilégiés et hypothécaires.

Et maintenant quelle est la situation juridique du débiteur dont les biens ont été vendus. S'il conserve la propriété quiritaire de ses biens et reste titulaire au point de vue du droit civil des actions qui lui appartenaient.il ne peut plus exercer les droits qui résultaient à son profit de l'un et des autres ; nous avons vu que cet exercice passait au *bonorum emptor*, cela n'est pas douteux ; il ne reste au débiteur que l'exercice des droits qui sont exclusivement attachés à sa personne, c'est-à-dire ceux qui ne sont pas susceptibles d'évaluation en argent.

Mais la question importante c'est celle de savoir quelle est sa situation, vis-à-vis des créanciers qui n'ont reçu du *bonorum emptor* qu'un dividende sur leur créance ; s'il acquiert de nouveaux biens ses créanciers pourront-ils entreprendre contre lui de nouvelles poursuites. Il y a là une question très controversée entre les interprètes du droit Romain ; et on s'est même demandé si les jurisconsultes romains eux-mêmes ne différaient pas d'opinion à ce sujet. Aujourd'hui la difficulté provient de la contradiction entre les textes : L, 25 Dig. 42, 5 ; L, 25 par. 7, Dig. 42, 8 et Gaïus C. II p. 155.

Nous croyons cependant qu'il faut admettre qu'après la *venditio bonorum* en cas d'acquisition de nouveaux biens par le débiteur les créanciers pouvaient sans limitations ancienne demander un nouvel envoi en possession à leur profit, et faire procéder à une nouvelle *bonorum ven-*

ditio. Ce qui nous confirme dans cette opinion c'est que justement un des effets principaux de la *bonorum cessio*, dont nous allons parler maintenant, était de limiter ce droit des créanciers d'exercer de nouvelles poursuites, c'est donc qu'en dehors de ce cas ce droit était entier.

SECTION III. — De la « bonorum cessio ».

Une loi qui pourrait bien avoir été la loi Pœtilia (Varron, *de ling. lat.*, VI, 5. — Giraud, des *nexi*, p. 119) donnait aux *nexi* la faculté de recouvrer leur liberté moyennant l'engagement qu'ils prenaient de remettre fidèlement tous leurs biens à leurs créanciers ; cet engagement solennel des *nexi* portait le nom de *juramentum bonæ capiæ*, Il est très probable qne cette convention, intervenant entre le créancier et le débiteur au cours de la détention de ce dernier, dut également intervenir entre les créanciers et les *addicti*. Se plaçant au moment où l'*addictus* est retenu dans la maison de son débiteur, Aulu Gelle nous dit : « *Erat autem interea jus pasciscendi.* » Enfin les Tables d'Héraclée, à une époque où le *nexum* n'est plus pratiqué, reproduisant la *lex Julia municipalis*, rangent le *juramentum* au nombre des causes d'exclusion des fonctions municipales.

Telles paraissent bien avoir été les institutions primitives qui ont donné naissance à la *bonorum cessio*.

Il faut cependant encore signaler une loi de Jules Cœsar, mais cette loi ne devait s'appliquer qu'aux dettes antérieures à sa promulgation ; les créanciers durent recevoir en paiement les biens de leurs débiteurs en subissant la perte des intérêts.

Mais c'est la loi Julia, promulguée sous Auguste ou Cœsar qui a introduit la *bonorum vessio* comme institutiou générale et définitive.

La cession de biens est un abandon que le débiteur fait de son patrimoine. abandon moyennant lequel il échappe à l'emprisonnement et à l'infamie (L. I, C. VIII. 71. — L. 11, C. II, 12). A l'origine, les cessions de biens étaient soumises à certaines formalités solennelles (C. 6. *Qui bon. ced.*) ; mais bientôt une simple déclaration de volonté suffit. Bien que cessionnaires des biens de leur débifeur, les créanciers devaient demander au magistrat de prononcer à leur profit un envoi en possession à la suite duquel il était procédé à la *bonorum venditio* (Gaïus, c. III, p. 78 et 1. 11, c. II, 12).

Le bénéfice de la cession de biens n'appartient qu'au débiteur condamné ou *confessus in jure* (c, I, *Qui bon, ced. poss.*), ce sont en effet les seuls cas dans lesquels l'exécution sur la personne soit possible et dans lesquels par conséquent, le débiteur avait intérèt à recourir à la *bonorum cessio*.

Le débiteur ne se libère pas par le seul fait de la *bonorum cessio*, mais il pourra faire cesser les poursuites dirigées contre lui au moyen de l'exception *nisi bonis cesserit* quand il n'aura pas acquis de nouveaux biens, et quand il en aura acquis au moyen de l'exception de compétence ; il est bien certain que ces exceptions ne pourraient être opposées qu'aux créanciers au bénéfice desquels la cession avait été consentie, mais non aux créanciers postérieurs.

La *cessio bonorum* soustrayait le débiteur à l'infamie, mais elle le laissait soumis à une certaine déconsidération, conséquence nécessaire de l'insolvabilité.

Jusqu'à Justinien, la cession de biens fut réservée aux débiteurs qui possédaient effectivement des biens.

La bonne foi du débiteur était-elle nécessaire pour que celui-ci pût profiter des avantages de la *bonorum cessio* ?

C'est là une question difficile à résoudre et fort controversée.

Une constitution du code Théodosien refuse nettement le bénéfice de la cession de biens aux débiteurs de mauvaise foi, mais cette constitution ne vise que les débiteurs du fisc. Mais aucun texte du Digeste ou du Code ne réserve aux seuls débiteurs de bonne foi la faculté de cession de biens. Dans ces conditions, il semble bien arbitraire de vouloir introduire cette restriction, d'autant que nous verrons sous Justinien la bonne foi du débiteur procurer à celui-ci les avantages d'un bénéfice plus large que la cession de biens, ce qui implique que les débiteurs de mauvaise foi eux-mêmes devaient pouvoir recourir à cette dernière.

CHAPITRE IV

PÉRIODE ALLANT DU RÈGNE DES ANTONINS A JUSTINIEN.

Cette période se caractérise principalement par deux innovations importantes : 1° l'apparition à côté de la *bonorum venditio,* vente en masse du patrimoine du débiteur après l'envoi en possession des créanciers, de la vente en détail des biens composant ce patrimoine (*bonorum distractio*) et l'extension progressive des cas d'application de cette *bonorum distractio* qui peu à peu en vint à se substituer complètement à la *bonorum venditio* ; 2° la création d'une voie d'exécution nouvelle le *pignus in causa judicati captum.* Ce sont ces deux institutions qu'il nous faut tout d'abord étudier.

SECTION I. — De la Bonorum distractio.

C'est un sénatus consulte dont la date est inconnue, mais antérieur à Trajan qui permit aux créanciers envoyés en possession des biens de leur débiteur de choisir entre la voie de la *bonorum venditio* et celle de la *bonorum distractio.*

Pour bien nous rendre compte des avantages que pouvaient avoir ces créanciers à suivre de préférence l'une ou l'autre de ces deux voies voyons en quoi elles différaient l'une de l'autre.

L'emploi de ces deux voies d'exécution supposait que les créanciers avaient été préalablement envoyés en possession des biens de leur débiteur.

Rappelons que lorsqu'après cet envoi en possession les créanciers se proposaient de faire procéder à la *bonorum vendilio*, ils choisissaient parmi eux un magister qui entre autres fonctions rédigeait sous la surveillance du magistrat un cahier des charges la *lex bonorum vendendorum*. Le patrimoine était vendu en bloc et sur une mise à prix représentant le dividende que l'acquéreur devait payer aux créanciers. Rappelons enfin qu'on admit rapidement que cette *bonorum vendito* libérait complètement le débiteur et que celui-ci devenait *infamis*.

Le trait caractéristique de la *bonorum distractio* c'est que les biens du débiteur sont vendus séparément, au détail. Il s'en suit qu'il n'y a plus lieu de dresser une *lex bonorum vendendorum* ; c'est un curateur qui n'est plus nécessairement pris parmi les créanciers et qui est choisi par le magistrat qui procède à cette vente des biens ; par la force même des choses l acheteur n'a plus à payer aux créanciers un dividende mais une somme ferme.

Enfin le débiteur reste tenu vis-à-vis de ses créanciers pour la partie de ses dettes qui excède les sommes qu'ils ont reçues après la vente des biens et il ne subit pas l'infamie.

Ceci dit en quelques mots, il est facile de répondre maintenant à la question que nous nous posions tout à l'heure de savoir dans quels cas les créanciers ont intérêt

à recourir à la *bonorum venditio* et dans quel cas à la
bonorum distractio.

D'une manière générale il n'est pas douteux que le
procédé de la vente en bloc des biens composant un patrimoine est un procédé désastreux au point de vue du prix
qu'on peut retirer de la vente ; combien plus facilement ne .
trouvera-t-on pas des acquéreurs de tel ou tel bien vendu
séparément que du patrimoine tout entier ; il n'y aura que
des spéculateurs, des gens achetant pour faire une bonne
affaire, qui consentiront à acheter un patrimoine pour en
revendre au détail les biens qui le composent, et ces spéculateurs n'achètent qu'à vil prix.

A ce point de vue général il semble que la voie de la
distractio bonorum eut du facilement conquérir la préférence des créanciers séduits par l'espoir de trouver une
somme plus considérable dans la liquidation du patrimoine
de leur débiteur à laquelle ils se proposent de procéder.

A un autre point de vue encore les créanciers pouvaient
préférer la *bonorum distractio* ; nous avons vu en effet que
cette vente au détail, des biens du débiteur, laissait subsister à la charge de celui-ci la partie de ses dettes excédant
le produit de la vente. Si donc on se trouvait en présence
d'un débiteur, dont le retour à meilleure fortune était supposable, il était très intéressant pour les créanciers de ne
pas perdre tout espoir de remboursement intégral, ils
avaient donc le plus grand avantage à ce qu'il soit procédé
à la *distratio* plutôt qu'à la *venditio bonorum*. — La *bonorum venditio* entrainait l'infamie du débiteur, la *bonorum*

distractio permettait à celui-ci d'échapper à cette déchéance. Il semble bien que ce soit là le seul intérêt pour les créanciers de suivre la voie de la *bonorum venditio* de préférence à celle de la *bonorum distractio*. Leur choix pouvait donc se trouver suspendu par la lutte entre deux intérêts, un intérêt pécuniaire et un autre qu'on pourrait peut-être appeler un intérêt de sentiment. Lorsque le débiteur est un homme de mauvaise foi qui, peut être en ne reculant pas devant des manœuvres déloyales ou dolosives, a su habilement se jouer de ses créanciers dont il avait capté la confiance, ceux-ci éprouveront sans doute un réel plaisir à le voir noter d'infamie, et s'il leur faut pour cela consentir à un petit sacrifice pécuniaire ils ne reculeront sans doute pas devant lui.

Nous savons qu'au moyen de la *cessio bonorum* le débiteur évitait l'infamie et dans ce cas les créanciers n'avaient plus aucun avantage à préférer la *bonorum venditio*.

Après avoir autorisé les créanciers à choisir entre la voie de la *bonorum venditio* et celle de la *bonorum distractio*, un sénatus consulte postérieur leur impose cette dernière s'il s'agit de procéder contre des personnes illustres ; le but de cette inovation était évidemment d'éviter dans tous les cas à ces personnes illustres l'infamie.

Peu à peu et à raison même des avantages que nous savons et qu'elle présentait à tous les points de vue, la *distractio bonorum* se généralisa et supplanta complètement la *venditio bonorum*, c'est à peu près à l'époque à laquelle la procédure extraordinaire devint la procédure de droit commun au lieu et place de la procédure formulaire que cette substitution s'opéra. Ne faut-il voir dans cette double transformation concommitante qu'un simple effet du hasard, ou bien au contraire, n'est-ce pas une conséquence même du changement dans le système général de la procédure que ce changement dans la procédure d'exécution. M. Accarias (t. II, § 485) se range à ce dernier avis et voici comment d'après lui la substitution de la *distractio bonorum* à la *bonorum venditio* fut une conséquence directe de la substitution du système de la procédure extraordinaire à la procédure formulaire : « Comme les opérations préliminaires de la *bonorum venditio* supposaient trois fois au moins le recours des créanciers au magistrat, elle n'était possible dans les provinces qu'à l'époque des *conventus* ; or les *conventus* disparurent lorsque la procédure extraordinaire eut remplacé le système classique des formules ».

Il nous semble en effet que dans l'apparition et le développement de cette voie d'exécution nouvelle au moment même où la procédure extraordinaire devenait la procédure de droit commun, il pourrait bien y avoir une relation de cause à effet, mais plutôt que d'admettre l'explication donnée à ce sujet, par M. Accarias, nous nous rangerions à celle donnée par M. Herbet (De l'exécution sur des objets particuliers en Droit Romain, page 20) : « Dans les premiers temps de l'Empire, la *missio in possessionem* et la *venditio bonorum* étaient intimement

liées aux *sententiœ* rendues *in judicio* ; tandis que le préteur avait l'habitude pour assurer l'exécution des décrets
rendus extra *ordinem* de ne recourir qu'à des prises de
gage et à des ventes partielles. Lorsque la *cognitio* extraordinaire fut seule en usage, lorsque les constitutions impé-
riales eurent réglementé d'une façon précise la procédure
du *pignus in causa judicati captum*, le magistrat laissa à
l'exécution des jugements qu'il était maintenant seul à rendre son ancien caractère ; il continua d'ordonner des
exécutions partielles lors même qu'elles portaient sur
l'ensemble d'un patrimoine ».

SECTION II. — **Du Pignus in causa judicati captum**

La *venditio bonorum* et le *disctractio bonorum* sont
bien plutôt des procédés de liquidation du patrimoine d'un
insolvable que des voies d'exécution proprement dites ;
nous savons en effet que l'une et l'autre n'interviennent
qu'après une prise de possession par les créanciers de l'uni-
versalité du patrimoine de leur débiteur et qu'elles tendent à
la réalisation en argent de l'ensemble des biens qui le composent et à la répartition entre les ayant droits du produit
de cette réalisation.

Que les débiteurs qui n'exécutent pas leurs obligations
et contre lesquels il faut employer la procédure de l'exécution forcée, soient la plupart du temps des insolvables, nous
le croyons sans peine ; mais enfin il n'est pas impossible
non plus de supposer que l'inexécution ait pour cause

unique le mauvais vouloir du débiteur et si l'on est obligé dans ces cas de recourir aux mêmes procédés que ceux auxquels on recourt quand on se trouve en présence d'un insolvable, il n'est pas douteux que les moyens employés ne répondent nullement au but poursuivi.

Comprend-on que pour contraindre un débiteur solvable à s'acquitter d'une dette minime on soit obligé de se faire envoyer en possession des biens peut être considérables qui composent son patrimoine, qu'on fasse procéder à la *bonorum venditio* ou tout au moins à la *bonorum distractio*, de ces biens ?

C'est pour remédier aux inconvénients de cette nature qu'a été introduit le *pignus in causa judicati captum*.

Le texte le plus ancien qui fasse mention de cette voie d'exécution c'est un rescrit d'Antonin le Pieux (L. 31. Dig. 42.1) Et alors s'est posé la question de savoir si c'était à cet empereur qu'il fallait attribuer l'honneur de cette innovation ou si plutôt celui-ci ne s'était pas borné à consacrer une jurisprudence prétorienne préexistante.

Le moins que l'on doive concéder au préteur dans cette création c'est d'avoir le premier eu recours à des prises de gage partielles pour assurer l'exécution de ses ordres, or nous verrons justement que le trait dominant du *pignus in causa judicati captum* c'est qu'on procède par voie de saisie de certains biens présentant avec les prises de gage du préteur les plus grandes analogies ; faut-il aller plus loin et dire que c'est le préteur qui autorisa ces saisies particulières comme mode général d'exécution des senetnces c'est ce qu'il serait difficile d'affirmer, c'est d'ailleurs ce qui importe peu à notre sujet. Comme nous venons de le dire le trait distinctif de la voie d'exécution que nous étudions en ce moment c'est qu'on ne procède plus au moyen d'une main mise sur l'ensemble du patrimoine mais d'une saisie de certains des biens dépendant de ce patrimoine.

L'exécution a perdu complètement son caractère de chose privée c'est au magistrat qu'il appartiendra de faire procéder à cette saisie ; et encore le magistrat ne sera t-il compétent à cet effet qu'autant qu'il s'agira de saisir des biens se trouvant dans son ressort ; La loi 15 p. 1. Dig. 42. 1 nous dit que lorsqu'il s'agissait d'exécuter une sentence rendue à Rome par la saisie de biens situés en province il était procédé à celle-ci par les magistrats provinciaux « *si jussi hoc fuerint* » ; on ne nous dit pas ce qui se passait dans le cas inverse quand il s'agissait d'exécuter sur des biens situés à Rome la sentence des magistrats provinciaux ; il est à croire qu'on devait observer la même procédure.

Le magistrat fera procéder à la saisie par des officiers spéciaux portant les noms *d'officiales executores, adjutores subadjuva* ; ces officiers auront également pour mission de faire procéder à la vente, mais dans l'accomplissement de chacun des actes de leur ministère il n'agiront que sur les ordres du magistrat duquel ils dépendent. Le magistrat n'autorisait d'ailleurs cette saisie qu'autant qu'elle devait avoir pour effet de mettre sous la main de justice les biens d'un débiteur condamné ou ayant avoué sa dette *in jure*.

Au point de vue des biens sur lesquels la saisie devait porter les officiers du magistrat étaient tenus d'observer un certain ordre : ils devaient d'abord commencer par saisir les meubles. (L. 15, p. 2, Dig. 42 1), puis les immeubles, puis les créances (L. 5, C. 7, 53) ; ils pouvaient également saisir comme des meubles l'argent qu'ils trouvaient chez le débiteur mais *quid* en ce qui concerne l argent déposé chez un tiers, devait-on le considérer comme un meuble et le saisir en première ligne ou comme une créance à la saisie de laquelle il ne pouvait être procédé qu'après celle de tous les meubles et de tous les immeubles du débiteur. Ulpien nous indique (L. 15, p. 12, Dig. 42, 1) dans quels cas de l'argent déposé chez un tiers pouvait, au point de vue de la saisie, être traité comme l'argent trouvé chez le débiteur : « *Pecuniam quoque depositum nomine condemnali vel in arcam reclusam solent capere* ».

Certains biens étaient déclarés insaisissables, les bœufs, les esclaves attachés à la culture et tous les instrumenis servant à cultiver la terre (L. 7 et 8, C. 8, 17). Comme on peut le voir, par la seule énumération des choses insaisissables, ce n'était nullement par une pensée d'humanité que le droit romain leur avait reconnu ce caractère ; il avait eu presqu'exclusivement en vue l'intérêt de l'agriculture ou plutôt l'intérêt de l'Etat le recouvrement de l'impôt étant dans une large mesure subordonné à la prospérité de l'agriculture.

Nous savons que lorsqu'on procédait contre un débiteur par la voie de la *missio in possessionem* si ce dernier pensait avoir de justes raisons d'arrêter les poursuites on lui permettait de soumettre ses moyens au magistrat sous la seule condition de fournir une caution *judicatum solvi*.

Qu'arrivait-il lorsque c'était contre la saisie de ses biens par la voie du *pignus* que le débiteur protestait prétendant avoir de justes raisons de la faire écarter.

Il n'est pas douteux que si ses plaintes s'élevaient contre la façon illégale dont il avait été procédé par les officiers du magistrat à la saisie de ses biens, soit que ceux-ci aient agi sans ordre, soit qu'ils n'aient pas scrupuleusement suivi l'ordre indiqué pour la saisie, le débiteur devait s'adresser au magistrat lequel en sa qualité de supérieur hiérarchique des *executores* pouvait leur donner l'ordre de cesser leurs poursuites et même leur infliger des peines disciplinaires s'ils avaient agi en dehors de ses instructions.

Mais si c'est au contraire à la validité de la cause en vertu de laquelle il a été procédé à la saisie que le débiteur s'en prend, aucun texte ne nous dit si dans ce cas le débiteur devait être admis à faire juger ses prétentions, ni dans quelles formes il y était procédé, mais il est bien probable que le magistrat devait avoir à ce sujet un large pouvoir d'appréciation, recherchant si les moyens soulevés n'avaient pas un caractère purement dilatoire et ordonnant alors à ses officiers de ne pas en tenir compte, leur prescrivant, au contraire, de s'arrêter si ces moyens lui paraissaient sérieux.

Il est intéressant de rappeler ici une constitution des empereurs Valens, Gratien et Valentinien (L 5. l. 7. 65) dans laquelle ceux-ci indiquent notamment la procédure à suivre, pour le cas ou le débiteur, contre lequel il a été procédé au pignus, soulève des objections d'une certaine nature. Alors, jusqu'à ce que les prétentions du débiteur aient été jugées, les meubles sur lesquels on se proposait d'exercer le pignus sont mis sous séquestre, et il en est de même des fruits des immeubles.

En outre de ce qu'elle prescrit directement, cette constitution nous prouve bien que les difficultés survenant au cours de la saisie et provenant de l'opposition du débiteur pouvaient donner lieu à une instance, ce qui ne nous avait été affirmé directement par aucun texte.

La loi 15 p. 4. Dig. 42. 1. prévoit encore le cas où une opposition à la saisie est soulevée, par le fait d'un tiers qui se prétend propriétaire des objets sur lesquels on entend la faire porter. Cette loi nous dit que s'il y a d'autres biens sur lesquels la saisie puisse s'exercer, il faut laisser de côté ceux qui sont litigieux ; dans le cas contraire, elle reconnaît aux *exécutores* le droit de trancher sommairement la question de propriété ; mais leur décision n'a de valeur qu'au point de vue de la saisie, sur le fond du droit les prétentions des parties sont entièrement réservées.

Il ne faudrait pas croire que le pignus ancien se réalisait comme les saisies de notre droit français, il implique la prise de possession effective par le créancier des biens

sur lesquels il a porté. Il semble même bien qu'il ne s'agit
pas là d'une possession qui puisse se réaliser par l'inter-
médiaire des officiales, il faut que ce soit le créancier lui-
même qui appréhende et conserve les biens (L 26. p. 1,
Dig. 13, 7. — C 2. C. 8. 18) — Mais nous comprenons
aisément ces exigences qu'on ne connaît plus aujour-
d'hui, quand nous saurons les droits considérables que ce
pignus conférait au créancier à la requête duquel il avait
été pris ; il confère à ce créancier un véritable droit de
gage lui donnant le droit de conserver et de recouvrer la
possession des objets saisis, de les faire vendre et d'être
payé par préférence sur le produit de cette vente.

Deux mois doivent cependant s'écouler entre le
moment de la prise de possession et celui de la vente
(L 31, Dig. 42. 1) et ce sont les officiers du magistrat ayant
procédé à la saisie qui procèdent à la vente, laquelle se fait
aux enchères.

Lorsqu'il s'agissait de procéder à la réalisation d'une
créance, deux moyens pouvaient être employés, ou bien
on procédait à la vente de la créance ou bien on en recou-
vrait le montant directement contre le débiteur (L. 15, p. 10
Dig. 42 1). Il est facile de supposer les cas dans lesquels l'emploi de l'un ou de l'autre de ces procédés présentait des avantages ; en principe la vente d'une créance donne toujours
un produit inférieur à la réalisation elle-même de la
créance, mais si l'on se trouvait en présence d'une créance
à échéance éloignée, on comprend qu'il soit plus avantageux pour celui qui exerce des poursuites de recueillir

immédiatement le prix de la vente que d'attendre et de
courir pendant longtemps les aléas de la réalisation.

Par l'effet de cette vente l'acheteur acquiert sur l'objet vendu les droits qui appartiennent au débiteur. mais
ceux-là seulement. S'il ne se présente pas d'amateur pour
acheter l'objet mis en vente celui-ci est attribué au cré-
·ancier, et cette attribution a pour conséquence d'éteindre
complètement la dette à l'occasion de laquelle la saisie
avait été pratiquée.

Ainsi donc, et pour résumer en quelques lignes ce que
nous venons de dire sur la procédure d'exécution telle
qn'elle a été pratiquée jusqu'à Justinien :

S'il s'agit de réaliser le patrimoine d'un insolvable,
les créanciers se font envoyer en possession de l'universa-
lité des biens qui composent ce patrimoine et font procéder à la vente en détail de chacun de ces biens (*Bonorum
destractio*). Le débiteur dont les biens ont été ainsi vendus
par la voie de la *bonorum destractio* ne subit pas l'infamie,
mais, à moins qu'il n'ait cédé ses biens à ses créanciers, il
est soumis à la contrainte par corps et reste obligé pour la
portion de ses dettes qui n'a pas été couverte par le produit de la vente des biens.

Si au contraire on se trouve en présence d'un débiteur
in bonis et que les poursuites d'exécution doivent simplement avoir pour but de forcer son mauvais vouloir, on
procèdera par la voie du *pignus in causa judicati captum*.

Ce qui nous reste à voir maintenant ce sont les
modifications apportées par Justinien à cet état de choses.

CHAPITRE V

DROIT DE JUSTINIEN

Jusqu'alors il pouvait être procédé à l'exécution des jugements deux mois après la date à laquelle ils avaient été rendus, Justinien porta à quatre mois ce délai devant s'écouler entre la sentence et son exécution (L. 2 et 3 p. 1 C. VII. 54).

En ce qui concerne l'exercice de la contrainte par corps sur la personne du condamné, Justinien la maintint mais il généralisa une constitution de l'empereur Lénon, jusque là spéciale à l'Egypte, aux termes de laquelle il était interdit aux créanciers de retenir leurs débiteurs dans des prisons privées, et des peines très sévères étaient infligées à ceux qui contrevenaient à cette défense ; dès lors ce fut dans des prisons publiques que les débiteurs furent incarcérés (L. 1 et 2, C. IX. 5).

Mais le débiteur conserve la faculté d'échapper à cette contrainte par corps en consentant au profit de ses créanciers la *cessio bonorum* ; et même Justinien élargit le champ d'application de cette faculté toute de faveur accordée au débiteur malheureux. Jusqu'alors pour qu'un débiteur puisse céder ses biens il y avait à cela une condition essentielle il fallait qu'il eut des biens ; mais Justinien autorise les fils de famille à faire cession de leur pécule *profectitium, castrense* ou *adventitium* bien qu'ils n'aient pas de patrimoine propre, il les autorise même à défaut de pécules à céder leurs biens à venir. (L. 7, c. VII. 71).

Le *bonorum cessio* bien que permettant au débiteur d'échapper à l'infamie laissait cependant planer sur celui-ci un certain déshonneur ; Justinien autorise la majorité des créanciers à accorder au débiteur un délai de 5 ans pour payer ses dettes ; la concession de ce délai lie tous les créanciers même ceux qui avaient refusé de l'accorder. De cette façon on laisse le débiteur à la tête de son patrimoine et on peut espérer que revenant à meilleure fortune il désintéressera complétement ses créanciers. (L. 8, c. VII. 71). Enfin la Nov. 135 va jusqu'à dispenser le débiteur simplement malheureux mais de bonne foi de faire la cession de ses biens sous la seule condition de prêter serment sur la Bible qu'il est sans ressources. Nous avons dit précédemment que cette situation particulièrement avantageuse faite aux débiteurs de bonne foi prouvait que les débiteurs non de bonne foi devaient en tous cas pouvoir profiter de la *bonorum cessio*.

La *missio in possessionem* suivie de la *bonorum distractio* subsiste toujours comme le mode ordinaire de réalisation et de liquidation du patrimoine des insolvables ; mais il n'y a plus que les créanciers porteurs d'un jugement qui peuvent requérir l'envoi en possession ; cet envoi ne profite qu'aux créanciers en faveur desquels il a été prononcé, pour les autres ils ne peuvent en profiter qu'autant qu'ils se font connaître et manifestent d'une façon formelle leur intention d'être associés aux poursuites dans un délai de deux ans ou de quatre ans, suivant qu'ils demeurent ou non dans la même province que les créanciers envoyés en possession. Si des créanciers laissent passer ce délai sans se faire connaître ils perdent le droit de prendre part à la repartition du patrimoine de leur débiteur. (L. 10 pr. et p. 1 c. VII. 72). La conséquence directe de cette innovation c'est qu'il ne pouvait être procédé à la vente des biens du débiteur que quatre ans après l'envoi en possession (L. 10, p. 2. c. VII. 72).

Le *pignus in causa judicali captum* reste soumîs aux règles anciennes.

Est-ce à Justinien qu'il faut attribuer l'introduction du principe de la condamnation *adipsam rem* ; cela n'est pas probable ; il est à peu près certain que ce principe fut emprunté à la *cognitio extraordinaria* et vit son application se généraliser avec la disparition du système formulaire. Au temps de Justinien un juge ayant prononcé une condamnation pécuniaire à l'occasion d'une obligation, dont l'exécution en nature pouvait être exigée, s'étonne de la sottise du juge (L. 17, C. VII, 4). On ne comprendrait pas cet étonnement si le principe de la condamnation *ad ipsam rem* était un principe récent introduit par Justinien lui-même.

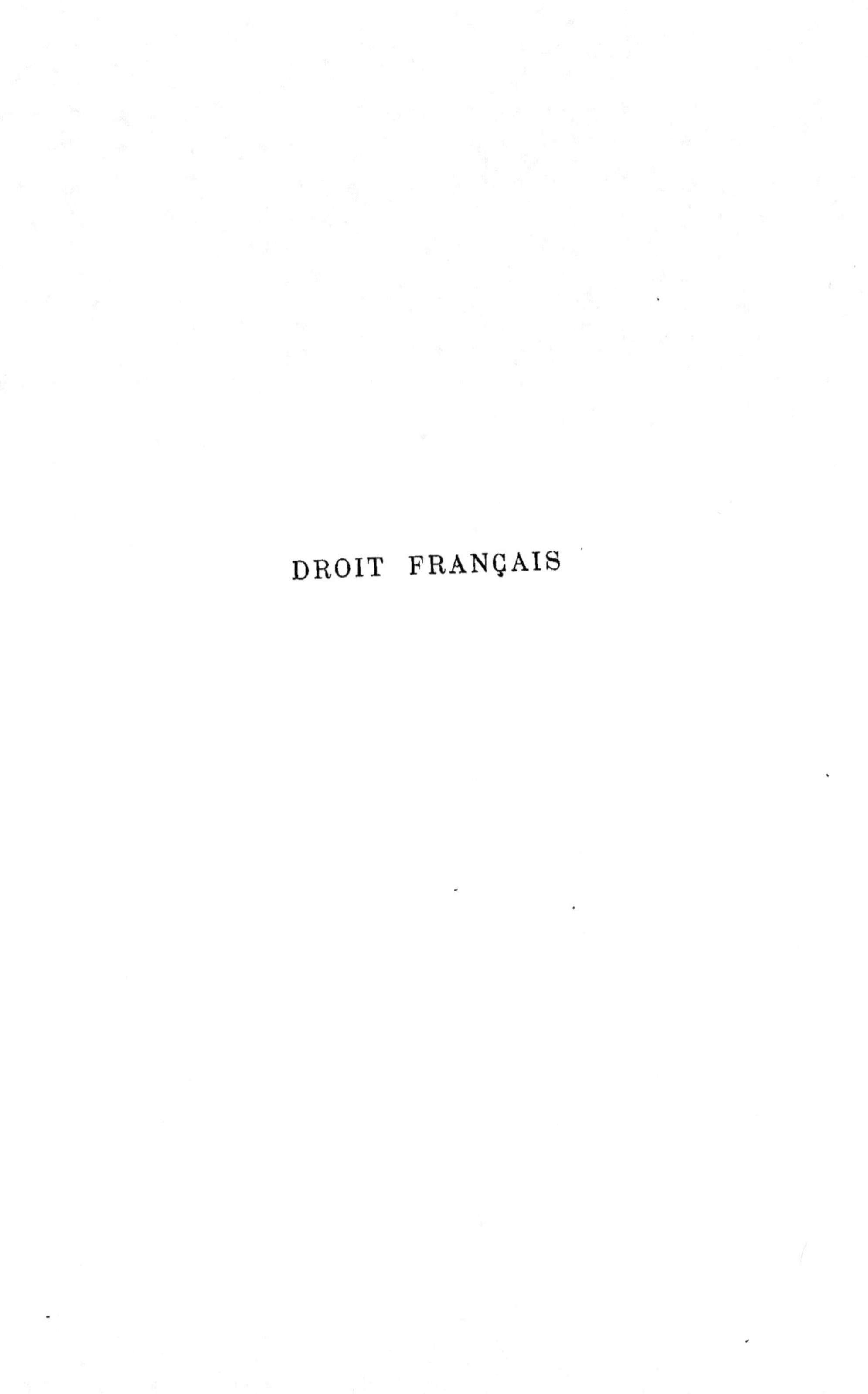

DROIT FRANÇAIS

DROIT FRANÇAIS

DE LA JURIDICTION DES RÉFÉRÉS

PRÉLIMINAIRES — NOTIONS HISTORIQUES

CHAPITRE PREMIER

ÉTUDE DE LA PRATIQUE DES RÉFÉRÉS AU CHATELET DE PARIS

S'il nous fallait d'un mot au commencement de cette étude, caractériser la juridiction des référés, peut-être pourrions nous dire, sans grande précision, mais aussi sans erreur, que c'est une juridiction à laquelle on a recours quand, à raison d'un litige né ou à naître, le besoin d'une décision urgente se fait sentir, décision que la mise en mouvement des rouages toujours si lents des juridictions ordinaires ne permettrait pas d'obtenir dans un espace de temps suffisamment court si l'on devait s'adresser à ces dernières.

SECTION I. — Origine de cette pratique

Ce n'est pas une idée nouvelle que celle qui a fait entrevoir au législateur la nécessité, pour certains litiges, et à raison d'ailleurs de circonstances diverses, de faire échec aux règles ordinaires de la procédure.

C'est dans l'ordonnance de 1560 qu'on voit apparaitre pour la première fois dans un texte législatif, la distinction entre les affaires soumises à la procédure ordinaire, et les affaires soumises à une procédure simplifiée et plus rapide. Les affaires soumises alors à la procédure sommaire, c'était les litiges simples par leur nature. « Les différens qui ne requerront ample connaissance et expédition ». L'ordonnance décide qu' « ils seront vuidez par les juges des lieux sur le champ, sans avocat ou procureur, après avoir ouï les deux parties contendantes ».

Comme on le voit il ne s'agit pas encore des litiges présentant à juger des questions, qui par leur nature, requièrent une solution rapide et urgente, ou encore de ceux qui, à raison du petit intérêt en cause, demandent à être soustraits aux formalités si coûteuses de la procédure ordinaire : il s'agit uniquement des litiges dans lesquels la question à juger est très simple. Et au point de vue rationnel et logique, c'est bien là vraiment la seule idée qui puisse conduire le législateur à dispenser l'examen et le jugement de certaines questions litigieuses des formes ordinaires de la procédure. Que l'intérêt du litige soit peu considérable, que la question à résoudre soit de celles qui par leur nature exigent une solution rapide, il n'en est pas moins vrai que si l'on soustrait ces litiges, qui peuvent d'ailleurs présenter à juger les questions les plus délicates, aux formalités de la procédure ordinaire, tout en réalisant une innovation dont l'utilité pratique est évidente, on semble faire l'aveu que les règles de la procedure ordinaire sont un luxe dont on peut aisément se passer ; c'est un aveu qu'un législateur qui n'a pas encore pris l'habitude de laisser de côté toute théorie et toute logique en présence des nécessités de la pratique, a de la peine à faire.

Mais il arrivera bientôt, sous l'influence de cette pratique, que le législateur sans voir dans la procédure ordinaire un luxe inutile, tout en la considérant comme la sauvegarde indispensable des droits des parties, comprendra qu'il y a des sacrifices qu'il faut savoir faire, sentira qu'il vaut mieux encore une justice sommaire, et par là même médiocre si l'on veut, en ce sens du moins qu'elle n'offrira pas aux plaideurs toutes les garanties de la justice ordinaire, à une justice, dans laquelle l'intérêt du litige disparaîtrait dans tous les cas, absorbée par les frais. Et lorsqu'il s'agira de statuer sur des questions litigieuses qui réclament une solution immédiate, il verra qu'il est préférable de renoncer aux garanties de la procédure ordinaire, et de les soumettre à une juridiction, suivant des formes simpli- fiées, qui lui permettront de statuer sur le champ, instan-

tanément en quelque sorte ; c'est sous ce double ordre
d'idée que l'ordonnance de 1667, se plaçant à un point de
vue, moins rationnellement juste, mais plus pratique que
celui auquel on s'était placé jusque-là, a réalisé un grand
progrès.

C'est dans son titre XVII que cette ordonnance nous
parle des matières sommaires. Les cinq premiers articles
de ce titre contiennent l'énumération des matières auxquelles l'ordonnance attribue ce caractère d'être sommaires.
Les matières énumérées dans ces articles présentent chacune l'un des trois caractères suivants ; 1° Simplicité de la
question à trancher ; 2° modicité de l'intérêt en cause ;
3° nécessité d'obtenir une solution rapide.

Comme nous l'avons vu, dans la théorie pleine de
logique de l'ordonnance de 1560, c'était seulement les matières correspondant au premier type, qui étaient jugées
sommairement. Dans le système de l'ordonnance de 1667,
il ne faudrait pas aller jusqu'à dire que la simplicité de la
question litigieuse est absolument sans influence sur le
classement qu'elle opère des différentes matières en sommaires et ordinaires, mais c'est à coup sûr celui des trois
caractères énoncés ci-dessus celui qui a le moins d'influence
sur cette classification. La modicité de l'intérêt en cause et la
nécessité d'une décision rapide, voilà avant tout les deux
caractères influents en notre matière. Mais le législateur de
1667 qui, comme nous l'avons dit, a procédé par une énumération détaillée des matières qu'il désirait voir juger
sommairement, a souvent fait, à l'occasion de chaque ma-

tière, dépendre sa solution, non pas seulement du point de savoir si la matière en question présentait l'un des trois caractères sus-énoncés, mais en général deux de ces caractères ; la modicité de l'intérêt litigieux devant alors toujours entrer en ligne de compte, jouant même le plus souvent le rôle prépondérant.

A priori il n'y a rien de plus arbitraire que cette influence de l'intérêt plus ou moins considérable en cause sur la façon dont un litige devra être jugé. Mais, comme nous l'avons dit, mieux vaut encore une justice imparfaite à une justice qui, dans tous les cas, absorberait par ses frais l'intérêt litigieux.

L'article 1er de ce titre XVII met au nombre des matières sommaires les causes pures personnelles, dans lesquelles l'intérêt en cause n'excède pas une certaine somme ; ce qui donne à ces matiières l'avantage d'être jugées sommairement, c'est qu'elles présentent la réunion de nos deux premiers caractères, la modicité de l'intérêt en jeu, résultant de la fixation d'une certaine somme maximum, et la simplicité de la solution de ces questions pures personnelles.

Les articles 3, 4 et 5 énumèrent des matières sommaires dans lesquelles l'intérêt d'une solution rapide est le caractère dominant ; mais faut-il encore que ces matières ne présentent pas un intérêt litigieux trop considérable, à moins cependant qu'il ne s'agisse des choses concernant la police « et qui sont sommaires à quelque somme et valeur qu'elles puissent monter ».

Au point de vue de la matière spéciale des référés, il

est surtout intéressant de retenir les litiges rangés au nombre des matières sommaires par l'article 4 :

« Réputons encore pour matières sommaires les appo-
« sitions et levées de scellés, les confections et clôtures
« d'inventaires et les oppositions formées à la levée du
« scellé, aux inventaires et clôtures en ce qui concerne la
« procédure seulement, les oppositions faites aux saisies,
« exécution, vente des meubles, les préférences et privi-
« lèges sur le prix en provenant, pourvu qu'il n'y ait que
« trois opposants et que leurs prétentions n'excèdent la
« somme de mille francs sans y comprendre les cas de
« contribution au marc la livre ».

A la suite de cette énumération des matières sommaires
l'article 5 ajoute d'ailleurs une formule générale aux termes
de laquelle « tout ce qui requiert célérité et où il peut y
« avoir péril en la demeure sera aussi réputé matière som-
« maire » avec cette restriction, toutefois que pour qu'il en
soit ainsi l'intérêt du litige ne doit pas dépasser mille livres.

Et maintenant comment seront jugées ces matières
sommaires, c'est l'article 7 de l'ordonnance qui nous répond :
« Les matières sommaires seront jugées en l'audience, tant
« en nos cours qu'en toutes autres juridictions et justices,
« incontinent après les délais échus sur un simple acte
« pour venir plaider, sans autre procédure ni formalités, et
« seront à cette fin établies des audiences particulières ».

L'importance de ce titre de l'ordonnance de 1667 sur
les matières sommaires, ne saurait nous échapper au point
de vue de notre étude des référés. — De juridiction des

référés, telles qu'on la comprend aujourd'hui sous l'empire du code de procédure, ou même telle qu'on la comprenait au Châtelet de Paris sous l'empire de l'ordonnance de 1685, il n'y en a point encore ; mais il n'en est pas moins certain que l'ordonnance de 1667 pose le principe qu'il y a des matières qui requièrent célérité et qui doivent être pour cette raison jugées avec des formes spéciales et, sinon par une juridiction spéciale, au moins dans des audiences particulières. C'est de ce principe développé sous l'empire d'une pratique plus savante et moins timide que naîtra la juridiction des référés, seulement reconnue législativement en 1685, mais ayant fonctionné à l'état de pratique plus ou moins générale, plus ou moins discutée, bien antérieurement à cette ordonnance.

Mais de même que nous verrons l'Edit de 1685 ne reconnaître comme institution légale la juridiction des Référés qu'à une époque où pratiquement elle avait acquis toute la force d'une institution légale, il y a tout lieu de croire que l'ordonnance de 1667, en ce qui touche la création des matières sommaires, et la réglementation de la procédure elle-même à laquelle elles étaient soumises, n'a fait que reconnaître et donner sa sanction à des règles introduites et développées par la pratique.

Autrement, dix-huit années seulement séparent l'ordonnance de 1667 de l'Edit de 1685, qui crée législativement la juridiction des Référés et si, comme cela est généralement admis, le législateur de 1685 sur le point qui nous occupe n'a pas eu d'autre rôle que de consacrer une pratique générale et admise par tout le monde, il faudrait donc dire que c'était dans les dix huit années qui séparaient l'année 1667 de l'année 1685 que cette pratique s'était développée ; ce serait bien peu de temps pour une institution portant une atteinte aussi grave aux principes ordinaires de la procédure.

C'est en quelque sorte par une simple extension des pouvoirs du lieutenant civil, juge des matières sommaires que l'Edit de 1685 lui a donné le pouvoir de connaître en son hôtel des cas urgents, se contentant d'ailleurs dans cette extension de pouvoirs de reconnaître une pratique antérieure.

Ainsi donc c'est l'ordonnance de 1667 qui législativement pose le principe que certaines matières doivent être pour des causes diverses et notamment à raison de l'urgence, soustraites aux formes de la procédure ordinaire, et jugées au moyen d'une procédure simplifiée ; cette même ordonnance prescrit que ces matières sommaires seront jugées dans des audiences particulières.

Ce sont ces principes que l'Edit de 1685, relatif à l'administration de la justice au Châtelet de Paris, met en œuvre, tout en les développant et en leur donnant une extension considérable.

L'audience spéciale dont parle l'article 7 de l'ordonnance de 1667, l'Edit de 1685 la crée au Châtelet de Paris, c'est la chambre civile, dont la compétence est ainsi réglée par l'article 13 de l'Edit : « Le lieutenant civil, ou « en son absence l'un des lieutenants particuliers, tiendra

« les mercredis et samedis l'audience de la chambre
« civile pour l'expédition des. ˙. . . . .
« . . . .
« et des autres matières sommaires et provisoires qui ont
« accoutumé d'y être portées, pourvu que les demandes
« tant principales qu'incidentes n'excèdent la somme de
« mille livres. »

Au point où nous en sommes l'Edit de 1685 n'a rien
fait de nouveau. Après l'ordonnance de 1667, il détermine
« l'audience spéciale » dans laquelle, aux termes de cette
ordonnance, devaient être jugées les matières sommaires
et voilà tout. Et cependant il y avait là en germe cette
autre institution, nouvelle celle-là, en ce sens du moins
que jusqu'alors aucune disposition législative n'en avait
parlé, et qui réglementée dans les articles 6 et 9 de notre
Edit est devenue la juridiction des Référés.

Et, en effet, si l'on s'en tient seulement aux litiges qui
avaient été rangés au nombre des matières sommaires, à
raison de l'intérêt qu'il pouvait y avoir à les soustraire aux
lenteurs forcées des juridictions ordinaires, le régime tout
exceptionnel et de faveur auquel ces affaires avaient été
soumises, quant à la procédure. pouvaient bien ne pas
donner dans tous les cas satisfaction pleine et entière aux
raisons qui l'avaient fait introduire. Bien souvent il devait
arriver que certaines matières, tout en étant dispensées
des formalités de la procédure ordinaire, n'obtenaient pas
de la procédure sommaire une solution aussi rapide que
l'urgence l'eut exigée.

Et la même raison, qui avait amené le législateur de
1667 a instituer une procédure spéciale pour les affaires
urgentes, amena le législateur de 1685 a créer une procédure plus sommaire et partant plus rapide pour les affaires
plus urgentes. Comme on le voit c'était toujours le même
raison qui agissait produisant des effets de plus en plus
étendus au fur et à mesure qu'on s'apercevait de l'insuffisance des moyens admis jusqu'alors, D'ailleurs entre la
procédure sommaire et la procédure des référés, telles
qu'elles étaient l'une et l'autre réglées par l'édit de 1685, il
n'y avait pas de bien profondes différences. Au Châtelet
de Paris, les affaires sommaires devaient être jugées en
l'audience de la chambre civile.A cette chambre civile, le
lieutenant civil siégeait seul assisté de son greffier ; les
parties pouvaient comparaître elles mêmes et sans que le
ministère des procureurs fût obligatoire, (Pigeau considère
cependant le ministère des procureurs comme obligatoire
même à la chambre civile) les affaires portées à la chambre civile y étaient jugées aussitôt les délais échus sur
simple avenir et sans autre procédure.

Avec ces seules notions il est bien facile de se rendre
compte que l'innovation de l'édit de 1685, introduisant la
procédure des référés à côté de la procédure des affaires
sommaires, se réduisait à fort peu de choses ; tout se bor-
nait à permettre de recourir au juge des matières sommaires en dehors des lieux et des jours auxquels on pouvait jusqu'alors avoir recours à lui ; nous verrons en effet
que le trait caractéristique du référé ancien c'est la possi-

bilité de recourir au juge en dehors des lieux où se rend d'ordinaire la justice, en son hôtel, et cela quelque soit le jour et l'heure ; nous verrons que jamais dans la procédure ancienne il n'y eut à proprement parler d'audiences des référés.

Et cependant, si peu considérable qu'ait été l'innovation, qui a consisté à créer la procédure des référés à côté de la procédure des matières sommaires nous pensons que cette innovation ne s'est pas réalisée d'un seul coup ; ce sont les institutions préexistantes qui, développées et étendues par une pratique pleine de hardiesse, en ont été le germe ; et l'Édit de 1685 a bien plutôt constaté le progrès accompli par cette pratique que réalisé lui-même ce progrès.

C'est un fait qui se vérifie encore fréquemment aujourd'hui, que celui qui nous montre la pratique, s'inspirant d'institutions préexistantes et sur lesquelles elle s'appuie en apparence, développer et étendre considérablement le champ d'application de ces institutions ; à tel point qu'elle est effrayée un jour quand, regardant en arrière, elle s'aperçoit de la marche par elle accomplie, qu'elle redoute, quand elle se rend compte combien elle est loin alors de l'institution primitive qui lui a servi de point de départ, de voir s'écrouler, faute de base légale, ce qu'elle a peu à peu construit. Et cependant le progrès réalisé est si grand, la pratique s'est si bien habituée à considérer comme indispensable l'institution à laquelle elle a donné naissance, qu'elle sollicite alors du législateur la consécration de ce qui se fait couramment, mais de ce qui manque de fondement dans la loi. Et pour l'historien de cette institution qui n'y prend pas garde, il croit voir là une création du législateur quand en réalité c'est à la pratique qu'il faut attribuer tout l'honneur de cet enfantement. C'est ce qui arrive encore tous les jours, et pour ne rappeler qu'une loi récente, dont le seul mérite législatif n'a été que de consacrer, de donner une base légale, à une pratique à l'occasion, de laquelle on en était arrivé un jour à s'effrayer du peu de de solidité du terrain sur lequel on avait construit, rappelons la loi du 13 février 1889, modifiant l'article 9 de la loi du 23 mars 1855, et relative à la renonciation à l'hypothèque légale de la femme mariée.

C'est ce qui s'est à coup sûr passé pour la juridiction des Référés.

Que cette juridiction ait fonctionné avant l'Edit de 1685, c'est ce qui n'est pas douteux, au moins en ce qui concerne le règlement des difficultés se présentant au cours de l'exécution. « Cela apparaîtra comme évident, dit M. Octave « Gérard (*Des Référés sur placet*, page 17), si l'on consi- « dère, que l'article 6 de cet Edit relatif au référé ne parle « pas des saisies et des incidents qu'elles peuvent soulever « et que cependant, la compétence du lieutenant civil était « certaine en ces matières ».

Mais nous pensons qu'il faut aller plus loin et dire, qu'en matière de difficultés naissant au cours de l'exécution la compétence du lieutenant civil était tellement bien établie, tellement pratiquée et si peu discutée qu'il ne vint pas même au législateur l'idée de la consacrer ; mais qu'il y avait bien d'autres matières à l'occasion desquelles on recouvait à la décision du juge en son hôtel, et dans lesquelles, soit parce qu'il y avait là des créations plus récentes de la pratique, soit parce que, pour des raisons que nous essaierons de dégager, on semblait davantage dans ces cas mettre en échec les principes généraux de la procédure, le législateur crut devoir intervenir et donner à la compétence du lieutenant civil en son hôtel sa consécration.

Sous l'influence de quelles nécessités la pratique ancienne en vint-elle à admettre dans les difficultés survenant au cours de l'exécution des titres exécutoires, le recours au juge du lieu en son hôtel ?

Il semble bien que ce soit pour statuer sur les difficultés se présentant au cours de l'exécution des titres exécutoires, que la nécessité d'une juridiction à laquelle on put recourir sans délai, et à laquelle on put demander une décision en quelque sorte instantanée, se soit fait sentir tout d'abord, et que pratiquement, le recours à cette juridiction se soit réalisé. Le débiteur qui a succombé et qui se voit sur le point d'être exécuté, laissera bien rarement la procédure d'exécution suivre son cours régulier, sans essayer de l'entraver par tous les obstacles que la procédure met à sa disposition. Toutes les exceptions qu'il pourra soulever, il les soulèvera, soit en agissant lui-même, soit en ayant recours à la complaisante intervention d'un tiers, et si l'on ne peut pas donner au créancier armé d'un titre exécutoire, le droit excessif de passer outre malgré tous ces obstacles, il serait bien dangereux pour ce créancier, d'être contraint d'avoir recours aux juridictions ordinaires, pour faire statuer sur ces difficultés, sur ces obstacles, le plus souvent suscités par la mauvaise foi. Quand elle est dirigée contre un débiteur de mauvaise foi, une procédure d'exécution n'a quelque chance de produire un résultat efficace qu'à la condition d'être mise en mouvement presque instantanément après l'obtention du titre, et surtout de se poursuivre sans interruption, au moins jusqu'à ce que la main mise de justice sur les biens qu'on veut atteindre, ait été réalisée. Jusqu'à ce que les effets qu'on veut exécuter aient été placés sous la main de justice, il serait bien dangereux pour le succès de l'exécution, qu'une simple opposition de la part du débiteur pût la suspendre jusqu'à ce qu'il ait été statué sur son bien fondé par les juridictions ordinaires. Il serait alors bien rare que l'huissier, revenant pour poursuivre son exécution, ait autre chose à faire qu'à dresser un procès-verbal de carence.

Et en effet, ce débiteur de mauvaise foi, qui a sans doute usé déjà de toutes les ressources de la procédure, pour retarder le moment où son créancier pourra agir contre lui, et qui, ayant succombé sur toutes ses prétentions, n'a plus qu'un désir, empêcher ce créancier d'arriver à tirer un avantage quelconque du titre qu'il a obtenu à tant de peine, à quoi pourrait-il mieux employer le temps que va lui laisser l'attente du jugement à intervenir, qu'à faire disparaître, soit en les confiant à des tiers, soit en les cachant lui-même, soit en les réalisant en argent, soit de toute autre maniére que sa mauvaise foi lui suggérera, les effets ou valeurs qu'il peut avoir en sa possession. Quel meilleur tour jouer à son créancier, que de lui faire entrevoir les biens sur lesquels son droit pourrait s'exercer, et de l'arrêter au moment précis où il va mettre la main sur eux, par une opposition qui lui enlèvera d'une façon presque certaine, l'espoir de jamais les retrouver. Si un pareil droit était accordé aux débiteurs, il y aurait vraiment là quelque chose de choquant, une hypocrisie législative, qui se manifesterait d'une part par l'intervention du législateur, accordant au créancier muni d'un titre exécutoire le droit de poursuivre l'exécution de ses droits sur tous les biens de son débiteur, et d'un autre côté, accordant à ce débiteur les moyens les plus faciles de soustraire ces mêmes biens à l'exécution de son créancier.

Il est donc bien exact de dire, ce que nous avancions tout à l'heure, qu'une exécution ne peut avoir quelques chances de produire un résultat efficace, qu'à la condition de se réaliser rapidement et sans interruption. Et encore que de risques à courir ! le débiteur de mauvaise foi, qui ne se fait guère d'illusion sur l'issue de l'instance poursuivie contre lui, aura pu prendre les devants et mettre ses biens en sûreté, dès avant le prononcé du jugement ; peut-être même aura-t-il attendu ce jugement, sachant bien que le temps pendant lequel lc créancier doit attendre la délivrance de son titre exécutoire est encore suffisamment long pour lui permettre de prendre ses dispositions.

et d'arriver à ses fins en temps utile ; peut-être enfin a-t-il attendu jusqu'au terme extrême, jusqu'au moment ou lui est signifié le commandement préalable à la saisie ; un délai très court sépare ces deux actes et cependant ce délai si court peut encore être assez long pour laisser au débiteur le temps de réaliser dans sa fortune mobilière les transformations qui lui permettront de la soustraire aux poursuites de son créancier. En ce qui touche les actes de mauvaise foi consommés par le débiteur avant que le créancier soit en possession de son titre, il n'y a vraiment qu'à les constater et à déplorer l'impuissance absolue dans laquelle on est d'en empêcher la réalisation. L'abréviation et la réduction au minimum du temps nécessaire au créancier, pour obtenir son titre, seront pour ce dernier, une garantie contre ces agissements. A vrai dire, il n'y a guère que les débiteurs expérimentés, et d'une mauvaise foi savante, qui songent à prendre leurs précautions aussi longtemps à l'avance. De plus, et par bonheur, ces actes de dissimulation et de destruction que nous supposons, présentent, pour la plupart, le caractère de moyens extrêmes, auxquels on n'a recours qu'au dernier moment. parce qu'ils causent la plus grande gêne à celui qui les commet ; il y a là une garantie de ne voir le débiteur s'en servir que lorsque tout espoir de tenir en échec d'une autre façon le droit de son créancier lui aura été enlevé. Le commandement, préambule immédiat de la saisie, présenterait peut-être à ce point de vue un danger plus grand ; c'est presque l'exécution, et par la menace qu'il renferme, et par le moment auquel il est fait, après lui il ne doit plus guère rester de doutes au débiteur sur le sort qui l'attend. Ce danger était apparu aux praticiens de l'ancien droit.

« L'ordonnance de 1539, dit Pigeau (Procédure civile « du Châtelet, T. I, p. 607), exige trois jours entre le com- « mandement et la saisie-exécution, mais la disposition « est tombée en désuétude et avec raison : un débiteur de « mauvaise volonté ou qui serait hors d'état de payer, « pourrait facilement détourner ses effets, à Paris et dans « nombre d'endroits, on pense que l'on peut saisir dès le « lendemain, mais non auparavant. M. Jousse, sur l'art. « 3 du titre 33 de l'ordonnance de 1667, estime que le « commandement peut être fait par le procès-verbal même « de saisie et qu'il n'est besoin par conséquent d'aucun « intervalle, parce que ce serait, dit-il, donner au débiteur « le temps de détourner des meubles. Cette opinion de- « vrait être admise, mais elle ne l'est pas, du moins à « Paris et dans nombre de juridictions ».

La seule garantie pour le créancier se trouve ici dans le temps vraiment trés court qui sépare le commandement de la saisie, temps pendant lequel le débiteur aura bien de la peine à faire disparaître ses effets, ou à les transformer en espèces. Malgré tous ces risques préalables, nous pouvons donc supposer, au moins avec quelques chances de vraisemblance, qu'au moment où l'huissier se présente pour saisir le débiteur n'a encore fait subir aux biens qui composent sa fortune mobilière, et dans le but même de les soustraire aux effets de cette saisie, aucune modification préjudiciable aux droits de son créancier.

Nous avons dit plus haut qu'il y avait alors un intérêt de premier ordre à n'accorder à partir de cet instant aucun répit au débiteur, parce que celui-ci ne manquerait pas d'utiliser à son profit, et au plus grand préjudice des droits de ses créanciers le temps qui lui serait accordé.

Et cependant il peut se faire que ce débiteur que l'on exécute ait de justes raisons de s'opposer à la poursuite de cette exécution, il peut se faire que les prétentions qu'il élève pour arrêter les poursuites ne soient nullement sus-citées par une pensée de mauvaise foi ; et comme à *priori* il n'y a pas de moyens pour savoir ce qu'il en est, on se trouve en présence de ces deux intérêts qui se contredisent. D'un côté on voudrait éviter le danger qui peut résulter pour le créancier de toute suspension dans les poursuites d'exécution, d'un autre côté on ne peut pas sans examen ne tenir aucun compte des objections du débiteur, qui peu-vent au fond reposer sur des droits très sérieux. C'est en présence de l'impossibilité matérielle où l'on est de donner satisfaction complète à ces deux intérêts opposés qu'une pratique pleine de sagesse imagina ce moyen terme : Pour faire statuer sur les difficultés provenant d'oppositions sou-levées par le débiteur au cours de l'exécution des titres executoires, on aura recours à une juridiction qui pourra rendre ses sentences presqu'instantanément, sans qu'aucun délai appréciable s'écoule entre l'instant où la difficulté sera soulevée et celui où elle sera jugée.

La nécessité d'une solution immédiate pour régler les difficultés se présentant au cours de l'exécution des titres exécutoires, tels furent les premiers cas de recours au juge en son hôtel. — A quelle époque faut-il faire remonter ces premières origines de la juridiction des référés, c'est ce qu'il serait bien difficile de dire avec quelque précision. Ces créations de la pratique n'arrivent que peu à peu et très lentement à se faire jour, elles commencent par des débuts timides et obscurs, dont les auteurs contemporains se font rarement l'écho, ce qui est encore une nouvelle raison d'incertitude. M. Charles Desmazes, dans son livre sur le Chatelet de Paris, cite un arrêt du Parlement remontant à l'année 1502, et dans lequel on voit qu'il est fait défense au lieutenant civil de juger aucun procès en sa maison. Il semble donc qu'à cette époque le recours au juge en son hôtel était pratiqué, mais depuis peu sans doute, puisqu'on voit les officiers du Châtelet s'en émouvoir (c'était en effet sur leur plainte que le Parlement s'était trouvé saisi de cette question) et la Haute Cour condamner cette pratique. Mais il n'y a qu'un point de repair très incertain, qu'une indication très vague sur les origines les plus reculées de l'institution que nous étudions.

Le recours au juge en son hôtel s'était donc trouvé introduit par la pratique, comme un remède nécessaire dans certaines affaires particulièrement urgentes, mais le remède créé on ne dut pas tarder à l'étendre à des matières pour lesquelles on n'eut peut être pas osé l'inventer, mais auxquelles on s'empressa de l'appliquer.

Le recours au lieutenant civil en son hôtel resta ainsi à l'état de pratique non reconnue, mais pénétrant de plus en plus dans les mœurs judiciaires, jusqu'à l'Edit de 1685 ; à cette date ce n'était plus une pratique timide et ne trouvant que dans sa très grande utilité le droit à l'existence, c'était à vrai dire une institution s'étalant au grand jour, ne donnant plus de place à la discussion et s'imposant en quelque sorte à la consécration du législateur.

SECTION II. — Etude proprement dite de la pratique des Référés au Chatelet de Paris

Après avoir indiqué à larges traits quelle a été suivant nous cette pratique qui devait s'appeler l'Edit de 1685, dans la juridiction des Référés, avant de recevoir cette consécration législative, comment elle est née de la nécessité et vit peu a peu son champ d'application s'étendre à des matières nouvelles, nous nous proposons maintenant d'étudier avec quelques détails la juridiction des référés telle qu'elle était pratiquée sous l'empire de cet édit de 1685, telle qu'elle était encore pratiquée à la fin de l'ancien Droit, au moment où sont intervenus les lois révolutionnaires. C'est en effet dans cette étude qu'on trouvera le guide le plus sûr pour la recherche que nous proposons de faire, des principes qui régissent cette juridiction sous l'empire du code de précédure civile.

Le législateur de 1806, en insérant dans le Code de procédure le titre des Référés, n'a pas entendu introduire sous ce nom ancien une procédure nouvelle, il a simplement voulu conserver l'ancienne pratique des Référés telle qu'elle était encore suivie au châtelet de Paris au moment même où le Code de procédure a été promulgué (Loi du 11 février 1791, art. 2).

Cette volonté du législateur de ne rien innover en cette matière nous paraît ressortir avec évidence de l'exposé des motifs présenté au corps législatif par l'orateur du gouvernement le tribun Réal, ancien procureur au Châtelet de Paris :

« Ce qui en 1685 pouvait n'être qu'utile, dit cet ora-
« teur doit être sans contredit reconnu indispensable en
« 1806. *Il ne s'agit plus que de coordonner cette institu-
« tion au systéme général* et d'empêcher qu'on en puisse
« abuser. »

L'absence de toute discussion dans les différentes assemblées, appelées sous l'empire de la constitution de l'an VIII à l'examen du projet et au vote de la loi, à l'occasion du titre des Référés, est encore une preuve de cette volonté du législateur de consacrer une pratique ancienne.

Les innovations ne pénètrent guère dans les lois sans que de longues discussions préalables aient précédé leur adoption, surtout quand les hommes appelés a voter la loi sont des gens très au courant des pratiques anciennes, comme

c'était alors le cas et qu'il s'agit en somme de l'établissement d'une juridiction toute exceptionnelle dont les règles
fondamentales sont en contradiction absolue avec les principes généraux de la procédure.

Enfin, s'il était encore besoin d'une dernière preuve,
le projet du Code de procédure relatif au titre des Référés,
a été redigé par deux patriciens du Chatelet de Paris, Réal,
ancien procureur au dit Chatelet, et Pigeau, ancien clerc
de procureur ; n'est il pas de la dernière évidence que si
ces auteurs du projet avaient tout en maintenant à l'ancienne institution son nom ancien, entendu introduire dans
nos lois quelque chose de nouveau ils n'auraient pas
manqué de s'expliquer formellement et très clairement à
cet égard.

Mais non, cette idée d'innover n'est venue à l'esprit de personne, il ne s'agissait comme l'a dit le tribun
Réal que de « coordonner cette institution au système général de nos lois ». Ce n'est pas d'ailleur que cette manière
de voir ait jamais à notre connaissance, été contestée,
mais presque tous les auteurs qui ont étudié la juridiction
des Référés, tout en reconnaissant, en théorie, que le
référé du Code de procédure n'est pas une institution différente du référé du Chatelet adapté au système nouveau
de la procédure, ont paru oublier cette origine dans l'étude qu'ils ont faite des caractères de cette juridiction.

Les textes du Code de procédure relatifs à notre matière
sont en très petit nombre, sont très laconiques et surtout
ne posent aucuns princinpes. Où trouver ces principes si

ce n'est dans l'étude du référé tel qu'il était pratiqué au Chatelet de Paris ; sauf à rechercher si les principes anciens n'ont pas du subir quelque changement à raison même des règles nouvelles de la procédure civile et de la nouvelle organisation judiciaire.

Dans l'esprit de l'édit de 1685 le référé au juge ne devait avoir lieu que dans des cas tout à fait exceptionnels, il ne serait pas même suffisant de dire qu'il y avait là une juridiction exceptionnelle car à proprement parler il n'y avait pas de juridiction des Référés. Entendons nous bien toutefois sur cette expression ; nous voulons dire qu'il n'y avait pas de juridiction des Référés fonctionnant régulièrement, avec ses heures d'audience déterminées d'avance et un prétoir spécial. On allait trouver le juge en son hôtel au moment où le besoin de recourir à lui se faisait sentir. Cette absence d'une audience ordinaire, dans laquelle les questions de la compétence du juge des Référés eussent été jugées, nous montre bien, comme nous le disions tout à l'heure, qu'il y avait là une voie de recours dont on ne devait faire usage que dans des cas tout à fait exceptionnels et anormaux ; mais aussi en n'établissant pas d'audience des Référés, le législateur de l'Edit de 1685 avait peut-être été touché de cette idée que, s'agissant là de matières dans lesquelles une solution immédiate, instantanée s'imposait, c'eut été créer une institution fonctionnant dans des conditions, qui n'auraient pas correspondu aux besoins qui l'avaient fait

établir, que de fixer par avance les lieu et heures auxquelles
on eût pu avoir recours au juge des référés.

Ce simple fait, en apparence sans grande importance
au point de vue de la recherche des principes, qu'il n'y
avait pas dans l'ancienne procédure d'audience des Référés,
nous permet cependant de voir combien, aux yeux du
législateur de 1685, devait être grande l'urgence nécessaire
pour justifier le recours au juge des Référés. Ce devait être
une urgence telle qu'il ne fût pas possible d'attendre sans
danger l'heure d'une audience fixée par avance.

Il importe de mettre sous les yeux les deux articles de
l'Edit de 1685 qui réglementent le recours du juge en son
hôtel ce sont les articles 6 et 9.

Article 6 : « Quand il s'agira de la liberté des personnes
« qualifiées ou constituées en charge, de celles des mar--
« chands et négocians emprisonnés à la veille de plusieurs
« fêtes consécutives, ou des jours auxquels on n'entre pas
« au Châtelet ; lorsqu'on demandera la main-levée des
« marchandises prêtes à être envoyées, et dont les voitu-
« riers seront chargés, ou qui peuvent dépérir ; du paye-
« ment que des hôteliers ou des ouvriers demandent à des
« étrangers pour des nourritures et fournitures d'habits ou
« autres choses nécessaires ; lorsque l'on réclamera des
« dépôts, gages, papiers ou autres effets divertis ; si le
« lieutenant civil le juge ainsi à propos pour le bien de la
« justice, il pourra ordonner que les parties comparaîtront

« le jour même dans son hôtel, pour y être entendues et
« être par lui ordonné par provision ce qu'il estimera juste
« sans aucunes vacations ni frais à son égard. »

Article 9 : « Lorsque dans les appositions ou levées de
« scellés, et dans les confections d'inventaires, les parties
« formeront des contestations, les commissaires, notaires
« et procureurs qui y assisteront, pourront, si les parties
« le requièrent, se transporter en la maison du lieutenant
« civil, pour y être pourvu ainsi qu'il avisera bon être, sans
« aucuns frais ni vacations pour lui, quand même il se
« transporterait dans les lieux où les scellés sont apposés,
« et où l'on travaille aux inventaires. et sans que les dits
« officiers en puissent prétendre pour eux, lorsque ledit
« lieutenant civil n'estimera pas nécessaire de rendre au-
« cune ordonnance sur les rapports qu'ils lui auront faits ;
« et sera tenu notre procureur audit siège, de comparoir
« aux dits scellés, ès cas où il sera nécessaire, par l'un de
« ses substituts. »

Comme on peut le voir, ces deux articles contiennent
une énumération assez longue et assez détaillée des cas
dans lesquels le recours au juge en son hôtel est autorisé,
pour que l'on ait pu se demander si ces articles n'avaient
pas entendu donner une énumération complète et limitative
de ces cas. Ce n'est pas toutefois dans ce sens que la pratique ancienne a jamais compris. ces dispositions de l'Edit
de 1685 ; elle n'a vu dans l'énumération des articles 6 et 9
que des exemples, devant servir de guide pour la détermi-

nation des espèces non prévues, dans lesquelles le recours
au juge en son hôtel était autorisé.

C'est ce que nous dit Pigeau (Procédure civile au Châtelet, t. I, page 109) : « Il ne serait pas possible de détailler
« ici tous les cas qui nécessitent l'usage de cette voie parce
« qu'ils dépendent des circonstances qui varient à l'infini.
« On va cependant en indiquer quelques-uns d'après l'Edit
« de 1685 qui les a mis dans cette classe. » Et page 108.
« Plusieurs lois et la jurisprudence ont voulu que *dans les*
« *cas pressants* on put sans observer les délais ordinaires
« obtenir du juge une mesure de précaution. »

A côté de ces matières dans lesquelles l'urgence est
telle que le moindre retard dans la solution à intervenir
serait un déni de justice ; il y a des cas : « qui ne sont pas
« assez pressants pour qu'il soit nécessaire d'avoir recours
« au juge *sur le champ* et qui requièrent cependant assez
« de promptitude pour que l'on ne puisse attendre sans
« danger les délais qui dans la règle générale, doivent
« précéder tous jugements ». Ce sont des espèces dont
l'art. 7 de l'Edit de 1685 nous donne quelques exemples,
et qui sont qualifiées par cet article de cas qui requièrent
célérité. Aux termes de ce même article, dans tous les cas
de cette nature, le lieutenant civil peut permettre d'assigner les parties à un délai plus bref que ceux portés par le
3ᵉ titre de l'ordonnance de 1667.

L'examen et la comparaison des espèces énumérées
dans ces différents articles, vont-ils nous permettre de dégager guelque idée générale, qui puisse nous servir à

déterminer d'une façon certaine, le caractère constitutif de l'urgence nécessaire pour justifier l'intervention du juge, statuant en état de référé ?

On voit l'urgence opposée à la célérité : comment définir l'une et l'autre ?

Passons en revue les différentes espèces énumérées dans l'article 6 :

1° Quand il s'agira de la liberté des personnes qualifiées ou constituées en charge, de celle des marchands et négociants emprisonnés à la veille de plusieurs fêtes consécutives ou de jours auxquels on n'entre pas au Châtelet,

Ce qui constitue ici l'urgence, c'est qu'il s'agit de la liberté des personnes, et que, lorsqu'on se trouve en présence d'un débiteur qui se prétent injustement sequestré, il faut que cette prétention soit examinée et tranchée pour ainsi dire sur le champ.

Et cependant, en s'en tenant exactement au texte même qui nous occupe, l'urgence des questions relatives à la liberté des personnes, n'est pas de celles qui réclament une solution sur l'heure, notre paragraphe suppose que la réclamation naît à un moment où le cours de la justice ordinaire est suspendu pour plusieurs jours, ce qui semble bien à *contrario* impliquer que la solution de ces questions pourrait fort bien attendre le lendemain et même plus d'un jour.

2° Lorsqu'on demandera la main levée de marchandises prêtes à être envoyées et dont les voituriers seront chargés, où qui peuvent dépérir.

Dans le cas de marchandises saisies. au moment où elles sont prêtes à être envoyées et dont les voituriers sont chargés, le marchand, qui se croit d'ailleurs en mesure d'établir que cette suivie a été pratiquée irrégulierement ou sans droit, peut éprouver le plus grand préjudice de cet obstacle qui s'oppose au départ de ses marchandises. Finalement, ce retard aura peut-être pour conséquence de lui retirer le bénéfice d'un marché avantageux qu'il avait passé et qui ne pourra plus être exécuté. Il faut donc donner à ce marchand le droit de demander et le moyen d'obtenir la main levée immédiate de cette saisie. Si la saisie a porté sur des marchandises susceptibles de dépérir, l'urgence qu'il y a à en demander la main levée apparaît encore avec beaucoup plus d'évidence, puisque tout retard à ce sujet pourrait avoir pour conséquence d'entraîner la perte de ces marchandises.

3° Paiement que des hôteliers ou des ouvriers demandent à des étrangers pour nourritures et fournitures d'habits et autres choses nécessaires.

Il s'agit ici de créances particulièrement favorables à raison de leur cause, il ne faut pas exposer de tels créanciers à être obligés, pour obtenir le paiement de ce qui leur est dû, de courir, souvent fort loin. après leur débiteur; on suppose en effet qu'il s'agit d'un débiteur étranger ; il faut permettre à ces créanciers d'obtenir contre celui-ci, instantanément, un titre exécutoire qui leur permettra de poursuivre l'exécution sur le champ et d'éviter ainsi les dangers qui pourraient résulter pour eux du départ furtif de leur débiteur.

4° Lorsque l'on réclamera des dépôts, gages, papiers ou autres effets divertis.

Il s'agit ici de difficultés s'élevant au cours d'une saisie-revendication, préalablement autorisée par le lieutenant civil. Les difficultés seront en général des oppositions soit de fait, soit de droit, soulevées par la personne entre les mains de laquelle on veut pratiquer la saisie-revendication. Il est de toute évidence que, par cela même, qu'il s'agit de mettre sous la main de justtce, des objets qui ont été divertis et que l'on cache, pour avoir quelque chance de réussir, il faut agir *subreptissement*, et le but serait absolument manqué si, sur une opposition à la saisie, on devait s'arrêter et surseoir jusqu'à ce qu'il ait été statué par les juridictions ordinaires ; une solution immédiate s'impose, l'urgence est absolue.

5° Aux termes de l'art. 9 de l'Edit de 1685, dans les appositions ou levées de scellés et dans les confections d'inventaires, quand les parties soulèveront des contestations, les commissaires, notaires et procureurs qui y assisteront, pourront, si les parties le requièrent, se transporter en la maison du lieutenant civil, pour y être pourvu ainsi qu'il avisera bien être.

Dans ces difficultés, s'élevant au cours de l'apposition des scellés et des confections d'inventaires, l'urgence est de tout point la même que dans les difficultés nèes à l'occasion des saisies-revendications et dont nous venons de parler.

En dehors de tous ces cas spécialement prévus, il y avait encore toute une classe de difficultés que l'on soumettait au juge des Référés : c'étaient les difficultés survenues au cours de l'exécution des titres exécutoires, ou plus exactement au cours de la saisie préalable à cette exécution. Quand nous en serons à étudier la compétence du juge des Référés sous le code de proccdure, nous aurons à nous demander si, dans les difficultés d'exécution, lesquelles ont été par un texte spécialement soumises à sa compétence, celle-ci est fondée sur l'urgence, qui serait alors et dans tous les cas, la seule cause d'intervention du juge des Référés, ou sur quelqu'autre idée. Au point où nous en sommes et à s'en tenir à l'ancienne procédure, la solution de cette question n'est pas douteuse, aussi bien pour régler les difficultés se présentant au cours des saisies, que dans les cas que nous venons de parcourir, c'est toujours l'urgence qui justifie l'intervention du juge des Référés. La preuve de ceci, en ce qui touche les difficultés sur l'exécution, résulte de la limitation même apportée aux pouvoirs du lieutenant civil, dans le règlement de ces difficultés. Pour qu'il puisse statuer, il faut qu'il s'agisse de difficultés, d'obstacles soulevés, qui aient pour but *d'empêcher la saisie elle-même* ; mais si la saisie a été pratiquée, si les meubles sont déjà sous la main de justice et si les difficultés ne s'élèvent qu'au moment de l'enlèvement des meubles ou de la vente, ce n'est plus le juge des Référés qui est compétent, et cela justement parce que nous ne rencontrons plus ici la même nécessité d'obtenir une solution sur-le-champ. Il n'y a plus pour le créancier qui agit, la même crainte de voir son débiteur soustraire ou détourner les meubles sur lesquels il se propose d'exercer ses poursuites, puisque ces meubles ont été préalablement placés sous la main de justice.

Et maintenant que nous avons parcouru tous les cas dans lesquels la compétence du juge des Référés était certaine, soit qu'elle ait été expressément reconnu par un texte ou qu'il s'agît seulement d'une création de la pratique, devenue un usage constant, essayons de formuler une règle générale qui, prenant son point d'appui sur les espèces formulées à titre d'exemple, nous permette de déterminer avec précision l'urgence nécessaire pour justifier le recours au juge en son hôtel.

Le caractère spécial qui se rencontre dans toutes les espéces que nous avons parcourues, et qui semble y justifier l'intervention du juge des Référés, c'est que dans toutes ces espèces, qui supposent une contestation née ou à naître, une solution qui n'interviendrait pas, pour ainsi dire instantanément, pourrait ne pas donner à la partie qui gagnerait ultérieurement son procès entière satisfaction ; en d'autres termes l'absence d'une justice instantanée pourrait entraîner pour cette partie un *préjudice irréparable*.

Mais la justice instantanée est une justice idéale ; même en supposant qu'il soit permis aux parties de saisir le juge en son hôtel quelque soit le jour et l'heure, pratiquement le lieutenant civil devait au moins fixer le moment de chaque jour, ou même le jour auquel il se tiendrait en son hôtel pour y recevoir les plaideurs. Bien plus, dans la pratique du Châtelet de Paris il fallait, en général du moins, obtenir au préalable une permission du lieutenant civil pour assigner en Référé en son hôtel.

Un délai appréciable s'écoulait donc nécessairement entre l'instant où la situation de fait réclamant une solution urgente prenait naissance, et celui où la sentence réclamée était rendue. Si d'ailleurs on se trouvait en présence d'un de ces cas dans lesquels l'urgence était si grande que la partie, réclamant l'intervention du juge des Référés, avait pris sur elle d'assigner à l'hôtel du juge sans autorisation de ce dernier, auquel restait cependant le droit d'examiner si l'urgence alléguée devait autoriser cette précipitation, même dans ces cas extrêmes fallait-il encore laisser à l'huissier chargé de lancer l'assignation le temps matériel nécessaire pour délivrer cet exploit et à celui auquel il était délivré un temps suffisant pour se rendre à l'hôtel du juge.

Quand donc on se trouvera en présence d'un litige présentant les caractères d'urgence tel que nous l'avons définie, la solution en référé de la question litigieuse sera à coup sûr résolue avec beaucoup plus de rapidité que s'il fallait s'adresser aux juridictions ordinaires, mais de sentence instantanée et donnant dans tous les cas par sa rapidité idéale satisfaction pleine et entière aux besoins d'une situation vraiment urgente il n'y en a pas et il ne peut pas y en avoir.

Au point de vue de l'étude des cas dans lesquels

l'intervention du juge des Référés était autorisée nous en sommes arrivés à poser ces deux principes : que la juridiction des Référés est une juridiction à laquelle on ne peut et doit recourir que lorsque la juridiction de droit commun est, à raison même de sa lenteur, impuissante à donner satisfaction aux exigences d'une situation réclamant une solution urgente ; que la juridiction des Référés elle-même demande un certain temps pour être mise en mouvement et qu'il n'est jamais sûr que le délai devant s'écouler entre le fait litigieux et l'instant où la sentence sera rendue, sera toujours suffisamment court, pour qu'un préjudice irréparable soit évité.

Du rapprochement de ces deux idées il résulte que lorsqu'à propos d'une espèce particulière, qui n'a pas été spécialement prévue par le législateur, on se demandera si le recours au juge des Référés est possible, il y aura lieu de rechercher quelle serait la durée probable du délai devant s'écouler avant qu'on puisse obtenir de la juridiction ordinaire une décision, et de se demander si le préjudice, pouvant résulter de cette attente, serait sensiblement plus considérable que celui déjà réalisé au moment où la juridiction des Référés sera en mesure de statuer.

Quand nous en serons à nous demander ce que contient l'idée d'urgence, telle que l'a comprise le Code de procédure civile, nous nous efforcerons de montrer que sur ce point comme sur beaucoup d'autres, la conception du Code n'est pas différente de celle de l'ancienne procédure ; ne voulant point dire par là qu'il faudra dans tous les cas s'en rapporter à la procédure ancienne et se conformer toujours aux solutions qui étaient les siennes, pour déterminer les limites de la compétence du juge des Référés sous le Code de procédure civile ; mais les différences qui existeront et devront exister à ce sujet entre la procédure ancienne et la procédure nouvelle, ne résulteront nullement de l'introduction d'idées nouvelles. Le principe que le recours au juge des Référés se justifie par la menace d'un préjudice irréparable subsistera toujours, mais l'application de ce principe à des faits nouveaux et à des situations particulières nouvelles entraînera des conséquences différentes. C'est qu'en effet, armés du même principe, pour savoir s'il doit s'appliquer dans un cas déterminé, il faudra rechercher dans ce cas si le retard réel, résultant des lenteurs de la juridiction ordinaire, causera un préjudice irréparable suffisamment appréciable pour justifier l'exception au Droit commun ; et comme nous nous trouverons en présence d'un bouleversement complet, tant au point vue des lois d'organisation judiciaire que du mode de procéder des nouvelles juridictions, ce sera avec des éléments tout nouveaux que nous aurons à étudier la question essentielle en notre matière, la menace d'un préjudice irréparable.

De tout ce qui précède, il resulte donc que la connaissance de la vitesse moyenne, si l'on peut employer cette expression, avec laquelle la juridiction ordinaire rend ses sentences est indispensable, aussi bien dans le Droit actuel que dans le Droit ancien, pour savoir avec exactitude quelles sont les situations de fait permettant de recourir au juge des Référés.

Nous avons dît plus haut, en essayant de dégager les idées qui avaient présidé à la naissance de la juridiction des Référés, que de bonne heure on établit des audiences et une procédure spéciale pour juger les affaires dites « sommaires » ; nous avons vu que l'on rangeait alors, parmi ces matières sommaires, celles qui requiéraient célérité, pourvu du moins que le litige ne présentât pas un intérêt trop considérable. Nous avons vu que ces matières sommaires étaient jugées bien plus rapidement que les matières ordinaires, que c'était même pour qu'elles puissent bénéficer de cette rapidité, qu'on y avait rangé les affaires qui requièraient célérité. D'autre part, nous voyons encore l'édit de 1685 consacrer formellement le droit pour le lieutenant civil de réduire les délais, ordinairement observés pour les assignations, dans les affaires exigeant une solution rapide.

L'article 7 de l'Edit de 1685 qui établit et règlementente ce droit s'exprime ainsi :

« Lorsqu'il s'agira de la liberté de prisonniers arrêtés
« pour dettes, hors les cas portés par l'article précédent,
« de la main levée des meubles, chevaux et bestiaux saisis,
« et autre matières qui requiérent célérité, le lieutenant
« civil pourra permettre d'assigner les parties à un dèlai
» plus bref que ceux portés par le troisième titre de notre
« ordonnance du mois d'avril 1667. . . . .
« . . . . , ...
« . . . . »

Il y avait là autant de raisons pour que la juridiction des Référés soit moins souvent saisie. Par le jeu même des principes que nous avons exposés, il y avait, dans cette possibilité d'obtenir une solution plus rapide de certaines difficultés, autant de cas pouvant, suivant les circonstances, se trouver enlever à la connaissance du lieutenant civil statuant en son hôtel. La juridiction des référés était alors, nous ne saurions trop le répéter, une juridiction tout à fait exceptionnelle et moins les juridictions ordinaires étaient longues à rendre leur sentence, moins on était autorisé à avoir recours à elle.

Pigeau caractérise très bien le rôle de cette procédure moyenne, si l'on peut ainsi dire, établie dans l'article 7 de l'Edit entre la procédure exceptionnellement rapide des Référés et la procédure ordinaire :

« On a encore distingué parmi les cas pressants ceux
« qui le sont le plus d'avec ceux qui le sont le moins : les
« premiers exigent une décision du juge sur le champ,
« tels que soit le jour, le lieu et l'heure et les autres permet-
« tent de différer un peu plus longtemps et quelquefois de
« plusieurs jours.

Tout ce que nous avons dit jusqu'ici sur l'urgence nous montre que dans l'ancienne procédure il se posait pour le juge sollicité de statuer en son hôtel en dehors des espèces spécialement prévues, et dans l'appréciation de sa compétence une question toujours fort complexe et souvent très délicate. Mais nous avons pu nous rendre compte, par le rapprochement même des espèces prévues et la recherche de l'idée générale qui s'en dégageait, que le législateur ancien avait dans une large mesure entendu s'en rapporter à la sagesse du juge, dont la liberté d'appréciation était des plus grandes.

C'est qu'en effet par la force même des choses la question de savoir quand il y avait urgence, au sens que l'ancienne procédure donnait à ce mot, était avant tout une question de fait. Avec quelle rapidité pouvaient être jugées les affaires dans lesquelles les délais des assignations avaient été abrégés, ou les formes de la procédure simplifiées, comme dans les affaires dites sommaires ; il y avait là des questions que la connaissance pratique du fonctionnement des juridictions permettait seule de résoudre ; à tel point qu'il nous serait impossible aujourd'hui de dire, à l'occasion des différentes espèces, quelles étaient les limites de la compétence du lieutenant civil en son hôtel ; et cela justement parce nous ne pouvons pas nous rendre compte de l'efficacité des mesures que l'Edit de 1685 avait introduites pour parer dans différents cas, et dans une certaine mesure au moins, aux dangers pouvant résulter des longueurs de la procédure ordinaire.

Mais cela importe peu d'ailleurs au point de vue, de l'étude du référé actuel ; nous avons dégagés les principes, qui nous paraissent avoir été suivis à ce sujet par l'ancienne jurisprudence, quand nous en serons au code de procédure, nous nous efforçerons de les appliquer, en tenant compte des faits qui se présentent aujourd'hui dans des conditions

différentes, mais qu'il nous sera donné celles-là de connaître complètement.

Nous nous sommes demandés jusqu'ici quels étaient
les cas dans lesquels on pouvait recourir au juge en son
hôtel, en d'autres termes nous avons déterminé la compétence du lieutenant civil statuant comme juge des Référés.

Ceci posé, il nous reste à rechercher qu'elles étaient
les limites apportées à son droit d'intervention, au point de
vue de ce qu'il pouvait ordonner ; c'est l'étude des pouvoirs
du juge des Référès.

Les juridictions ordinaires auxquelles un litige est
soumis rendent une sentence qui implique solution complète du litige. Mais il nous faut encore ici nous rappeler
le caractère tout exceptionnel du référé, l'urgence seule est
l'excuse, si l'on peut ainsi dire, du recours au juge en hôtel.

« Il est des cas, dit Pigeau, où il serait, dange-
« reux de laisser les choses dans l'état où elles sont jusqu'à
« la décision définitive ». C'est la menace de ce danger
qui justifie la compétence du juge des Référés ; c'est elle
qui constitue l'urgence ; mais cette compétence doit s'arrêter là où l'urgence s'arrête, c'est à dire quand le danger
de laisser les choses jusqu'à la décision définitive dans un
certain état prend fin.

Substituer à l'état de fait existant un état tel, que les
choses litigieuses puissent attendre sans danger la solution
définitive du litige, tels doivent donc être les seuls pouvoirs
du juge des Référés. L'urgence, raison d'être de l'inter-

vention du juge des référés, doit déterminer la limite de cette intervention.

Mais si les principes admis, sur la nature même du recours en referé, nous conduisent à dire que l'intervention du juge des Référés doit cesser quand la matière litigieuse a été soustraite aux menaces de destruction qui peuvent provenir du temps, il faut également dire que c'est seulement lorsque ce résultat a été atteint qu'il en doit être ainsi. Et lors qu'on se trouvera en présence d'un litige dans lequel, l'urgence demandera qu'une décision; impliquant solution complète de ce litige. soit rendue, le juge des Référés devra aller jusque là. La sentence ne sera pas pour cela une sentence défininitive, enlevant la connaissance de la cause aux juridictions ordinaires compétentes ; ces juridictions pourront être appelée : à statuer de nouveau sur la question résolue en référé, et elle conserveront pour la résoudre une liberté aussi complète que si aucun juge n'en avait jamais été saisi. Mais il n'en est pas moins vrai que dans cette hypothèse extrême, et au point de vue des faits, nous nous trouverons en présence de deux juridictions n'étant cependant pas l'une vis à vis de l'autre dans la situation d'une juridiction subalterne vis à vis d'une juridiction supérieure et qui seront appelées à statuer l'une après l'autre sur le même litige.

Ce sont ces quelques idées, d'une importance capitale tout au point de vue de la connaissance exacte du Référé ancien qu'au point de vue de la recherche des pouvoirs du juge des Référés sous le Code de procédure, idées que la déduction rigoureuse des principes nous a amené à formuler que nous allons nous efforcer de vérifier par l'étude directe des pouvoirs du juge des Référés dans les espèces spécialement prévues par l'édit.

C'est le moment de terminer la lecture de l'article VI de cette édit, car c'est dans les termes finaux de cet article qu'on a cru trouver la pensée du législateur ancien d'impartir aux pouvoirs du juge des référés certaines limites.

Après avoir énuméré les cas dans lesquels il autorise le recours au juge statuant en son hôtel, l'article VI de l'Edit de 1685 ajoute : « Si le lieutenant civil le juge ainsi à propos pour le bien de la justice il pourra ordonner que les parties comparaîtront le jour même dans son hôtel pour y être entendues et être par lui ordonné *par provision* ce qu'il estimera juste. »

Ainsi donc les ordonnances de référé doivent avoir un caractère provisoire, que faut-il entendre par ces mots ; qu'est ce qu'une ordonnance provisoire, c'est à Pigeau, ce juris consulte toujours si autorisé quand il s'agit de commenter les régles de la procédure, que nous allons demander cette explication ; c'est dit Pigeau, une décision de précaution que l'on appelle pour cela ordonnance provisoire (provisoire vient du latin *providere* se précautionner).

Le mot provisoire à dans le sens courant d'aujourd'hui le sens de transitoire, de passager, il s'applique à une chose appelée à disparaître et a être remplacé par une chose qui sera définitive, le sens de ces deux qualificatifs, provisoire et définitif, se trouvant opposés l'un à l'autre et s'expliquant l'un par l'autre. Nous essaierons le montrer que c'est en se laissant prendre à ce sens, courant aujourd'hui, du mot provisoire, que la pratique moderne et les auteurs commentant le titre du code de procédure relatif aux référés, en sont arrivés à méconnaître complétement les pouvoirs du juge des Référés tels qu'ils étaient compris sous l'empire de l'ancienne pratique et tels que le législateur de 1807 entendu les maintenir.

Il faut donc bien se pénétrer de cette idée que dans le langage de l'Edit le 1685 l'expression, *ordonnance provisoire*, a le sens absolument spécial d'*ordonnance prescrivant des mesures de précaution*.

Ceci posé le fait de dire que la compétence du juge des Référés s'arrêtera aux mesures provisoires, n'est nullement une resbuction apportée à ses pouvoirs ; c'est bien plutôt la détermination sous une forme spéciale et nouvelle des cas dans lesquels son intervention sera légitime. Substituons en effet à l'expression trompeuse de mesures provisoires, l'expression claire et synonime de mesures de précaution ; Nous arriverons à dire, ou plutôt à répéter avec l'article VI in fine de l'Edit de 1685, que dans tous les cas énumérés par cet article le juge pourra ordonner par précaution ce qu'il estimera juste. Comme on le voit il y a là, bien plutôt une restriction à la compétence du juge des Référés, qu'à ses pouvoirs. Et cette restriction à la compétence du juge des Référés ce n'est pas même une restriction nouvelle, c'est la restriction dont nous avons déjà parlé, celle qui est fondamentale en la matière, à savoir que l'intervention du juge des Référés suppose l'urgence.

En effet, dire que le juge des Référés ne pourra rien faire autre chose que d'ordonner des mesures de précaution cela n'implique-t-il pas qu'il s'agit d'une matière dans laquelle il y a quelque chose à sauvegarder, quelque chose qui menace de disparaître ou de se modifier, en d'autres termes quelque chose d'urgent au sens que nous avons donné plus haut à ce mot.

Que les ordonnances de référé ne doivent contenir que la prespription de mesures provisoires, cela ne nous intéresse donc point au point de vue de la question que nous nous sommes posées et qui reste toujours entière à savoir : quelles sont les restrictions aux pouvoirs du juge des Référés. Il faut bien le reconnaître à cette question il n'y a pas de réponse, et cela pour une raison péremptoire, c'est que dans l'ancienne procédure les pouvoirs du juge des Référés n'étaient pas limités. C'est le moment de retenir les derniers mots de l'article VI de l'Edit : Le juge ordonnera *ce qu'il estimera juste.*

Peut-on donner vraiment un domaine plus étendu aux pouvoirs du juge des Référés, peut-on moins restreindre et limiter le contenu de ses sentences qu'en disant il ordonnera ce qu'il estimera juste.

Nous pouvons maintenant dire, avec plus de précision ce qu'était la juridiction des Référés sous l'empire de la procédure ancienne.

C'était une juridiction à laquelle on avait recours quand,

à l'occasion d'un litige né ou à naître, on pouvait craindre que les choses ne restassent pas entières jusqu'à la décision de la juridiction appeler à statuer définitivement sur ce litige.

Et le rôle de cette juridiction des Référés, trés différent en cela du rôle des autres juridictions, n'était pas d'apprécier ni de résoudre une question litigieuse, mais de statuer sur la provision c'est-à-dire de prescrire les mesures de précaution néces-saires pour éviter la menace du danger allégué par la partie qui a recours à elle. Mais, il no is faut insister sur cette idée justement parcequ'elle a été méconnue, si le rôle de la juridiction des Référés est *en principe* tout autre que celui des autres juridictions, si la raison d'être de l'intervention du juge des Référés repose sur des motifs tout spéciaux ; il pourra se faire que le juge des référés étant appelé à statuer sur les mesures de précautions relatives à une situation litigieuse déterminée sa sentence aille jusqu'à trancher le fond même du litige. Pour qu'il en soit ainsi, il suffira de supposer qu'une telle décision est le seul moyen de parer au danger qu'il y aurait à laisser les choses dans le *statu quo*.

La déduction rationnelle des principes nous avait fait prévoir ce résultat, le texte de l'Edit judicieusement interprété, vient le confirmer. Mais ce n'est pas encore tout, nous allons rencontrer des ordonnances de référé, rendues à l'occasion d'espèces particulières et dans lesquelles nous verrons les pouvoirs du juge des Référés s'étendre jusqu'à ces limites extrêmes que nous venons d'indiquer. Mais disons plus, et demandons-nous s'il faut vraiment pour ces cas, parler de pouvoirs extrêmes, quand on voit dans le modèle d'ordonnance de référé donné par Pigeau, dans son traité du Chatelet de Paris, qu'il s'agit précisément d'une espèce dans laquelle le juge des Référés épuise le fond du litige.

Ce modèle, fourni par Pigeau, est tellement formel et paraît si concluant, que nous le citerons dans son intégrité :

Voici d'abord la requête présentée au lieutenant civil, pour être autorisé à assigner en son hôtel :

« A Monsieur le lieutenant civil.

« Supplie humblement...... Paul, maître-tailleur d'ha-
« bits à Paris,

« Qu'il vous plaise lui permettre de faire assigner à
« comparoir cejourd'hui, par devant vous, en votre hôtel,
« à l'heure qu'il vous plaira indiquer, le sieur Pierre, bour-
« geois de Toulouse, actuellement à Paris ;

« Pour voir dire, qu'attendu que ledit sieur Pierre n'a
« aucun domicile en cette ville, *il sera tenu par provision*
« *de payer au suppliant*, sur la signification de votre or-
« donnance à intervenir, *la somme de trois cents livres*,
« qu'il lui doit pour fourniture d'habits qu'il avait promis
« lui payer aussitôt la livraison ; *sinon qu'il sera contraint*
« *par les voies ordinaires, en vertu de votre ordonnance* ;
« au principal, renvoyer les parties dans les délais de l'or-
« donnance. Et vous ferez bien. »

Suit l'assignation faite en vertu de l'ordonnance mise au bas de cette requête.

Voici maintenant le dispositif de l'ordonnance rendué par le lieutenant civil, en son hôtel :

« Au principal, avons, les parties, renvoyé dans les « délais de l'ordonnance ; et cependant,

« Attendu que le sieur Pierre est étranger en cette « ville, ordonnons que *par provision*, il sera tenu de *payer* « à Paul la *somme de trois cents livres*, pour les fourni- « tures d'habits en question, et ce, sur la signification de « notre ordonnance, *sinon qu'en vertu d'icelle il y sera* « *contraint par les voies ordinaires de droit*. Ce qui sera « exécuté nonobstant l'appel et sans y préjudicier. »

Comme on le voit à la lecture du dispositif de cette ordonnance, bien qu'il y ait là une décision impliquant de la part du juge qui la rend, appréciation du fond du litige, une décision qui, par ses conséquences, épuise le litige, le rôle de la juridiction ordinaire se trouve théoriquement au moins rester entier. La mesure de précaution à ordonner, pour parer au danger allégué, exigeait cette décision sur le fond du litige, mais cette mesure prescrite et exécutée de juge du fond, pouvait être saisi et son pouvoir d'appréciation et de décision était aussi entier que si aucune mesure provisoire n'avait été ordonnée. Mais si c'est là l'extrême limite que peuvent atteindre les mesures ordonnées par le juge des Référès, celui-ci ne doit jamais se laisser aller à ordonner des mesures dépassant les strictes nécessités de l'urgence sur laquelle sa compétence est fondée.

Il outrepasserait ses pouvoirs si, une simple mesure conservatoire, une mesure laissant intacte les choses aussi bien en fait qu'en droit, constituant une mesure provisoire suffisante pour enlever aux parties toute crainte d'un pré-judice ultérieur, il ne se contentait pas d'ordonner cette mesure, et rendait une sentence sur le fond de la question litigieuse elle-même.

Si l'urgence justifie les mesures que peut ordonner le juge des référés quelque soient ces mesures, dès qu'une mesure conservatoire ordonnée fait disparaître les dangers du maintien du *statu quo* toute autre mesure plus étendue excéderait les pouvoirs du juge des Référés.

Ce serait d'ailleurs là les idées que nous retrouverons sous le code de procédure et que nous développerons davantage quand nous en serons là.

JURIDICTION DES RÉFÉRÉS

SOUS LE CODE DE PROCÉDURE CIVILE

Nous diviserons en deux parties absolument distinctes l'étude que nous nous proposons de faire des règles principales auxquelles cette juridiction est soumise sous le code de procédure. Nous verrons que le recours au juge des Référés est autorisé dans deux sortes de cas : Dans tous les cas d'urgence et lorsqu'il s'agit de statuer sur les difficultés qui peuvent s'élever, au cours de l'exécution des titres exécutoires. Nous nous efforcerons de montrer que le recours au juge des référés dans ces deux sortes de cas repose sur des idées absolument différentes.

C'est ce que justifiera la division de notre étude en deux parties absolument distintes, correspondant à ces deux espèces de recours. Dans chacune de ces parties nous suivrons d'ailleurs la même méthode, étudiant dans un premier chapitre les règles qui détermineront la compétence du juge des Référés et dans un second celles qui fixeront ses pouvoirs.

Mais avant d'entrer dans le détail, de cette étude il importe de jeter un coup d'œil sur les textes qui régissent la matière et de rechercher la méthode dont le législateur a fait usage pour nous faire connaître le rôle qu'il entendait

voir jouer, sous l'empire de la nouvelle procédure, au juge
des Référés. Nous avons vu à ce sujet comment avait procédé l'Edit de 1685. Dans son article VI il avait énuméré
les cas dans lesquels le recours au juge en son hôtel était
autorisé. Mais nous avons dit que la pratique ancienne
n'avait jamais vu dans cette énumération l'intention du
législateur de limiter à ces seuls cas, la compétence du
juge des Référés ; nous avons montré quelles sérieuses
raisons il y avait pour penser que les rédacteurs de l'Edit
n'avaient, en énumérant les cas se présentant le plus souvent et dans lesquels le recours au lieutenant civil en son
hôtel, était autorisé, eu d'autre but que celui de donner des
exemples devant servir de guide au juge, appelé à statuer
sur sa compétence, dans les cas qui n'avaient pas été spécialement prévus. Mais l'imperfection et les dangers d'une
pareille méthode ne sont pas difficiles à saisir. C'est un
travail toujours très long et souvent fort délicat qu'en pro-
cédant ainsi le législateur impose au juge. A propos de
chaque espèce qui n'a pas été spécialement prévue dans
le texte et à l'occasion de laquelle on requiert son intervention, le juge des Référés doit se livrer àun travail
de comparaison ; à la lumière des exemples donnés, il
doit examiner les espèces nouvelles, il doit s'efforcer de
dégager l'idée maîtresse qui, dans telle espèce prévue, a
amené le législateur à autoriser le recours, et rechercher si la même idée réclame son intervention dans l'espèce
qui lui est soumise. La délicatesse d'un tel travail de comparaison et d'analyse serait, à n'en pas douter, suivant qu'on

aurait recours à tel juge ou à tel autre, la cause d'une divergence infinie d'appréciation, et les divergences de la jurisprudence sur une question déterminée, toujours si fâcheuses, le seraient ici plus que partout ailleurs, dans une matière toute pratique et dans laquelle la Cour de Cassation est, eu égard au moins au nombre infini des sentences, si rarement saisie pour redresser les erreurs.

Les rédacteurs du projet du code de procédnre, hommes très au courant de la pratique, et qui avaient pu se rendre compte, sous l'empire de l'ancienne procédure, des difficultés et des dangers que les dispositions de l'Edit de 1685, telles qu'elles étaient formulées, avaient pu entraîner, ont procédé d'une tout autre façon.

Plus d'énumération de cas spécialement déterminés pour fixer la compéténce du juge des Référés ; l'article 806 indique seulement le caractère général que devront présenter tous les litiges, objets d'un recours au juge des Référés, pour que celui-ci puisse se déclarer compétent : dans tous les cas d'urgence et dans toutes les difficultés s'élevant au cours de l'exécution des titres exécutoires. A vrai dire, le code de procédure, dans plusieurs de ses articles et dans des matières spéciales, a formellement autorisé le recours au juge des Référés. A supposer que ces espèces spéciales n'eussent point présenté les caractères généraux que nous connaissons, cela nous eût peu importé ; nous aurions dit alors que, dans ces cas, le législateur avait entendu déroger aux principes pour telle ou tellé raison que nous nous serions efforcés de rechercher et ç'aurait été tout. Mais il n'en est pas même ainsi, et dans toutes les espèces dans lesquelles le code de procédure autorise spécialement le recours au juge des Référés, en l'absence de cette autorisaiion spéciale, l'application seule des principes eut conduit au même résultat. Et alors les articles du code dans lesquels, à propos d'hypothèses déterminées, la juridiction des Référés est expressément déclarée compétente, constituent des inutilités, des redites, mais pour notre étude ces inutilités pourront être fort utiles. Elles nous serviront peut-être, dans certains cas, à mieux comprendre les règles générales que nous verrons ainsi mises en mouvement par la main même du législateur et, à ce point de vue, nous serons heureux de les rencontrer.

PREMIÈRE PARTIE

DU RECOURS AU JUGE DES RÉFÉRÉS DANS LES CAS D'URGENCE

CHAPITRE PREMIER

DES RÈGLES QUI DÉTERMINENT LA COMPÉTENCE DU JUGE
DES RÉFÉRÉS

SECTION I. — **De l'urgence.**

L'article 806, donnant compétence au juge des Référés dans tous les cas d'urgence, c'est bien, en effet, la première question à se poser que celle de savoir ce qu'il faut au juste entendre par ce mot « *l'urgence,* »

C'est, il nous semble, dans l'exposé des motifs présenté par l'orateur du gouvernement le tribun Réal au corps législatif, que nous trouverons le véritable caractère des faits constitutifs de l'urgence. Le discours de Réal nous apparaît en effet comme un commentaire quasi-officiel de la loi, quand on se souvient que ce dernier était l'un des auteurs du projet du titre des Référés et que l'article 806 du code de procédure, a été adopté par le corps législatif sans qu'aucune discussion ait précédé son vote et sans qu'aucune modification ait été apportée à l'article du projet qui lui était correspondant :

« La loi s'explique assez clairement, dit l'orateur du
« gouvernement au corps législatif, en n'attribuant à l'au-
« dience des Référés que les cas d'urgence, le discernement
« et la probité du président ou du juge délégué feront le
« reste, renvoyant à l'audience les contestations qui ne
« seraient portées à l'hôtel que par une indiscrète et avide
« précipitation, il n'hésitera pas à prononcer sur celles
« auxquelles le moindre retard ne fut-il que de quelques
« heures, peut porter un préjudice irréparable. »

Des auteurs, prenant un point d'appui sur ces dernières
paroles de Réal, ont dit que l'urgence supposait la menace
d'un préjudice irréparable.

A ces auteurs on a pu répondre, avec quelqu'apparence
de raison au moins, qu'il ne résultait pas du tout des
paroles de Réal que la menace d'un préjudice irréparable
fût le caractère essentiel des matières dans lesquelles on
pouvait recourir au juge des Référés. Il a simplement dit,
prétend-on alors, que dans les espèces dans lesquelles ce
caractère se présenterait le juge des Référés ne devrait pas
hésiter à statuer, il y aurait là alors en quelque sorte un
maximum d'urgence, une situation dans laquelle le refus
d'intervenir de la part du juge des Référés ne se comprendrait pas ; mais il ne résulte nullement de ces paroles
qu'en l'absence de cette menace d'un préjudice irréparable
l'abstention du juge des Référés s'impose.

A notre avis la menace d'un préjudice irréparable est
essentielle pour légitimer l'intervention du juge des Référés,
mais nous reconnaissons que les paroles de l'orateur du

gouvernement n'impliquent pas nécessairement cette idée qu'on a voulu en tirer. Mais ce que contient expressément le discours de Réal, c'est que, lorsque le recours à la juridiction des Référés ne paraîtra pas avoir d'autre fondement qu'une indiscrète et avide précipitation, le juge ne devra pas hésiter à renvoyer à l'audience du tribunal l'examen des questions qu'on voulait lui faire juger.

Or, il nous semble qu'il n'est pas possible d'imaginer une hypothèse dans laquelle la menace d'un préjudice irréparable n'apparaisse pas, et dans laquelle le recours au juge des Référés puisse s'expliquer autrement que par une indiscrète et avide précipitation. Prenons en effet les mots employés dans le sens qu'on leur reconnaît dans le langage courant. Quand dit-on qu'une chose est urgente ? C'est quand il y a un certain intérêt à obtenir cette chose rapidement. Et quel peut être cet intérêt qui nous pousse à désirer obtenir une chose rapidement ? Ou bien c'est l'impulsion plus ou moins justifiée qu'éprouvent certaines personnes, lorsqu'elles désirent quelque chose, de voir leurs moindres vœux se réaliser sur le champ. Et nous ne disons pas que cet ardent désir d'obtenir une certaine chose ne corresponde pas à un avantage considérable ; ce qu'on désire c'est en général ce qui doit nous procurer une certaine utilité, mais il n'en est pas moins vrai qu'on ne peut pas voir là autre chose *qu'une indiscrète et avide précipitation*. C'est ainsi que s'exprimera quiconque se sert du langage courant, dans ces conditions pourquoi supposer que l'orateur du gouvernement ait voulu dire autre chose. Et si ce n'est pas là le genre d'intérêt qui nous pousse à désirer obtenir une chose sur le champ, quel peut être cet intérêt ? c'est qu'on se trouve en présence d'une chose de telle nature que si on ne l'obtient pas sur le champ on court de grands risques de ne plus l'obtenir par la suite, c'est qu'on est alors menacé d'un préjudice irréparable ; qu'on cherche, qu'on imagine des hypothèses dans lesquelles on puisse dire qu'il y a urgence, nous ne pensons pas qu'il soit possible de donner à cette urgence un autre fondement que l'un des deux mobiles que nous venons d'indiquer.

Et d'ailleurs, nous plaçant à un autre point de vue, il semble bien que l'on doive encore arriver à la même conclusion. Qu'il faille pour justifier le recours et l'intervention du juge des Référés, que le maintien du *statu quo* fasse craindre un certain péril, c'est ce qui ne peut guère être contesté. Mais qu'est-ce donc que la menace d'un péril, d'un danger dont les conséquences ne seraient point irréparrables. Si la juridiction, appelée ultérieurement à statuer sur le fond du litige, tout en reconnaissant que l'attente plus ou moins longue de sa sentence a fait subir à l'un des plaideurs un préjudice considérable, est en mesure d'ordonner efficacement la réparation de ce préjudice de telle façon qu'il ne restera aucune trace de son passage, peut-on alors vraiment dire que l'attente a causé un préjudice à l'un des plaideurs ; et le juge des Référés requis de statuer dans de telles circonstances ne devrait-il pas se déclarer incompétent ne pouvant voir aucun danger au maintien du *statu quo* dans l'espèce qui lui est soumise.

C'est bien là en effet la question que doit toujours se poser
le juge des Référés pour décider de sa compétence. Supposant que le *statu quo* soit maintenu jusqu'à la décision
principale, il doit se demander si cette décision ne sera pas
trop tardive, s'il ne sera pas impossible alors de reconnaître
le droit auquel une des parties prétend, ou si tout au
moins, il sera encore possible à celle-ci d'y trouver tous
les avantages qu'elle aurait pu en retirer si la sentence
était intervenue au moment même de la réclamation.

La constatation de la menace d'un préjudice irréparable nous apparait donc comme un des éléments indispensables du recours au juge des Référés.

Telle semble bien être d'ailleurs l'opinion de Pigeau :
« Il y a beaucoup de cas, dit cet auteur dans sa procédure
civile des tribunaux de France T. I. Chap. IV., sur lesquels
il est nécessaire de prononcer avant l'expiration des délais
qui doivent précéder les jugements parce que l'observation de ces délais exposerait le demandeur à *perdre ses
droits* » Et à l'appui de cette règle il nous donne l'exemple d'un voiturier qui réclamerait sa voiture qu'un tiers
aurait en sa possession, Et il ajoute : « Si ce voiturier
était obligé d'attendre l'expiration des délais ordinaires
pour obtenir la remise de sa voiture on sait qu'il pourrait
éprouver un grand préjudice » M. de Belleyme semble encore aller plus loin dans ce sens quand il dit T. II. 2ᵉ éd.
p. 4 « L'urgence est ce qui ne peut sans préjudice éprouver le moindre retard, l'urgence doit être telle que sans le

référé l'action n'aurait plus d'intérêt et le préjudice serait irréparable. »

Voir encore dans ce sens : Bazot — Berlin, n° 778 — Dissertation extraite du journal des décisions notables de la Cour de Bruxelles, insérée dans Sirey, 1809. 2. 192 — Rome 6 juillet 1811 : Dalloz Alph. n° 96.

Mais si la menace d'un préjudice irréparable est la condition nécessaire qui doit se montrer dans tout litige, pour autoriser le recours au juge des Référés, il n'y a pas là une condition toujours suffisante pour justifier l'intervention de cette juridiction exceptionnelle. Il y a des situations de fait dans lesquelles le préjudice allégué est d'une réalisation si aléatoire, si peu probable ; il y en a d'autres dans lesquelles ce préjudice venant à se réaliser, causerait à la partie lésée un dommage de si faible importance, que la mise en mouvement d'une juridiction exceptionnelle, et à laquelle le législateur n'accorde compétence en quelque sorte qu'à regret, que l'échec apporté dans ces cas aux règles générales de l'organisation judiciaire et de la compétence des tribunaux, serait vraiment hors de proportion avec le péril évité. Et à notre avis, c'est cette idée qui animait l'orateur du gouvernement au corps législatif quand, se faisant l'écho des craintes que l'établissement d'une telle juridiction pouvait donner aux personnes soucieuses du respect dû à l'organisation judiciaire, il faisait appel au discernement et à la probité des juges des Référés.

Si le législateur a préféré dire dans l'article 806 que le recours au juge des Référés serait autorisé dans les cas d'urgence, plutôt que de parler des cas dans lesquels une partie serait menacée, en présence du maintien du *statu quo* d'un préjudice irréparable, c'est bien plus, il nous semble pour permettre au juge des référés de s'abstenir dans quelques-uns de ces cas que pour étendre sa compétence à des espèces dans lesquelles il n'y aurait point péril en la demeure.

L'urgence de l'article 806 repose donc sur quelque chose de plus que la menace d'un préjudice irréparable, elle suppose la menace *presque certaine d'un préjudice irréparable d'une certaine gravité.*

Le manque de précision auquel on se heurte quand on veut arriver à une définition de l'urgence, telle que l'ont comprise les rédacteurs du Code de procédure, nous montre bien qu'à côté de principes généraux certains qui les ont inspirés et auxquels ils ont entendu soumettre la juridiction des Référés, ils ont voulu laisser à cette juridiction une grande liberté d'allure, une grande souplesse dans ses mouvements, si l'on peut ainsi dire ; ils ont voulu qu'elle pût dans une large mesure se prêter aux exigences de la variété infinie des situations de fait qu'il était impossible de prévoir à l'avance.

La conséquence de cette idée, que la question de savoir quand un litige présente les caractères de l'urgence est une question de fait, c'est que le juge des Référés est juge souverain de sa compétence, sur cette question d'urgence du moins, et que la déclaration d'urgence par lui faite échappe au contrôle de la Cour de Cassation. Cette conséquence à laquelle nous arrivons par la force des choses en quelque sorte, et parce que l'analyse de l'idée d'urgence nous a conduit à y voir à côté de notions précises, et sur lesquelles on eut pu construire une définition légale, une large part laissée à l'appréciation des faits particuliers à chaque espèce, résulte d'ailleurs des paroles prononcées par l'orateur du gouvernement dans son exposé des motifs au corps législatif. Nous venons de voir que dans ce discours l'orateur du gouvernement fait appel à la probité et au discernement des présidents, cet appel n'aurait pas de sens s'il n'y avait dans le travail du juge des Référés, appelé à statuer sur sa propre compétence, que la recherche, dans les espèces particulières qui lui seraient soumises, de caractères généraux et précis constitutifs de l'urgence.

Les auteurs et la jurisprudence paraissent d'ailleurs d'accord sur ce point qu'il n'y a pas de définition légale de l'urgence, telle que la comprise l'article 806 Proc., et comme conséquence que la Cour de Cassation n'a aucun pouvoir de révision sur cette déclaration souverainement faite par le juge des Référés.

Voir en ce sens : Cassation 13 juillet 1871, Sir. 71, 1, 66 ; 14 mars 1882, Sir. 82, 1, 349 ; 3 juillet 1889, Sir. 90, 1, 465.

« Attendu, dit l'arrêt de 1882, rendu au rapport de M. le conseiller Alméras Latour, qu'aux termes de l'article 806 il y a lieu a référé dans tous les cas d'urgence, que par cette disposition générale le législateur a abandonné à l'appréciation discrétionnaire du juge des Référés les cas divers qui peuvent déterminer sa compétence. . . . .

. . . . »

Ceci nous conduit à dire que l'analyse que nous nous sommes efforcé de faire jusqu'ici des éléments constitutifs de l'urgence n'a pas d'autre intérêt que celui de servir de guide au juge des Référés lui-même, appelé à statuer en toute souveraineté sur sa propre compétence.

Il nous semble intéressant, après avoir analysé cette idée de l'urgence, telle que l'a comprise le code de procédure, et avoir tiré de cette analyse quelques règles relatives à la compétence du juge des Référés, de quitter le domaine abstrait de la théorie, afin de mieux comprendre le sens et la portée de ces règles dans l'application aux différents cas dans lesquels l'intervention du juge des Référés est le plus souvent requise.

Supposons pour commencer cette revue qu'on réclame du juge des Référés la nomination d'un expert, pour constater un certain état de faits, appelé à disparaître, et duquel on entend tirer certaines conséquences de droit. L'urgence réside ici dans cette circonstance, qu'il s'agit ici d'un état de faits appelé à disparaître ou à se modifier, et que si l'on devait attendre de l'intervention des juridictions ordinaires la nomination d'un mandataire de justice, chargé de faire officiellement ces constatations, celui-ci risquerait fort de n'être en mesure de remplir sa mission, qu'à un moment où les choses, qu'on désirait lui faire constater, auraient disparu ou tout au moins se seraient profondément modifiées.

Ce retard pourrait donc entraîner un préjudice irréparable, pouvant aller jusqu'à l'extinction complète du droit auquel une des parties prétendait, puisque ce droit devait trouver sa base dans des constatations de fait impossibles à faire aujourd'hui.

Il y a donc bien là une de ces situations litigieuses à l'occasion desquelles on peut dire avec le tribun Grenier : « qu'on est sans justice si la décision n'est pas rendue à l'instant même où elles naissent » c'est donc là une de ces espèces dans lesquelles au point de vue de l'application des règles que nous avons établies plus haut, la compétence du juge des Référés se trouve pleinement justifiée.

Supposons qu'il s'agisse de difficultés s'élevant au cours de l'apposition des scellés ; et c'est une disposition spéciale du Code de procédure qui permet dans ces cas de recourir au juge des Référés.

Si pour trancher ces difficultés il fallait avoir recours à la justice des juridictions de Droit commun, c'est-à-dire laisser s'écouler un temps d'une durée malheureusement fort longue, temps pendant lequel l'apposition des scellés serait suspendue, il y a bien lieu de supposer que, lorsque l'héritier ou le créancier, à la requête duquel l'apposition était poursuivie, reviendrait pour reprendre ses opérations, armé d'un jugement l'autorisant à passer outre à l'obstacle soulevé, il ferait aussi bien de ne pas chercher à user de ce droit. C'est du moins ce qu'il aurait de mieux à faire si la crainte même qui l'avait probablement poussé à recourir à cette mesure conservatoire était fondée, si le possesseur des biens et valeurs, sur lesquels il prétendait avoir des droits, était une personne d'une bonne foi douteuse et bien capable d'opérer le détournement de ces choses qui étaient en sa possession.

Ici, à défaut de l'intervention du juge des Référés, les juridictions ordinaires pourraient bien ultérieurement reconnaître le droit de procéder à l'apposition des scellés, mais, comme nous venons de le montrer, il y aurait bien des chances pour qu'il n'y ait dans cette reconnaissance de droit qu'une satisfaction toute platonique donnée à cet ayant droit qui veut apposer les scellés. Nous nous trouvons donc encore en présence d'un préjudice irréparable, non plus au point de vue du droit lui-même, mais au point de vue du fait, au point de vue des avantages qu'on pouvait atteindre de la reconnaissance d'un droit, et cela est suffisant.

Remarquons qu'il s'agit là, comme nous l'avons dit plus haut, d'une espèce dans laquelle la compétence du juge des Référés a été spécialement reconnue, et, disons le tout de suite, dans toutes les autres espèces, dans lesquelles le législateur a spécialement permis le recours au juge des Référés, nous rencontrerons toujours cette menace d'un préjudice irréparable, c'est une constation qui a bien quel-qu'importance dans le sens des idées que nous soutenons.

Nous supposerons maintenant que le juge des Référés a été saisi, et c'est une espèce fréquente, par un débiteur sur lequel une saisie arrêt a été pratiquée entre les mains d'un de ses propres débiteurs, et il demande à toucher malgré l'existence de cette saisie arrêt, qui immobilise pour la totalité les sommes saisies arrêtées, l'excédant du montant de sa créance sur la somme à raison de laquelle la saisie arrêt a été formée. Ce débiteur fait d'ailleurs à son créancier l'offre d'affecter spécialement au paiement de la créance de ce dernier, pour le cas où elle serait ultérieurement reconnue, la partie de sa propre créance nécessaire pour désintéresser complètement ce créancier. — On peut bien dire qu'il s'agit là d'un cas de recours en référé des plus usuels, et à Paris il ne se passe guère d'audience des référés dans laquelle le président n'ait à statuer sur une demande d'autorisation de toucher des sommes saisies arrêtées se présentant dans les conditions que nous venons d'exposer : jamais dans ces cas le juge de Référés n'hésite à rendre une ordonnance conforme, l'ordonnance de référé est pour ainsi dire de droit (1).

Où donc l'urgence apparait-elle dans ces cas ?

Il s'agit ici en réalité d'une demande en main levée partielle d'apposition, partielle en ce sens, qu'après l'exécution de la mesure qu'on requiert, l'opposition ne portera plus, n'arrétera plus entre les mains du tiers saisi, que la

______

(1) Quand la saisie arrêt est pratiquée en vertu d'une permission du juge, le président ajoute toujours dans son ordonnance, après avoir autorisé la saisie arrêt et fixé la somme pour laquelle elle peut être pratiquée, cette phrase : Disons qu'en déposant pareille somme à la Caisse des Dépôts et Consignations avec affectation spéciale à la créance du saisisissant, le saisi sera autorisé à toucher le surplus de sa créance.

Dans ces cas il n'y a donc plus besoin de recourir au juge des Référés pour obtenir une autorisation.

somme elle même pour laquelle la saisie arrêt a été formée, alors qu'au début elle arrêtait une somme peut être infiniment plus considérable.

L'intervention du juge des Référés, pour ordonner cette main levée partielle, n'est point justifiée par la crainte que l'on pourrait éprouver de ne plus pouvoir ultérieurement obtenir cette main levée, ou même de ne plus pouvoir trouver dans cette main levée tardive tous les avantages, directs au moins, qu'on aurait trouvés dans une main levée immédiate.

Nous ne sommes donc plus dans une hypothèse dans laquelle on peut dire, comme dans les deux précédentes qu'on serait sans justice si on ne l'obtenait pas pour ainsi dire à l'instant.

Il est vrai que l'attente d'une décision de la justice ordinaire dans ces sortes de cas peut causer au débiteur sur lequel la saisie arrêt a été pratiquée, le plus grand préjudice. Il peut se faire que la créance, pour sûreté de laquelle la saisie arrêt a été pratiquée soit très minime, et il se peut d'autre part que les sommes saisies arrêtées soient considérables. De sorte que, pour une dette minime, un débiteur va voir pendant de longs mois peut-être, une partie importante de sa fortune soustraite à sa libre disposition.

Est-il besoin d'insister longuement sur un tel état de choses pour en faire sentir les inconvénients considérables ? Mais il n'en est pas moins vrai que nous nous trouvons là en présence d'une espéce dans laquelle l'urgence, telle du moins que nous la comprenons , fait défaut. Tout à l'heure, nous nous trouvions en présence d'un droit appelé à disparaître au moins dans le bénéfice qu'on espérait en retirer ; dans l'hypothèse actuelle nous ne voyons qu'*un grave inconvénient*, pour une partie à laisser les choses dans le *statu quo* jusqu'à la décision définitive. Nous avons donc à nous demander maintenant si ce grave inconvénient, qui pourra résulter pour l'une des parties du maintien du *statu quo*, constitue ou non dans l'espèce que nous examinons, un préjudice irréparable. D'après les règles que nous avons établies, c'est en effet là une constatation indispensable à faire.

A *priori* et d'une façon générale, nous n'oserions pas dire que dans tous les cas, dans lesquels on requiert du juge des Référés la main levée partielle d'une saisie-arrêt, et que cette demande se présente dans les conditions et dans les termes que nous avons supposés, l'urgence soit toujours suffisamment établie. Pour qu'il en soit ainsi, c'est-à-dire pour qu'on reconnaisse à une telle demande, le caractère d'urgence attributif de la compétence du juge des Référés, il faut que le juge des Référés, après avoir recherché les conséquences possibles du maintien intégral de la saisie-arrêt, ait constaté qu'il pouvait en résulter, pour la partie saisie, un préjudice que le jugement, appelé ultérieurement à statuer sur le fond, ne pourra pas faire disparaître rétroactivement, c'est donc là avant tout une question de fait.

Remarquons d'ailleurs à ce sujet que le créancier saisissant ne sera jamais passible de dommages-intérêts
envers la partie saisie, pour avoir fait pratiquer sur cette
dernière une saisie-arrêt pour garantie d'une créance très
minime eu égard à l'importance de la somme saisie arrêtée,
en agissant ainsi il n'a fait qu'user de son droit, et, si cela
ne devait pas nous faire sortir de notre sujet, il nous serait
facile de prouver que le créancier qui forme opposition entre
les mains d'un débiteur de son débiteur commettrait une
faute, pouvant lui causer le plus grand préjudice, en res-
treignant cette opposition à la partie de la créance de son
débiteur, équivalente à sa propre créance.

Quoiqu'il en soit, et c'est là la seule chose à retenir de
ce qui précède, le juge des Référés n'aura jamais à faire
entrer en ligne de compte, la possibilité d'un recours quelconque contre le saisissant, quand il recherchera si le préjudice causé à la partie saisie, peut être ultérieurement
réparé. Si donc le juge des Référés reconnaît que l'indisponibilité passagère de certains hommes appartenant au
débiteur, cause à celui-ci un préjudice actuel d'une certaine
importance, il pourra presqu'à coup sûr déférer aux réqui-
sitions qu'on lui adresse, parce que nous n'entrevoyons
pas de quel côté pourrait ultérieurement venir la réparation
d'un tel préjudice.

Mais il n'est pas certain que cette indisponibilité de
sommes ou de valeurs qui lui appartiennent, cause à la
partie saisie un préjudice vraiment sérieux. C'est ainsi qu'à

notre avis le juge des Référés devrait se déclarer incompétent quand le seul préjudice qu'on invoquerait devant lui serait la perte des intérêts de la somme indisponible : mais encore ne faudrait-il pas qu'il s'agisse d'une somme trop considérable, ou d'une somme pouvant produire entre les mains du saisi de très gros intérêts. Comme on le voit il est absolument impossible de rien pouvoir dire de positif en cette matière, nous sommes absolument dans le domaine des faits.

Mais ce que nous tenons à dire très clairement, parce que c'est là une idée généralement méconnue au moins dans la pratique, c'est que cette circonstance, que la mesure réclamée du juge des Référés est une mesure purement conservatoire, laissant intacte les prétentions réciproques des parties, ne doit jamais dispenser celui-ci de rechercher si la mesure réclamée est réellement urgente, si elle doit avoir pour effet de préuenir la menace d'un préjudice.

Nous faisons cette remarque parce que l'occasion s'en présente dans une espèce où la mesure réclamée est bien de celles qui tout en étant très avantageuses pour l'une des parties ne font aucun tort aux prétentions opposées de l'autre. L'utilité d'une mesure, ne compromettant pas d'ailleurs les droits réciproques des parties, ne justifie pas l'intervention du juge des Référés pour prescrire cette mesure ; c'est que la juridiction des Référés est une juridiction tout à fait exceptionnelle ne pouvant connaître que des causes qui lui ont été attribuées spécialement.

La question que nous venons de résoudre nous amène

à en examiner une autre qui s'y rattache de très près au moins dans la pratique.

Lorsqu'une saisie arrêt est pratiquée en vertu d'une autorisation du juge, celui ci ne manque jamais d'introduire dans son ordonnance ce qu'on appelle « La Réserve de lui en référer en cas de difficultés » C'est-à-dire qu'il n'accorde en quelque sorte son autorisation de pratiquer la saisie arrêt que sous condition. Le créancier, qui veut obtenir l'autorisation de pratiquer une saisie arrêt, présente à cet effet une requête au président du tribunal dans laquelle il lui expose la cause de sa créance ; souvent il joint à l'appui de cette requête les pièces justificatives de son droit qu'il peut avoir en possession : lettres, extraits de livres de commerce, et c'est sur ces justifications plus ou moins plausibles que le président accorde ou refuse l'autorisation demandée. Mais il peut arriver et dans la pratique il arrive, que le créancier qui peut tout prétendre dans sa requête, sans crainte d'être contredit puisqu'il n'a point de contradicteur ne se fait pas faute d'abuser de cette situation ; et il n'est pas sans exemple de voir surgir de fausses lettres ou de prétendus extraits de livres ne reposant sur aucun fondement. Et le juge auquel une requête, à l'appui de laquelle sont jointes de telles justifications, est présentée, ne peut malgré toute sa science et sa sagacité faire autrement que de se laisser prendre à ce stratagème de mauvaise foi.

La saisie-arrêt une fois autorisée et pratiquée, le tour est joué, telle est du moins la conséquence de la théorié presque généralement admise, aux termes de laquelle le juge des Référés outrepasserait ses pouvoirs en ordonnant la main-levée d'une saisie-arrêt ; de telle sorte qu'il faut attendre pour obtenir la main-levée d'une opposition manifestement frauduleuse la décision du tribunal compétent pour statuer sur sa validité. C'est pour parer à ce danger que les présidents ou les juges, auxquels on demande l'autorisation de pratiquer une saisie-arrêt, ne manquent jamais d'introduire dans leur ordonnance la réserve que nous venons d'indiquer ; c est le Président de Belleyme qui le premier a imaginé ce que l'on peut appeler cet ingénieux stratagème. Empressons-nous d'ailleurs de reconnaître que les saisissants de mauvaise foi ne sont pas restés en retard, et n'ont pas employé moins de génie pour se soustraire aux effets de la réserve en question que le savant magistrat auquel on devait ce bienfaisant remède. Aux termes d'une jurisprudence qui parait aujourd'hui bien fixée ayant reçu l'approbation de la Cour de Cassation (Cass. 10 nov. 85, S. 86, 1, 9 ; 16 déc. 89 ; 5 mars et 1er juillet 90, S. 90, 1, 81), quand le tribunal *est saisi* d'une demande en validité de saisie-arrêt, le juge des Référés est incompétent pour examiner le bien-fondé de cette saisie-arrêt, et au besoin en ordonner la main-levée, et ce, malgré toute réserve contraire pouvant avoir été introduite dans l'ordonnance; c'est l'application pure et simple de cette jurisprudence qui a fourni à la mauvaise foi le moyen de sortir de l'impasse où l'avait enfermée la « réserve d'en référer »: celui qui se sera ainsi fait autoriser à pratiquer une saisie-arrêt en surprenant la bonne foi du magistrat, craignant que ce magistrat mieux informé ne rapporte son autorisation, s'empressera de dénoncer au saisi l'ordonnance qu'il aura obtenue et de lancer son assignation en validité dont l'effet direct sera de saisir le tribunal (1) de telle sorte que le débiteur saisi n'aura connaissance de la saisie-arrêt formée sur lui, entre les mains d'un de ses débiteurs, qu'à un moment où il ne lui sera plus possible d'en demander la rétractation au juge qui l'a autorisée, le tribunal se trouvant saisi de la demande en validité.

Le légitime désir de réduire à l'impuissance la mauvaise foi, qui jusqu'alors avait si ingénieusement trouvé le moyen de se soustraire légalement à tout contrôle, a poussé récemment certains magistrats à imaginer le moyen suivant : En rendant leur ordonnance portant autorisation de pratiquer la saisie-arrêt, autorisation contenant toujours la réserve d'en référer ils imposent à celui au profit duquel l'ordonnance est rendue l'obligation de la signifier au débi- un certain nombr e de jours déterminé avant de pouvoir assigner en validité. Voici d'ailleurs la formule employée telle que nous la trouvons dans une ordonnance du Président du tribunal de la Seine du 6 août 1891. S. 92, 2, 210. « Autorisons. . . . . . . à charge par le sieur P... de signifier la présente ordonnance aux parties saisies quatre jours avant la dénonciation. Disons qu'en cas de difficultés il nous en sera référé ».

---

(1) Aux termes de la jurisprudence de la Cour de Cassation c'est en effet l'assignation en validité qui saisit le tribunal.

Cette clause restrictive insérée dans une ordonnance, portant autorisation de pratiquer une saisie-arrêt, n'excède-t-elle pas les pouvoirs du juge, ce serait sortir des limites de notre sujet que d'examiner cette question ; elle avait été soumise à l'examen de la Cour de Paris à laquelle était déférée l'ordonnance sus-énoncée, mais la Cour de Paris a déclaré qu'il n'y avait pas lieu de l'examiner, car elle mettait en jeu la légitimité de l'ordonnance rendue sur requête et la Cour a déclaré que dans ces conditions l'appel n'était pas recevable. La conséquence de cette jurisprudence, c'est que ce moyen tout nouveau, introduit par certains magistrats pour éviter les dangers que nous connaissons, atteindra son but, sans qu'il y ait à craindre que les Cours d'appel, ou même la Cour de Cassation, viennent prohiber cette restriction qui pourrait bien être fort difficile à justifier au point de vue de la loi.

Quoiqu'il en soit, et pour rentrer entièrement en l'étude de notre sujet. en dehors duquel nous nous sommes quelque peu laissé entraîner, la seule question que nous ayions à résoudre, c'est celle de savoir si la réserve d'en référer, introduite dans une ordonnance portant autorisation de pratiquer une saisie-arrêt, peut avoir pour effet d'étendre la compétence du juge des Référés en dehors des cas dans lesquels, en l'absence de cette clause, elle eut été renfermée.

Nous connaissons le sens et le but de cette clause ; nous ne nous demanderons pas, pour le moment au moins, si le remède répond bien anx raisons qui l'ont fait introduire ; en d'autres termes, si les pouvoirs du juge des

Référés, à supposer que le législateur ait jamais entendu les limiter, se trouvent dégagés de toute entrave par l'effet de la clause en question ; admettons qu'il en soit ainsi, en tous cas le juge de Référés voit-il alors sa compétence s'étendre à des cas ne présentant nullement le caractère d'urgence ou se trouve-t-il soumis à la constatation préalable de ce caractère.

La question ainsi posée, la solution ne nous paraît pas douteuse, la réserve d'en référer, introduite dans une ordonnance rendue sur requête et autorisant une saisie-arrêt, ne nous paraît pas susceptible de dispenser le juge des Référés, appelé à trancher une difficulté ayant surgi à l'occasion de cette saisie-arrêt, d'examiner si l'espéce qui lui est soumise présente les caractères ordinaires de l'urgence. Comment comprendre en effet que le magistrat ayant reçu de la loi un pouvoir d'autoriser une saisie-arrêt, ait aussi celui, à raison des difficultés ultérieures pouvant éventuellement surgir, d'attribuer compétence au juge des Referés, en dehors des cas ordinaires de cette compétence.

Que le juge appelé à autoriser une saisie-arrêt puisse ne l'autoriser qu'avec des restrictions, notamment sous la réserve de rétracter son autorisation, si, par la suite, il vient à découvrir que sa religion a été surprise ; peut-être l'accorderions-nous, mais ce n'est pas là la question que nous avons à examiner et qui serait complètement en dehors de notre étude. Mais que ce juge, trompé par ce fait qu'il réunit en sa personnè le double pouvoir d'autoriser des-

saisies-arrêts et de connaître des causes urgentes, s'ar-
roge le droit de renvoyer à la connaissance du juge des
Référés l'examen des faits de la compétence du juge chargé
de répondre les requêtes, à fin de saisie-arrêt, il y a là
une confusion de pouvoirs que nous ne pouvons pas admettre.

Et puisque l'occasion s'est présentée à nous de nous
demander quels sont les effets de cette clause « d'en référer » devenue de style dans les ordonnances, qu'il nous
soit permis de nous demander, bien que cela nous fasse
anticiper sur ce que nous aurons à dire par la suite sur les
pouvoirs du juge des Référés, si éette réserve peut avoir
quelque effet sur l'étendue de ces pouvoirs. Les idées que
nous venons de présenter ne peuvent guère laisser de doute
sur la solution que nous admettrons à ce sujet. — Le juge
désigné par la loi pour examiner les demandes à fin de
saisie-arrêt et les autoriser, ne peut pas trouver là le moyen
d'étendre les limites de ses pouvoirs quand il siège comme
juge des Référés. Pour nous, qui ne trouvons nulle part, ni
dans les textes du Code de procédure, ni ailleurs, la trace de
l'intention du législateur de restreindre les pouvoirs du juge
des Référés autrement qu'en les subordonnant à l'existence
de l'urgence, nous ne voyons aucun empêchement à ce que
le juge des Référés connaisse des difficultés pouvant se
présenter au cours d'une saisie-arrêt, autorisée par une
ordonnance contenant la réserve d'en référer. Mais ce n'est
pas parce que cette réserve a été insérée dans l'ordonnance
que nous le décidons ainsi ; mais seulement à raison

du caractère d'urgence que ces difficultés peuvent présenter.

C'est encore un cas fréquent de recours au juge des
Référés que celui dans lequel le propriétaire d'un immeuble
se trouve en présence de locataires ne remplissant pas
quelqu'une des obligations auxquelles ils sont tenus : de
jouir des lieux en bon père de famille et conformément à
leur destination, de payer les loyers à leur échéance et de
garnir les lieux loués de meubles suffisants, etc., etc.

Dans tous ces cas, sans l'intervention du juge des
Référés, le propriétaire, au mépris de toutes les infractions
de son locataire aux clauses de son bail ou aux règles
ordinaires du droit, serait obligé de le garder dans son
immeuble jusqu'à ce que la résiliation de ce bail ait été
prononcée par les juridictions ordinaires, si mieux il n'aimait
attendre la fin normale de la location ce qui souvent serait
plus court. Les dommages qui pourraient résulter pour le
propriétaire d'un semblable état de choses sont évidents.

S'agit-il d'un locataire qui ne jouit pas des lieux à lui
loués en bon père de famille ce qui peut se comprendre soit
qu'il ne jouisse pas des lieux conformément à leur destination, soit qu'il en jouisse abusivement.

Dans le premier cas, et par suite même du mode de
jouissance des lieux loués différent de celui auquel ils
étaient destinés, il peut en résulter un dommage pour
l'immeuble lui-même : ou bien le mode de jouissance du
locataire peut causer au propriétaire de l'immeuble un
dommage indirect, soit en l'empêchant de louer, ou du

moins de louer dans de bonnes conditions, les autres parties de l'immeuble, soit en l'exposant à des réclamations bien fondées de ses autres locataires vis-à-vis desquels il a pu s'engager soit tacitement soit expressément à ne pas laisser s'exercer dans son immeuble le mode de jouissance en question.

S'agit-il d'une jouissance abusive, ce sont alors des dommages directs pour l'immeuble dont le propriétaire pourra se plaindre.

S'agit-il d'un locataire dont les termes de loyers sont arriérés et qui d'autre part n'a pas dans les lieux loués des meubles suffisants pour garantir tant les termes arriérés que ceux en cours, le dommage pour le propriétaire résulte de son obligation de conserver dans son immeuble un locataire dont chaque jour de jouissance de plus correspond à une nouvelle perte de loyers.

Sans doute en obtenant aussitôt qu'il la demandera l'expulsion de son locataire il sera bien rare qu'il n'ait pas subi déjà quelque dommage, quelque perte de loyer définitive, mair il n'en a que plus d'intérêt à faire cesser sur le champ un tel état de choses.

Sans sortir de notre espèce, il arrive le plus souvent que le propriétaire demandant en référé l'expulsion de son locataire demande en même temps, à supposer du moins qu'il s'agisse d'une expulsion fondée sur l'insolvabilité du locataire, que les meubles qui garnissent les lieux loués soient placés sous séquestre. Le danger qu'il y aurait pour le propriétaire à se voir refuser cette satisfaction est encore bien évident. Laisser au locataire expulsé le droit d'enlever les meubles qui garnissent les lieux loués, et sont le gage du propriétaire, c'est enlever à celui-ci tout espoir de trouver dans la réalisation ultérieure de ce gage une atténuation au préjudice que l'insuffisance de celui-ci lui a fait subir. La séquestration du mobilier ordonnée, le préjudice que l'occupation des lieux par un locataire insolvable cause au propriétaire se trouve, semble-t-il, conjuré dans la mesure du possible:les lieux lui sont rendus et il pourra en faire l'objet d'une nouvelle location, les meubles qui garnissaient les lieux loués sont sous séquestre et il pourra ultérieurement les faire vendre et exercer sur le produit de cette vente son privilège de bailleur.

Et cependant, dans la pratique des Référés, les exigences des propriétaires, encouragées d'ailleurs en cela par une jurisprudence constante, au moins à Paris, des juges des Référés, ne s'arrêtent pas là.

Quand les choses en sont arrivées au point où nous en sommes, le propriétaire demande au juge des Référés l'autorisation de faire procéder à la vente immédiate ou dans un certain délai,accordé au débiteur,pour payer des meubles séquestrés. Et hâtons-nous de le dire, il ne s'agit pas là d'une décision de hasard, due à la plus grande audace d'un juge des Référés peu scrupuleux des principes, et uniquement touché des avantages et des bienfaits de la juridiction à la tête de laquelle il est placé, il y a là une pratique tellement courante, que c'est en quelque sorte un droit pour le propriétaire, qui peut justifier de l'insuffisance des meubles garnissant les lieux loués, d'obtenir du juge des Référés l'autorisation de procéder à l'expulsion du locataire, la séquestration du mobilier et la vente.

Nous avons recherché et trouvé l'urgence qui justifiait l'ordonnance du juge des Référés dans ses deux premières prescriptions, mais où donc est l'urgence justificative de la dernière prescription, la vente.

Les rares arrêts de Cour d'appel (1) qui ont reconnu au juge des Référés ce droit d'autoriser la vente du mobilier justifient cette solution en fait en disant, qu'à raison du peu d'importance de la valeur des meubles, il serait fâcheux et contraire au commun intérêt des parties d'être obligé de recourir à la procédure ordinaire de validité de saisie-gagerie telle qu'elle est réglée par l'article 824 du Code de procédure. L'intervention du juge des Référés pare donc bien ici à un certain danger, celui d'empêcher que la valeur très minime d'un mobilier saisi-gagé ne soit absorbée par les frais de l'instance en validité de saisie-gagerie. Mais entre le danger que nous rencontrons, dans cette hypothèse, et les dommages éventuels que nous avons trouvés dans les hypothèses précédentes, il y a cette différence que là le Référé paraît aux dangers du temps, ici il pare aux dangers des frais.

Au début de notre étude, nous avons essayé d'établir

---

(1) Paris, 2 mars 1875, S., 76, 2 313 (note de M. Labbé).—Paris, 10 mars 1873 ; 13 juillet 1874 ; 22 février 1878 : Dalloz, 78, 2, 177.

En sens contraire :

Paris, 13 janvier 1886 ; en sous-note dans S., 1892, 2, 250 ; 21 janvier 1891 ; Sirey, 92, 2, 251.

que le juge des Référés était le descendant du juge des affaires sommaires, or, nous avons vu que le juge des affaires sommaires voyait sa compétence s'étendre aussi bien aux affaires dans lesquelles, à raison de l'intérêt peu considérable du litige, il y avait lieu d'éviter les complications et les frais de la procédure ordinaire qu'aux affaires dans lesquelles, à raison de leur caractère d'urgence, une intervention immédiate de la justice était nécessaire. Mais il nous semble que le juge des Référés n'a jamais hérité que de la seconde partie de ce patrimoine, que jamais, à aucune époque, on n'a entendu lui donner compétence à raison de l'intérêt qu'il y avait à éviter de trop grands frais.

Et pour nous en tenir aux indications du Code de procédure, les mots « dans tous les cas d'urgence » placés en tête de l'article 1er de notre titre (806 Pr) pour fixer cette compétence, nous paraissent incompatibles avec une pareille idée. Oui, dans bien des cas, il y aurait intérêt pour éviter des frais absorbants, à obtenir une sentence du juge des Référés, et dans ces cas, l'abstention de ce juge pourra bien entraîner pour quelqu'un un préjudice irréparable, maie la juridiction des Référés n'a point été instituée pour parer à ces dangers, le mot « urgence » nous semble imposer cette solution.

SECTION II. — De la règle que le juge du principal est seul juge du provisoire

L'article 806 autorise l'intervention du juge des Référés dans tous les cas d'urgence. Nous avons recherché ce qu'il fallait entendre par les cas d'urgence. Nous avons maintenant à nous demander si la seule constatation de l'urgence justifie dans tous les cas l'intervention du juge des Référés.

Et une jurisprudence qui paraît aujourd'hui bien établie, ayant reçu sur ce point l'approbation de la Cour suprême : Cassation, 18 Déc. 1872. S. 73, 1. 153 ; 1ᵉʳ Déc. 1880, S. 81. 1. 147, jurisprudence dont l'opinion est d'ailleurs partagée par la presque généralité des auteurs, nous répond que pour que le juge des Référés soit compétent pour connaître d'un litige, il ne suffit pas qu'il y ait urgence, il faut encore que la juridiction compétente pour connaître de ce litige au fond soit le tribunal civil.

C'est donc exclure de la compétence de président du tribunal civil, statuant un état de référés, la connaissance au provisoire des litiges urgents dont la connaissance, au fond, appartient à une autre juridiction que le tribunal civil, c'est-à-dire aux juges de paix, aux tribunaux de commerce et aux juridictions administratives.

C'est cette nouvelle restriction à la compétence du juge des Référés qu'on exprime en disant que le « juge du principal est seul juge du provisoire ».

Paragraphe I. — Des affaires de la compétence des Juges de paix.

Tant au point de vue de la jurisprudence, qui paraît aujourd'hui bien fixée à ce sujet, que de la généralité des auteurs c'est la théorie de l'incompétence du juge des Référés dans les matières de la compétence des juges de Paix qui prévaut.

Faisons cette remarque préalable que l'article 806 donnant compétence au juge des Référés dans tous les cas d'urgence, sans qu'aucune restriction, relative à la nature des litiges urgents semble exigée ; c'est à la théorie qui veut apporter au texte de cet article la restriction que nous savons de fournir des arguments à l'appui de sa thèse ; ce sont ces arguments qu'il nous faut examiner.

Le juge des Référés est un juge d'exception ne devant connaître que des affaires dont la connaissance lui a été spécialement attribuée par le législateur, cela est vrai, mais au moins doit-il pouvoir connaître de toutes ces affaires dont la connaissance lui a été dévolue à moins qu'une dérogation expresse ou le respect du à un principe général et supérieur ne s'y oppose.

C'est il nous semble dans l'arrêt de la Cour de Paris (7e Chambre) du 14 novembre 1884, Dalloz 86, 1, 80. que sont présentés, le plus clairement et le plus scientifiquement, les arguments mis d'ordinaire en avant à l'appui de la théorie de l'incompétence du juge des Référés dans les matières qui nous occupent :

« Considérant que le juge de l'action principale est seul
« compétent pour connaitre des mesures provisoires qui
« s'y rattachent et que pour les matières de la compétence
« des juges de paix la loi a pourvu aux nécessités urgentes
« par une disposition spéciale. . . . . »

A l'appui de la théorie qu'elle soutient la Cour de Paris présente donc deux arguments très distincts : 1° Elle invoque un prétendu principe de droit qui se formulerait ainsi : Le juge de l'action principale est seul compétent pour connaître des mesures provisoires qui s'y rattachent ; 2° Elle soutient qu'en l'absence même de ce principe et en présence des disposititions de la loi, soit de celles comprises dans le Code de procédure au titre de la compétence des juges de paix, soit de celles de la loi de 1838, le recours au juge des Référés, dans les matières de la compétence des juges de paix, serait superflu et inutile, ceux-ci tenant de la loi les pouvoirs nécessaires pour prescrire les mesures provisoires que les situations urgentes pouvaient réclamer.

Comme on le voit, le premier de ces arguments est général et la solution que l'on adoptera sur la question qu'il tranche devra s'appliquer aussi bien aux matières de la compétence des tribunaux de commerce qu'à celle de la compétence des juges de paix. Nous ne disons pas que la solution que nous adopterons nous liera quand nous rechercherons si le juge des Référés est compétent dans les matières administratives, parce que pour admettre le principe posé par l'arrêt de la Cour de Paris, quand il s'agira de ces matières, nous nous trouverons en présence d'arguments spéciaux qui font ici défaut, et surtout d'un texte de la loi, qui tranche expressément la question.

Remarquons d'abord que cette prétendue règle aux termes de laquelle le juge du principal serait seul juge des questions provisoires qu'i s'y rattachent n'est écrite nulle part, dans aucun texte. Mais, et bien qu'il faille ici un peu deviner la pensée exacte des arrèts qui posent cette règle comme un axiome, il semble bien qu'on la regarde comme la conséquence nécessaire du respect dû aux lois d'organisation judiciaire.

Ces lois d'organisation judiciaire, après avoir divisé les litiges en plusieurs catégories, eu égard à tels ou tels caractéres distinctifs qu'ils présentaient, ont attribué la connaissance de chacunes de ces catégories de litiges à des juridictions d'espèce différente. Et la sanction de ces lois c'est qu'il est formellement interdit à une juridiction d'une certaine classe de connaitre d'un litige dont la connaissance a été dévolue à une juridiction d'une autre classe. Il semble bien que les arrèts en énonçant la règle restrictive de la compétence du juge des Référès que nous savons, croient s'en tenir à l'observation rigoureuse de ces lois d'organisa-judiciaire. Et c'est en cela qu'à notre avis ils se trompent.

Si cette déduction était exacte, s'il était vrai que le principe, qui interdit aux différentes juridictions de connaître des matières attribuées aux autres, devait avoir pour conséquence l'interdiction pour le juge des Référés de connaître des matières dont la connaissance au fond n'appartiendrait pas au tribunal civil, cette restriction donnerait à la juridiction des référés un caractèrte tout différent de celui que le législateur a entendu lui conférer.

Ce serait admettre en effet, que le président du tribunal

n'a qualité pour connaître des Référés qu'à raison de sa situation de membre, le plus élevé, du tribunal compétent pour trancher les litiges, à l'occasion desquels des mesures urgentes sont réclamées. Cela impliquerait donc que le juge des Référés n'a pas de pouvoirs propres, qu'il n'a en quelque sorte que des pouvoirs de délégation. D'après cette manière de voir, dans les cas ou une décision urgente de la justice est réclamée, dans les cas où il serait trop long d'attendre cette décision d'un tribunal, qui ne peut ni être réuni à chaque instant ni statuer sur le champ, le président du tribunal serait compélent pour statuer en quelque sorte par substitution de son tribunal empèché, si l'on peut ainsi s'exprimer. Le président n'aurait pas alors de pouvoirs aussi étendus que ceux du tribunal puisqu'il n'est compétent que sur la question provisoire, mais il n'importe dans la limite de ses pouvoirs, il serait bien réellement le substitut du tribunal.

Et, à l'appui de cette manière de comprendre le caractère du juge des Référés, on invoque les dispositions du Décret de 1808, modifiées par celles du Décret du 10 novembre 1872, aux termes desquelles, le président est autorisé à renvoyer les Référés qui lui sont soumis à l'examen de la chambre du tribunal à laquelle il appartient.

C'est donc, bien, dit-on, ou plutôt pourrait on dire, si l'on discutait, mais on se contente d'affirmer dans l'opinion que nous combattons, le tribunal lui même qui est le juge normal de tous les litiges, même des questions provisoires que ces litiges peuvent soulever, et par conséquent quand son président statue seul c'est en son nom qu'il agit.

Cette façon de comprendre les fonctions du juge des Référés est d'abord en contradiction absolue avec la procédure ancienne telle qu'elle était pratiquée sous l'empire de l'Edit de 1685. Au Câhtelet de Paris le lieutenant civil était juge en son hôtel de toutes les questions provisoires, aussi bien de celles qui se rattachaient à une instance principale de la compétence des juridictions consulaires, que de celles qui se produisaient à l'occasion d'une contestation purement civile. Cela n'est pas douteux, et parmi les cas dans lesquels le recours au juge en son hôtel était spécialement autorisé par l'article VI de l'Edit, se trouvaient les demandes en main levée de marchandises prêtes a être envoyées et dont les voituriers étaient chargés et qui pouvaient dépérir, demandes qui au principal étaient de la compétence des tribunaux consulaires. Or nous l'avons déjà dit, et nous aurons encore fréquemment l'occasion de le répéter, le Référé du code de procédure, c'est le référé du droit ancien, à part les différences pouvant résulter soit de dispositions nouvelles soit des principes nouveaux de la procédure.

Nous trouvons nous donc ici dans un de ces cas dans lesquels la législation nouvelle a manifesté soit expressement, soit tacitement son intention d'innover ? Nous réservons pour le moment la solution de cette question, mais ce qui résulte de la pratique ancienne, c'est que sous l'empire de l'Edit de 1685 on ne considérait pas comme un empiétement sur le domaine des autres juridictions la connaissance par le lieutenant civil, juge essentiellement civil, au provisoire, des litiges de la compétence au fond des juridictions d'un ordre différent, des juridictions consulaires pour nous en tenir à l'exemple même de l'Edit. Et comme alors le domaine de chaque juridiction était aussi strictement délimité, qu'il l'est aujourd'hui sous le code de procédure, c'est donc qu'on ne considerait pas le lieutenant civil, en tant que juge des Référés, comme un juge civil, comme un juge appartenant à un ordre spécial de juridiction plutôt qu'à un autre ; et par cela même, à raison des pouvoirs qui lui avaient été concédés en propre, il pouvait connaître au provisoire de toutes les classes de litiges.

Nous n'avons nulle part trouvé la trace de l'intention des auteurs du code de procédure de transformer ce caractère du juge des Référés. Bien plus, nous pensons qu'il ressort des dispositions du Code lui même la preuve, qu'encore aujourd'hui, le juge des Référés a des pouvoirs propres qu'il exerce à un titre tout autre qu'en sa qualité de membre du tribunal auquel il appartient.

Nous dirons que le président, compétent pour connaître en référé d'une question litigieuse déterminée, c'est le président du lieu, celui du tribunal dans le ressort duquel la question litigieuse est née ou plutôt celui dans le ressort duquel la mesure provisoire sollicitée devra s'exécuter. Or, il peut arriver que le tribunal du lieu ne soit pas celui qui sera ultérieurement appelé à juger le fond du litige et dont la détermination dépendra du domicile du défendeur.

Qu'est-ce à dire, sinon que ce n'est pas en tant que

membre du tribunal compétent pour connaître du fond du litige que le président a le pouvoir de siéger comme juge des Référes. Et qu'on ne nous réponde pas, que dans ce cas, le tribunal appelé à connaître du litige au fond est une juridiction de même ordre que celle à laquelle appartient le président du tribunal du lieu, juge des Référés ; cela importe peu au point de vue de la question qui nous occupe. Le président d'un certain tribunal de première instance est aussi étranger à un autre tribunal de première instance, qu'à une justice de paix, au point de vue des pouvoirs de représentation ou de substitution qui peuvent lui appartenir ; et si l'on admettait que les pouvoirs accordés au président d'un tribunal comme juge des Référés, résultent de ce que ce président appartient à un tribunal appelé à connaître du litige au fond, il faudrait en venir à cette conséquence, qui montre bien l'erreur d'un tel système, que lorsque le tribunal du lieu ne serait pas en même temps le tribunal du domicile du défendeur, ce serait au président de ce dernier tribunal qu'il faudrait avoir recours comme juge des Référés.

Nous en arrivons donc sur ce premier point à dire, qu'aucun principe supérieur du droit, et spécialement le respect dû aux lois d'organisation judiciaire, ne s'oppose à ce que le président du tribunal civil connaisse, en référé, des questions provisoires se rattachant à des litiges de la compétence au fond des juges de paix. — Mais nous avons à examiner le second argument invoqué par la théorie de la compétence restreinte du juge des Référés. C'est même uniquement ce second argument qui est invoqué dans l'arrêt de la Cour de Cassation du 18 Décembre 1872, qui fixe la jurisprudence de cette doctrine.

Voici d'ailleurs le dispositif de cet important arrêt :

« La Cour, vu les articles 806 et 807 du Code de procédure civile ;

« Attendu que ces articles, placés sous la rubrique des référés ne sauraient s'appliquer aux matières dont les juges de paix doivent connaître suivant la loi de leur institution ;

« Que par ces matières, en effet, il a été particulièrement pourvu aux cas d'urgence par l'article 6 du même Code concernant les justices de paix ; que c'est cet article seul qui régit la procédure à suivre en pareil cas, et qu'il se borne à permettre alors une abréviation des délais ;

« Que le législateur n'a pas voulu ouvrir la voie du référé pour des constatations qui, ressortissant aux justices de paix, peuvent être vidées immédiatement et presque sans frais par le juge du fond ;

« Attendu qu'tl s'agit dans l'espèce d'un prétendu dommage causé aux champs et récoltes par des animaux, et qu'aux termes de l'article 5, § I, de la loi du 25 mai 1838, cette matière rentre dans les attributions exclusives des juges de paix, d'où il suit qu'en jugeant que le tribunal civil avait pu compétemment ordonner une expertise, pour constater et évaluer le dommage dont il s'agissait, l'arrêt attaqué a faussement appliqué, et par conséquent violé les articles ci-dessus. »

Ainsi donc, c'est en se plaçant à un point de vue tout nouveau que la Cour de Cassation repousse la compétence au provisoire du juge des Référés dans les matières de la compétence au fond des juges de paix. L'argument sur lequel cet arrêt semble s'appuyer peut se présenter ainsi : le Code de procédure civile, en réglant la procédure des affaires de justice de paix, l'a réglée de telle sorte que, lorsque ces matières réclament une solution urgente, satisfaction peut leur être donnée par l'application seule des règles de cette procédure.

Quand nous sommes en présence de matières de la compétence au fond des tribunaux çivils, dit-on, dans la théorie de la Cour de Cassation, il peut arriver et il arrivera souvent que les délais qu'il faut observer pour traduire une partie devant ces tribunaux et le temps pendant lequel on doit attendre la solution qu'on en réclame, seraient dans bien des circonstances incompatibles avec l'intérêt où l'on est de voir statuer sur certaines questions pour ainsi dire sur le champ. L'obligation où l'on serait alors de recourir à ces tribunaux pourrait bien équivaloir à un déni de justice.

Mais, continue-t-on, à l'appui de cette théorie, quand on se trouve en présence de litiges de la compétence des juges de paix, à l'occasion desquels des mesures provisoires sont sollicitées, le juge de paix est armé par lés articles 6 et 8 du Code de procédure, de pouvoirs plus que suffisants pour répondre aux exigences de l'urgence. C'est donc le moment de remettre sous les yeux ces deux articles ainsi que l'article 5 auquel ils apportent précisément une dérogation dans les cas urgents :

« Article 5. — Il y aura un jour au moins entre celui
« de la citation et le jour indiqué pour la comparution.

« Article 6. — Dans les cas urgents, le juge donnera
« une cédule pour abréger les délais et pourra permettre
« de citer même dans le jour et à l'heure indiquée.

« Article 8. — Ils pourront juger tous les jours même
« ceux de dimanches et fêtes ».

C'est en s'appuyant sur les dispositions contenues dans ces articles qu'on prétend que toutes les règles spéciales à la juridiction des Référés, et qui font que cette juridiction est en mesure de rendre des décisions instantanées, de statuer pour ainsi dire à l'instant même où la question litigieuse prend naissance, s'appliquent également à la juridiction des juges de paix. Comme le juge des Référés, le juge de paix peut abréger les délais des citations et autoriser à citer le jour même, il peut permettre d'assigner même les jours de fêtes.

Vraiment, dit-on, quand une juridiction peut statuer dans de telles conditions de rapidité, il serait bien superflu de créer à côté d'elle une juridiction appelée à juger les affaires de sa compétence, quand ces affaires présenteraient des questions urgentes, et les rédacteurs du Code de procédure, ajoute-t-on, n'ont évidemment pas voulu instituer cette inutilité. Bien plus, dit-on encore, non-seulement la juridiction des Référés ne rendrait pas de services que le juge de paix ne puisse rendre lui-même, mais à beaucoup d'égards, dans les cas urgents, dans les questions provisoires qui peuvent se présenter à l'occasion d'un litige de la compétence du juge du paix, il est bien préférable d'avoir recours à celui-ci.

Telles sont les idées qu'expose et s'efforce de prouver l'auteur d'une note insérée dans le *Journal du Palais*, sous l'arrêt de Cassation de 1872, M. Boullanger, alors juge de paix à Paris :

« En admettant même que les procédures fussent aussi rapides l'une que l'autre (ce qui n'est pas), la préférence devrait encore être donnée à celle qui présenterait le plus de garantie aux parties. Or, n'est-il pas évident, qu'il sera toujours préférable, pour la bonne administration de la justice, de laisser, à moins de nécessité absolue, le juge du fond prescrire, s'il les considère comme utiles ainsi qu'il le croira convenable, les mesures provisoires, de l'exécution desquelles il devra plus tard connaître ? — Cela est particulièrement vrai lorsque, comme il arrive le plus souvent, la mesure urgente consiste dans une vérification, que le juge de paix est saisi d'une action pour dommages aux champs ; d'abord il est possible qu'en se rendant lui-même immédiatement sur les lieux, il parvienne à vider le différend et à concilier les parties sans avoir besoin de recourir à une expertise.

« Admettons, néanmoins, qu'il juge nécessaire d'ordonner l'expertise ; d'une part il en chargera des hommes en qui il aura confiance, ce qui, pour le jugement du fond lui donnera une grande sécurité ; d'autre part, la loi lui permet d'assister à cette opération ; elle l'engage même à le faire, et l'expérience prouve que. dans la plupart des cas où le juge de paix se transporte sur les lieux avec les experts, les différends se règlent sans qu'il soit nécessaire de dresser le rapport.

« Dans le cas même où le dépôt du rapport devient indispensable, on comprend à quel point la facilité qu'aura eue le juge de suivre les opérations de l'expertise sera de nature à l'aider pour le jugement du fond.

« Tous ces avantages disparaissent, ou au moins sont notablement amoindris, si l'expertise est ordonnée en référé ; prescrite par un juge autre que le juge de paix, cette expertise a lieu hors la présence de ce magistrat ; la procédure suit dès lors, nécessairement, à travers toutes ses phrases, le cours que lui assigne la loi générale, et se termine forcément par le dépôt d'un rapport. rapport dont l'expédition deviendra indispensable comme élément du litige à soumettre, quant au fond. au juge de paix ; le tout à grands frais, tandis que, on le sait, les expertises ordonnées par le juge de paix n'entraînent que des frais très réduits.

« Nous parlions plus haut de l'inconvénient qu'il pouvait y avoir, en principe, à attribuer le droit de prescrire les mesures provisoires à une juridiction autre que celle qui devra juger le fonds, on tout au moins de l'avantage que présente, sauf les cas de nécessité absolue, le recours à une seule et même juridiction pour toutes les phases du litige. N'en est-il pas surtout ainsi lorsque le juge, seul compétent pour statuer au fond, se trouve, comme il en est du juge de paix à l'égard du président représentant le tribunal, inférieur à celui qui a connu le premier du débat au point de vue des mesures provisoires? Le juge du fond, qui doit conserver toute la plénitude de son indépendance, peut trouver que les mesures provisoires ordonnées étaient, soit inutiles et sans influence possible sur l'issue finale du procès, soit imcomplètes ; il peut avoir à apprécier jusqu'à quel point l'expertise prescrite par le juge supérieur à été régulièrement suivie et mise à fin ; de là des incidents de nature à créer une sorte d'antagonisme ou de conflit entre deux juridictions dont l'une domine l'autre ; de là, peut-être aussi ; pour le juge inférieur, un trouble et une entrave à la parfaite appréciation de la vérité. »

Admettons pour un instant qu'il en soit ainsi, admettons que dans tous les cas possibles, les pouvoirs que le code de procédure donne au juge de Paix permettent à celui-ci de donner entière satisfaction aux exigences de l'urgence, et même dans des conditions bien plus parfaites et bien plus avantageuses pour les plaideurs que celles dans lesquelles la juridiction des Référés pourrait statuer. Qu'y aurait-il à conclure de tout cela ! C'est que lorsqu'un plaideur voudra saisir le juge des Référés, juge d'exception, d'une question provisoire se rattachant à une contestation principale de la compétence du juge de paix, le juge des Référés devra se déclarer incompétent, la question qui lui est soumise ne présentant pas les caractères constitutifs de l'urgence ; Que doit en effet rechercher le juge des Référés, appelé à statuer sur sa propre compétence relativement à la question de l'urgence. Il doit se demander si le maintien du *statu quo* jusqu'à ce que la juridiction appelée a connaître du lit'ge au fond ait statué pourrait causer un préjudice à l'une des parties. Or puisque nous admettons, par hypothèse, que la juridiction compétente pour connnaitre du fond, le juge de paix, peut dans tous les cas statuer dans des conditions telles, que tout préjudice résultant de la demeure pourra être évité, la conséquence c'est que dans tous ces cas il n'y aura pas d'urgence, c'est que le juge des Référés ne sera pas compétent.

Mais, et nous insistons sur cette idée que nous nous efforcerons de rendre fertile en conséquences, si dans ces cas le juge des Référés n'est pas compétent *c'est parce qu'il n'y a pas d'urgence* et non point parce qu'il s'agit de matières dont la connaissance au fond n'appartient pas aux tribunaux civils. Il n'y a pas là une simple question de mots ; supposons en effet que par impossible, et nous allons montrer tout à l'heure que celà est très possible, dans une espèce déterminée le recours à la juridiction du juge de paix et la décision de cette dernière ne donne pas pleine et entière satisfaction aux exigences de l'urgence, que par exemple, là sentence du juge de paix ne puisse intervenir qu'à un moment ou dans de telles conditions que la crainte de tout préjudice ne soit pas écartée, la compétence du juge des Référés réapparaîtra parce que l'urgence aura reparu. Et, pour ne pas rester plus longtemps en dehors du domaine des faits, supposons un jugement de justice de paix rendu

par défaut ; il est susceptible d'oposition pendant trois jours
à partir de sa signification (art. 20 proc.). Supposons, pour
rendre l'espèce aussi favorable que possible à la théorîe que
nous combattons, que l'exécution sur minute de ce jugement ait été ordonnée ce qui est possible aux termes de
l'article 12 de la loi de 1838 dans tous les cas ou il y a péril
en la demeure, et supposons enfin que l'huissier chargé de
signifier le jugement, ayant rempli la mission dont il était
chargé avec une rare diligence, ait délivré l'exploit de signification le jour même ou le jugement a été rendu.

La partie contre laquelle le jugement a été rendu a trois
jours francs pour y faire opposition, c'est-à-dire que ce ne
sera que le quatrième jour, après le jour du jugement, que
le demandeur pourra user de la sentence rendue à sa
requête. S'il s'agissait, ce qui est fréquent dans les matières de la compétence des juges de paix, d'une nomination
d'expert pour constater des dommages aux champs, ou
bien des réparations locatives ce serait seulement le quatrième jour après celui du jugement que l'expert désigné
pourrait se rendre sur les lieux afin de faire les constatations
requises. Ce serait déjà bien long. Dans le cas par exemple
où il s'agirait d'une expertise, ordonnée pour constater des
réparations locatives qui n'auraient pas été faites par un
locataire sorti des lieux, il serait souvent fort intéressant que
ces constatations puissent être faites aussi près que possible
du moment du départ de ce locataire et cela pour deux raisons : Si on attend seulement quelques jours, le locataire qui
a remis en s'en allant les clefs au propriétaire, ne manquera

pas de prétendre que celui-ci ou ses agents ont repris possession des lieux, et sont les auteurs des dégradations qu'on lui reproche. De plus il arrive souvent, à Paris surtout, que lorsqu'un locataire quitte un appartement, le locataire qui doit prendre sa place emménage le jour même de son départ ou le lendemain, et une fois cette nouvelle prise de possession réalisée, il est bien difficile de faire les constatations relatives à l'état des lieux. Mais ce délai de quatre jours pourra s'augmenter encore, il suffira pour cela de supposer que le jugement par défaut a été frappé d'opposition, et alors il faudra faire délivrer à l'opposant une citation en débouté de son opposition, il faudra reprendre un nouveau jugement qu'il faudra de nouveau signifier. — Que de jours précieux pourront ainsi s'écouler ! Et si le délai de quatre jours pouvait être dangereux, quand il faudra attendre dix ou quinze jours avant de pouvoir donner à la question urgente la solution qu'elle réclame, dans bien des cas le mal sera consommé, ce sera la ruine.

Et remarquons que dans tous les cas dans lesquels on a recours au juge des Référés on est exposé à ces dangers ; jamais il n'est permis d'affirmer à *priori* qu'on ne se trouvera pas en présence d'un défendeur défaillant et qui ne fera pas apposition au jugement obtenu contre lui.

Ce serait donc à bon droit que le juge des Référés requis d'intervenir à l'occasion d'une question litigieuse réclamant une solution urgente et se rattachant à une contestation de la compétence du juge de paix, tiendrait compte de toutes ces causes de retard qui, pour n'être qu'accidentelles, n'en constituent pas moins la menace d'un préjudice éventuel.

Voilà donc une première raison pour laquelle il n'est pas permis d'affirmer avec la Cour de cassation que dans tous les cas les pouvoirs accordés au juge de paix par les articles 6 et 8 du code de procédure sont toujours suffisants pour répondre aux exigences de l'urgence. Pour qu'il n'en soit pas ainsi, il suffit de supposer que la solution réclamée est suffisamment urgente pour ne pas pouvoir attendre le temps minimum qu'il faut pour mener à fin une procédure semblable à celle que nous avons analysée tout à l'heure.

Mais à un autre point de vue encore la voie du Référé peut donner une satisfaction plus compléte aux nécessités de l'urgence.

Aux termes de l'article 11 de la loi de 1838, le juge ds paix ne peut ordonner l'exécution provisoire et sans caution de ses jugements qu'autant que l'intérêt en litige n'excède pas trois cents francs ; au-dessus de cette somme, à moins qu'il ne s'agisse d'une demande dans laquelle il y ait titre authentique, promesse reconnue, ou condamnation précédente dont il n'y ait point appel, il ne peut ordonner l'exécution provisoire que moyennant caution. A ce point de vue encore avantage incontestable de l'ordonnance de Référé, qui peut dans tous les cas ordonner l'exécution provisoire et sans caution des mesures qu'elle prescrit. Et laissant de côté les autres avantages de cette dispense de fournir caution, et au seul point de vue de l'urgence, cette différence entre les jugements des juges de paix et les ordonnances de Référé donne à ces dernières une supériorité évidente. Il suffit en effet de supposer la moindre contestation relativement à la caution fournie pour suspendre et en fait réduire à néant les avantages de l'exécution provisoire.

C'est sans doute la crainte de ces difficultés qui ne manqueraient pas d'être soulevées par un défendeur contre lequel on entendrait user de la clause rigoureuse de l'exécution provisoire qui fait qu'on voit très rarement dans la pratique user du bénéfice de l'exécution provisoire quand ce bénéfice n'est pas accompagné de la dispense de caution.

Qu'importe après tout cela qu'on vienne nous démontrer plus ou moins péremptoirement, que le recours au juge du fond pour statuer sur les mesures provisoires présente des avantages considérables, qu'importe qu'on vienne nous parler des inconvénients plus ou moins réels qu'il y aurait à faire intervenir au provisoire le président du tribunal sur des questions se rattachant à des contestations de la compétence au fond du juge de paix, juge inférieur qui pourra se trouver ainsi gêné dans sa liberté d'appréciation quand il sera appelé à trancher le principal. C'est le moment de dire avec M. Boullanger, un des partisans de l'incompétence du juge des Référés dans les matières qui nous occupent, et dont nous avons rapporté plus haut déjà un extrait de son savant commentaire sur l'arrêt de Cassation de 1872 :

« Encore une fois ces inconvénients, quelqu'ils soient, il faudrait les subir, s'il était impossible de les écarter sous peine de léser les intérêts que la loi et la justice ont pour devoir avant tout de sauvegarder. »

Or, nous nous sommes justement efforcés de démontrer que, repousser la compétence du juge des Référés dans nos matières, aurait pour effet de léser des intérêts que l'institution de cette juridiction avait pour but de sauvegarder.

Nous nous emparons des paroles d'un adversaire pour écarter toutes les autres considérations que l'on pourrait faire valoir pour enlever au juge des Référés la connaissance de ces matières au mépris des dangers certains que cette incompétence entraînerait.

Nous pouvons donc conclure qu'en droit aucune raison ne s'oppose à ce que le juge des Référés rende une décison provisoire se rattachant à un litige de la compétence du juge de paix. Nous reconnaissons qu'en fait le juge des Référés sera rarement compétent pour connaître de ces questions, que sa compétence suppose en effet l'urgence, laquelle implique que la juridiction compétente, pour statuer sur le fond du litige, ferait attendre sa décision plus longtemps que les circonstances de la cause ne le permettent, et qu'à raison

des règles spéciales qui régissent la procédure des juges de
paix, cette urgence se présentera rarement. Mais que,
lorsqu'on se trouvera en présence d'une situation de faits,
réclamant une solution dans des conditions d'urgence
telles que les règles de la procédure des juges de paix,
menaceraient d'être insuffisantes, on pourra recourir au
juge des Référés.

§ II. — Des affaires de la compétence des tribunaux
de commerce.

Comme pour les matières de la compétence des juges
de paix, dans les matières de la compétence des tribunaux
de commerce. c'est la doctrine de l'incompétence du juge
des Référés qui l'emporte de beaucoup.

Cette doctrine a reçu l'approbation de la Cour de Cassation dans un arrêt de la Chambre civile en date du 1er décembre 1. 80 (D. 81, 1, 5. — S., 81, 1, 147), lequel semble bien
avoir définitivement fixé la jurisprudence en ce sens :
Chambéry, 16 novembre 1881, Sir., 82, 2, 16; Paris, 2 janvier
1883, S., 84, 2, 102.

La grande majorité des auteurs adopte également la
solution de l'incompétence :

De Belleyme, t. I, p. 389 ; Bertin, n° 211 ; Gérard, Des
Référés sur placet, p. 151.

La controverse se présente dans des termes semblables
à ceux dans lesquels elle se présentait dans les matières de
la compétence des juges de paix. Ce sont sur les mêmes

arguments que la théorie de l'incompétence du juge des Référés prétend s'appuyer. ,

Cette théorie se trouve exposée avec toute la netteté possible dans l'arrêt de la Chambre civile du 1ᵉʳ décembre 1880, lequel casse un arrêt de la Cour de Grenoble du 30 août 1879. Voici le dispositif de cet arrêt de cassation : « La Cour, attendu en principe que le juge compétent pour statuer au fond est, par là même, seul compétent pour statuer sur le provisoire, attendu que les articles 806 et suivants qui ont institué les référés ne dérogent pas à cette règle, et ne s'appliquent qu'aux matières qui sont de la compétence des tribunaux civils ; attendu qu'en matière commerciale il a été pourvu au cas d'urgence par les articles 417 et 418 du Code de procédure civile, aux termes desquels le président du tribunal de commerce peut permettre d'assigner devant le tribunal de jour à jour et même d'heure à heure, et de saisir les effets mobiliers ; et par l'article 439, qui permet aux tribunaux de commerce d'ordonner l'exécution provisoire de leurs jugements ; attendu qu'en statuant en référé sur une demande dont le caractère commercial n'est pas contesté, l'arrêt attaqué a méconnu les règles de la compétence et violé les articles 806 et 807 précités ; par ces motifs : Casse..... »

Au premier argument de cet arrêt aux termes duquel le juge compétent pour statuer au fond est seul compétent pour statuer sur le provisoire nous n'avons plus à répondre. Nous nous sommes efforcés de démontrer, quand nous nous sommes heurtés à ce prétendu principe, soulevé déjà pour faire obstacle à la compétence du juge des Référés dans les matières de la compétence des juges de paix, qu'il y avait là de la part des partisans de la doctrine que nous avons combattue une affirmation pure et simple ; que cette prétendue règle aux termes de laquelle le juge du provisoire ne pourrait être autre que le juge du fond, était en contradiction avec la théorie de la jurisprudence ancienne ; qu'elle supposait que le président du tribunal, statuant comme juge des Référés, avait de simples pouvoirs de délégation qu'il exerçait en sa qualité de membre le plus élevé du tribunal appelé à connaître du fond du litige, et nous avons montré la fausseté de cette manière de voir.

Nous nous retrouvons alors en présence du second argument, le même que celui que nous avons encore eu à examiner dans le chapitre précédent.

De même qu'on nous disait tout à l'heure que dans les règles de la procédure des juges de paix on trouvait, sans qu'il fût besoin de recourir au juge des Référés, tous les avantages que cette juridiction pouvait présenter dans les cas urgents, on prétend ici que pour les matières commerciales il a été spécialement pourvu par le législateur, soit dans les articles du Code de procédure relatifs à la procédure par devant les tribunaux de commerce, soit dans le Code de commerce lui-même aux exigences de l'urgence.

Dans le chapitre précédent nous avons repoussé cet argument en démontrant d'abord, que la base sur laquelle l s'appuyait, à savoir que des règles spéciales du Code de procédure avaient pourvu aux nécessités de l'urgence dans les matières de la compétence des juges de paix, fut-elle admise il n'en résulterait pas *en droit* que le juge des Référés fut incompétent pour connaître de ces matières au provisoire, que si ce résultat se trouvait atteint ce n'était qu'indirectement et à raison des circonstances de fait enlevant à ces matières un des éléments indispensables pour justifier l'intervention du juge des Référés, le caractère d'urgence.

Cette partie de notre démonstration s'applique dans toute son intégrité aux matières qui nous occupent maintenant et nous ne pouvons que nous y référer.

Mais nous avons alors été amenés à nous demander si réellement, comme cela était affirmé par la doctrine opposée à la nôtre. la juridiction du juge de paix était dans tous les cas en état de rendre dans les matières urgentes, se rattachant à des affaires de sa compétence, les mêmes services que la juridiction des Référés ; et nous avons montré qu'il n'en était rien.

C'est cet examen qu'il nous faut refaire maintenant pour les affaires de la compétence des tribunaux de commerce. Ces pouvoirs spéciaux qui permettraient ainsi aux tribunaux de commerce de donner dans tous les cas aux situations urgentes la satisfaction qu'elles réclament leur seraient concedés par les articles 417 et 418 du Code de procédure civile qu'il importe de remettre sous les yeux.

« 417. — Dans tous les cas qui requerront célérité, le président du tribunal pourra permettre d'assigner, même de jour à jour et d'heure à heure, et de saisir les effets mobiliers : il pourra suivant l'exigence des cas, assujetir le demandeur à donner caution, ou à justifier de solvabilité suffisante. Les ordonnances seront exécutoires nonobstant opposition ou appel.

« 418. — Dans les affaires maritimes où il existe des parties non domiciliées, et dans celles où il s'agit d'agrès, victuailles, équipages et radoubs de vaisseaux prêts à mettre à la voile, et autres matières urgentes et provisoires, l'assignation de jour à jour et heure à heure pourra être donnée sans ordonnance, et le défaut pourra être jugé sur le champ. »

Aux termes de ces deux articles l'exercice de deux pouvoirs spéciaux et exceptionnels est accordé au président du tribunal de commerce dans les cas qui requièrent célérité.

1° Il peut permettre d'assigner même de jour à jour et d'heure à heure.

2° Il peut permettre de saisir les effets mobiliers.

Sur la première de ces deux facultés accordées au président du tribunal de commerce nous n'avons pas à nous arrêter. Sur ce point la disposition de l'article 417 est la reproduction mot pour mot de celle insérée dans l'article 6 du Code de procédure, au titre des justices de paix, et à l'occasion de cette dernière disposition nous avons montré que les avantages qui en résultaient, au point de vue de la solution des questions urgentes, n'étaient pas à plusieurs égards équivalents à ceux qui seraient résultés d'une ordonnance de référé rendue dans les mêmes conditions.

Remarquons à ce point de vue que pas plus que l'article 6 du Code de procédure ne donne au juge de paix, dans les cas où il l'autorise à abréger les délais de citation, le droit de statuer en dehors des jours et des heures d'audience, ce droit n'est reconnu aux tribunaux de commerce par les articles ci-dessus rapportés. Si même il était permis de contester cette restriction quand il s'agit d'affaires de la compétence du juge de paix cela ne serait pas soutenable quand il s'agit d'affaires de la compétence des tribunaux de commerce. En effet nous n'avons plus ici affaire à un juge unique auquel on peut toujours avoir recours, matériellement au moins, à la seule condition de le rencontrer, il s'agit ici d'un tribunal composé de plusieurs membres auquel il est matériellement impossible d'avoir recours en dehors les jours et heures d'audiences.

Pratiquement, cet empêchement de recourir à ces juridictions en dehors de leurs audiences, aura souvent, au point de vue de l'urgence, des conséquences plus fâcheuses quand il s'agira d'affaires de la compétence des tribunaux de commerce que d'affaires de la compétence des juges de paix. La disposition de l'article 8 Proc. impose en effet aux juges de paix l'obligation de tenir deux audiences par semaine et nous ne connaissons pas de disposition légale fixant pour les tribunaux de commerce le nombre de leurs audiences et le temps maximum qui devra s'écouler entre chacune d'elles. En fait, exception faite pour les très grandes villes, il est rare qu'un tribunal de commerce siège plus d'une fois par semaine.

La seconde faculté reconnue au président du tribunal de commerce par l'article 417 proc., mérite au contraire de retenir quelques instants notre attention, parce qu'il s'agit là d'un droit tout nouveau, celui d'autoriser des saisies mobilières conservatoires.

En matière civile, le président a le droit d'autoriser à titre conservatoire des saisies arrêts. Remarquons que ce droit d'autoriser des saisies arrêts n'a pas été accordé au président du tribunal de commerce, pour les cas dans lesquels la créance en vertu de laquelle on veut saisir est commerciale, mais on considère généralement que ce droit lui appartient par a *fortiori* de ce qu'il peut autoriser la saisie mobilière conservatoire, ce qui n'empêche pas de reconnaître, même dans ce cas, le droit du président du tribunal civil, de telle sorte que le titulaire d'une créance commerciale qui veut se faire autoriser à pratiquer une saisie arrêt, peut indifféremment recourir à l'un ou à l'autre de ces deux magistrats.

Si l'on se demande maintenant quels sont, au point de vue de la question qui nous occupe les avantages de cette mesure conservatoire, si l'on se demande comment la saisie immobilière conservatoire des effets du débiteur peut dans certains cas urgents être avantageuse, nous ne pouvons mieux répondre à ces questions qu'en laissant la parole à un auteur qui s'est fait l'éloquent défenseur de l'incompétence du juge des Référés en dehors des matières civiles :

« Si nous remarquons, dit M. Octave Gérard, (des Référés sur placet, page 157), que la saisie conservatoire n'existe pas en matière civile, qu'elle permet d'atteindre les effets mobiliers et les marchandises de tous les tireurs, accepteurs et endosseurs (art. 172, C. com.) tant entre leurs mains qu'aux mains des tiers, si nous considérons aussi la nature de la plupart des affaires commerciales qui sont très simples et tendent à une condamnation pécuniaire souvent non contestée, on verra que cette saisie autorisée par le législateur sera la meilleure des garanties qu'il pouvait procurer aux commerçants lesquels ne craignent ordinairement que de voir disparaître le gage qui leur inspirait crédit ».

C'est peut être un peu exagérer les avantages de la saisie mobilière conservatoire que de voir en elle un remède aussi parfait et d'une application aussi universelle.

Il nous semble au contraire que dans les matières commerciales les demandes en paiement de billets et de traites n'ont au point de vue du droit ultérieur d'exécution sur les biens du débiteur qu'une importance secondaire. Sans vouloir être trop affirmatif, nous pouvons cependant dire que dans bien des cas ces demandes ne sont que le préliminaire d'une demande en déclaration de faillite, et alors les droits de poursuites individuelles prenant fin, il n'est pas d'un intérêt capital pour le créancier d'avoir dès l'origine, et même avant l'introduction de sa demande, pu faire opérer la main mise de justice sur les effets de son débiteur. Et si nous faisons cette remarque, c'est bien moins pour contester à la saisie conservatoire tout effet utile dans les cas urgents, que pour restreindre cet effet dans de justes limites et ne pas laisser dire qu'il y a là une mesure dont l'application ferait disparaître dans tous les cas les dangers qui pourraient résulter du retard dans les décisions des justices commerciales.

A côté des cas particulièrement urgents et à raison desquels on a introduit les mesures dont nous venons de parler toutes les contestations commerciales demandent à être jugées avec rapidité. Et surtout il importe que les jugements obtenus puissent être rapidement mis à exécution. C'est pour donner satisfaction à ces intérêts, particuliers à toutes les affaires commerciales, que l'art. 439 Proc. au titre de la procédure devant les tribunaux de com-commerce, dispose que : « Les tribunaux de commerce pourront ordonner l'exécution provisoire de leurs jugements nonobstant l'appel et sans caution lorsqu'il y aura titre non attaqué ou condamation précédente dont il n'y aura pas d'appel dans les autres cas l'exécution provisoire n'aura lieu qu'à charge de donner caution ou de justifier de solvabilité suffisante. » Bien qu'il ne s'agisse pas là d'une mesure d'une application restreinte à quelques-unes seulement des contestations commerciales, à celles qui se représenteraient avec un caractère d'urgence spécialement accentué, mais d'une règle d'application générale, par cela seul qu'elle permet aux jûges commerciaux d'ordonner l'exécution provisoire, dans des cas où les juges civils ne jouissent pas de cette faculté, elle constitue une supé- riorité de la juridiction commerciale sur la juridiction civile au point de vue de la solution des questions urgentes, et par le même contribue, avec les mesures spéciales dont nous avons parlé, à diminuer, à enlever dit la généralité des auteurs, toute utilité à l'immixtion dans les affaires commerciales de la juridiction civile des référés. Mais sur ce point encore nous ne pouvons que renvoyer à ce que nous avons dit dans le précédent paragraphe sur la disposition de l'article 11 de la loi de 1838, laquelle permet aux juges de paix d'ordonner sous certaines conditions l'exécution provisoire de leurs sentences. Il y a toutefois entre ces deux dispositions, et au point de vue des conditions dans lesquelles l'exécution provisoire peut être ordonnée, des différences qui en rendent l'application beaucoup plus rare dans les matières commerciales.

Mais ce ne sont pas là encore toutes les mesures de faveur dont le législateur a permis l'application dans les cas urgents se rattachant aux matières commerciales.

Le Code de commerce dans plusieurs de ses articles, prévoyant certaines des diffiultés qui pouvaient se présenter, au cours des matières spéciales qu'il traitait, a en même temps indiqué le moyen de les résoudre sans qu'il soit besoin d'avoir recours à un juge étranger à la juridiction commerciale, lorsqu'elles demandent une solution particulièrement urgente.

Voir notamment : articles 51 ; art. 151 et 152 ; art. 192 p. 3; art. 233 ; art. 243 ; art. 246 ; art. 452 et 453 ; art. 606 607 et 609.

Mais toutes ces mesures, que les articles 417, 418 et

439 du code de procédure permettent aux tribunaux de prescrire dans les matières qui requièrent célérité à l'exception toutefois du droit d'autoriser la saisie mobilière conservatoire, nous avons vu l'article 11 de la loi de 1838, en permettre l'emploi au juge de Paix. Sur la question de savoir si l'application de ces mesures enlève nécessairement et dans tous les cas tout intérêt au recours au juge des Référés dans les matières commerciales, nous n'avons donc qu'à renvoyer à ce que nous avons dit dans notre paragraphe précédent. Et même à un certain point de vue la juridiction commerciale parait moins bien armée que le juge de paix pour répondre aux nécessités de l'urgence. Le juge de paix est expréssément autorisé par l'article 12 de la loi de 1838 à ordonner l'exécution sur minute de ses jugements ; ce droit appartient-il aux tribunaux de commerce, aucun texte ne le leur reconnait expressément, et il nous paraît difficile dans ces conditions de leur en permettre l'exercice.

Quant à ces pouvoirs spéciaux accordés, dans des cas d'urgence déterminés et prévus à l'avance, à différents des membres de la juridiction commerciale, nous pensons qu'il ne pourrait venir à l'esprit de personne de soutenir, que ces espèces prévues et règlées d'avance constituent à elles seules tous les cas urgents qui peuvent se présenter dans les matières commerciales, et qu'en dehors d'elles le besoin d'une solution immédiate ne se fera jamais sentir. Cela ne serait pas sérieux et nous ne croyons pas qu'on l'ait jamais soutenu. La conséquence c'est que pour toutes les questions urgentes qui pourront se présenter, en dehors de celles que les articles du code de commerce précités ont règlées, on rentrera sous l'empire de l'application des régles générales de la procédure commerciale et nous avons montré dans le précédent paragraphe que l'application de ces règles ne rendait pas inutile dans tous les cas le recours au juge des référés.

Nous avons dit que le pouvoir, accordé au président du tribunal de commerce par l'article 417 du code de procédure *in fine*, était un droit nouveau n'existant en aucun cas en matière civile et dont en conséquence le juge de paix, juge civil ne pouvait jamais faire usage. Mais nous avons également vu que les cas dans lesquelles le président du tribunal de commerce pouvait avec utilité faire usage du droit qui lui était concédé par cet article étaient relativement rares ; en fut-il autrement qu'il serait en tous cas bien téméraire d'affirmer que ce droit permît de résoudre utilement toutes les questions urgentes de la pratique commerciale.

M. Gérard (Des Référés sur placet) ne semble pas admettre que les dispositions, tant du code de procédure que du code de commerce, suffisent pleinement et dans tout les cas aux matières urgentes du droit commercial ; mais il parait vouloir tirer un argument de l'existence même de ces dispositions, tout incomplètes qu'elles soient, à l'appui de la théorie qu'il soutient de l'incompétence du juge des Référés dans ces matières.

C'est cet argument nouveau et original qu'il nous faut examiner :

« Ces diverses dispositions, dit M. Gérard, suffisent-elles dans tous les cas ? Peut-être peut-on soutenir que non; *mais on ne saurait certainement se méprendre sur l'intention du législateur.* »

Ainsi donc, qu'en donnant aux juridictions commerciales des pouvoirs propres pour ordonner les mesures urgentes dont le besoin peut se faire sentir, le législateur ait ou non atteint son but, qu'il ait ou non réussi à rendre inutile dans tous les cas l'intervention du juge des Référés, peu importe, son intention de tenir le juge des Référés à l'écart de la connaissance des matières commerciales ne résulte pas moins avec évidence de l'effort qu'il a fait pour que les questions urgentes commerciales soient jugées en dehors de lui. Il semble bien que ce soit là, dons toute sa force l'argument qui ressort de cette phrase « qu'on ne saurait se méprendre sur l'intention du législateur. » La réponse à cet argument nous parait bien simple, si le législateur avait voulu que dans tous les cas ce fut un juge commercial qui connût au provisoire des matiéres commerciales, il n'avait qu'une chose à faire ; insérer dans le code une disposition aux termes de laquelle dans tous les cas urgents, se rattachant aux matières commerciales, ce serait le président du tribunal de commerce qui serait compétent pour en connaitre comme juge des Référés, c'est, comme nous le verrons tout à l'heure ce que vient de faire le législateur belge. Or, ni les rédacteurs du code de commerce ni ceux du code de procédure civile n'ont fait, au moins expressément, cette déclaration. Nous voyons trois raisons possibles à ce silence :

Ou bien ils ont entendu. sans le dire en propres termes, que le président du tribunal de commerce serait en effet le juge des Référés commerciaux. C'est la théorie de M. Bertin, que nous examinerons et combattrons dans quelques instants.

Ou bien ils ont consenti à voir, dans les affaires commerciales, des questions urgentes ne pas recevoir la solution qu'elles réclamaient. A ce point de vue, il nous semble qu'il ne faut pas, avec tant de facilité, mettre au compte des auteurs de notre législation commerciale, qui connaissaient pour la plupart à fond la pratique et les exigences du commerce, une imprévoyance qu'aucun de nous n'aurait commise. La vérité, à notre avis, c'est qu'ils se sont trouvés fort embarrassés, désireux qu'ils eussent été de donner satisfaction à deux idées inconciliables. Ils auraient bien voulu écarter, dans tous les cas, le juge civil de la connaissance, même au provisoire, des contestations commerciales. Mais ils ont hésité à appeler le président du tribunal de commerce à exercer dans les matières commerciales les fonctions presque toujours si délicates de juge des Référés, C'est, à n'en pas douter, sous l'empire de ces préoccupations contraires que sont nées les dispositions bâtardes qui nous occupent en ce moment. Le législateur a essayé de rendre inutile en matière commerciale la voie du référé au président du tribunal civil, nous avons vu comment il s'y est pris pour cela ; mais nous avons en même temps découvert qu'il n'était arrivé qu'à une chose, la rendre rare, et qu'il lui avait été impossible dans la multitude des cas urgents qu'il ne pouvait pas prévoir à l'avance, de remplacer par des mesures équivalentes le recours au juge des Référés. Et c'est précisément pour tous ces cas que la voie du référé doit rester ouverte aux matières commerciales.

Mais allons plus loin et supposons que le législateur en faisant ce qu'il a fait a cru qu'en dehors des cas qu'il avait prévus et réglés, il ne laissait en souffrance aucun intérêt ; prêtons-lui cette erreur ou cet oubli. Faudrait-il, en présence de cet oubli; car c'en serait un, se contenter de le constater et se déclarer impuissants à le réparer, quand nous n'aurions pour combler cette lecune qu'à faire appel aux dispositions du droit commun en matière d'urgence, aux dispositions du code de procédure, qui ont institué et réglementé la juridiction des Référés. Le recours au juge des Référés. c'est bien en effet le droit commun des matières urgentes ; l'article 806 du code de procédure n'a fait aucune distinction, aucune réserve, et aucune autre disposition d'un autre code n'a entamé la généralité de ses termes, ni expressément, ni tacitement.

Nous arrivons alors à la troisième explication, la véritable selon nous, le silence de la législation commerciale sur la détermination du juge compétent pour connaître d'une façon générale des contestations commerciales urgentes : c'est que ce législateur a bien entendu maintenir la compétence du président du tribunal civil pour tous les cas

dans lesquels il n'avait pas spécialement et expressément
concédé à un autre juge d'en connaître.

Mais il nous faut toutefois faire quelqu'attention à l'ingénieuse théorie de M. Bertin, aux termes de laquelle le président du tribunal de commerce serait d'une façon générale
seul juge compétent pour connaître des Référés commerciaux en dehors même de toute attribution spéciale; dans les
cas d'urgence, le droit commun serait le recours au président
du tribunal de commerce. Voici, à ce sujet, comment s'exprime M. Bertin lui-même : « Il nous paraît facile de démontrer que ces pouvoirs ont été donnés au président du
tribunal de commerce par l'article 805 du code de procédure. Cet article dispose que la demande de référé sera
portée à une audience tenue à cet éffet par le président du
tribunal de première instance. La loi n'exige qu'une seule
condition, celle que les référés soient jugés par le président du tribunal de première instance. Le président d'un
tribunal de commerce se trouve-t-il dans la situation exigée par la loi pour être juge des référés ? Oui ; puisqu'il
est président d'un tribunal de première instance. Ceux
qui soutiennent qu'il est incompétent pour connaître
des référés en matière commerciale ajoutent à la loi une
seconde condition qui ne s'y trouve pas, en inscrivant
à la suite de ces expressions : président du tribunal, le mot
civil, qui ne s'y rencontre pas. On chercherait vainement,
dans les différents articles du titre des Référés et dans
l'exposé des motifs de ce titre, la manifestation de cette

pensée que le législateur a entendu attribuer exclusivement
aux présidents de tribunaux civils de première instance la
juridiction des référés. Donc les présidents des tribunaux
de commerce ont compétence, comme juges des Référés,
alors que le débat s'élève à l'occasion d'un acte ou d'un
fait qui appartient audomaine de la juridiction commerciale. »

Tout en rendant hommage au talent et à la sagacité de
l'auteur qui s'est efforcé de trouver dans la loi, une base
au système qu'il regardait sans doute comme seul capable
de donner satisfaction aux exigences de la pratique, il faut
bien reconnaître, qu'au point de vue des arguments de
texte qu'elle invoque, il y a là une théorie qui n'est guère
soutenable. Il faut en effet forcer étrangement le sens ordinaire des mots, pour prétendre que l'expression président
du tribunal de première instance, s'applique aussi bien au
président du tribunal de commerce qu'au président du tribunal civil. L'emploi de cette expression dans un sens aussi
compréhensif serait unique dans nos lois, et il serait bien
invraisemblable que le législateur se soit permis cette fan-
taisie de langage, dans une circonstance où il était si nécessaire d'être précis.

Mais, et surtout, peut-on penser qu'une innovation
législative, de l'importance de celle qui aurait concédé au
président du tribunal de commerce la connaissance des
Référés commerciaux, se fût introduite dans le Code de
procédure sans qu'aucune explication ait été donnée à ce
sujet dans l'exposé des motifs, et sans qu'aucune discussion

se soit engagée dans les assemblées appelées à voter la loi ; cela n'est pas admissible.

Comme nous le disions tout à l'heure, M. Bertin a été amené, ce n'est pas douteux, à soutenir cette thèse à raison des avantages pratiques qu'elle présentait à ses yeux. Et à ce point de vue il y a là une théorie très soutetenable et très soutenue. Sans entrer dans l'examen des arguments qui peuvent être donnés au point devue législatif dans le sens de l'extension au président du tribunal de commerce, et pour les matières commerciales, des pouvoirs qui appartiennent au président du tribunal civil comme juge des Référés et contre cette extension, disons seulement que la législation belge par une loi récente du 26 décembre 1891, a donné au président du tribunal de commerce la connaissance des Référés commerciaux.

Voici comment disposent à ce sujet les articles 2 et 4 de cette loi :

Art. 2 : « Le président du tribunal de commerce statue provisoirement par voie du référé, sur tous les cas dont il reconnait l'urgence, à la condition qu'ils rentrent dans la juridiction des tribunaux de commerce ou dans celle d'arbitres commerciaux, et qu'ils ne soient pas soustraits à la juridiction des Référés par une disposition spéciale ».

Art. 4 : « Les articles 808 à 811 du Code de procédure civile s'appliquent aux référés en matière commerciale ».

Nous en arrivons donc en ce qui concerne la solution de la question de savoir si le président du tribunal civil est compétent pour connaître comme juge des Référés des matièresse rattachant à des contestations commerciales, aux mêmes conclusions que celles auxquelles nous sommes arrivés, quand nous avons fait la même recherche pour les affaires de la compétence du juge de paix.

Et ce sont en grande partie les mêmes raisons qui nous ont amené dans les deux cas à admettre la théorie de la compétence générale du président du tribunal civil, théorie qui a contre elle, comme nous l'avons dit en commençant, la majorité des auteurs et la jurisprudence.

Disons toutefois en terminant qu'une certaine jurisprudence apporte à l'incompétence du président du tribunal civil dans ces matières une certaine restriction qui constitue au point de vue pratique une atténuation considérable aux désastreux effets qui résulteraient de l'application pure et simple des principes.

Aux termes de cette jurisprudence, le président du tribunal civil n'est frappé pour la connaissance comme juge des Référés des matières commerciales, que d'une incompétence *rationæ personæ* qui se trouve couverte par cela seul qu'elle n'a pas été opposée *in limine litis*. Paris, 19 janvier 1882. S. 83, 2, 127.

Nous n'avons pas à prendre partie sur cette question secondaire ayant repoussé le principe général de l'incompétence.

§ III. *Des matières de la compétence des juridictions administratives*

C'était une question des plus discutées et aussi des

plus délicates que celle de savoir, avant la loi du 22 juillet 1889 sur la procédure à suivre devant les Conseils de préfecture, à quelle juridiction ou à quelle autorité il fallait avoir recours dans les cas ou le besoin d'une solution immédiate se faisait sentir à l'occasion de contestations de la compétence des juridictions administratives.

Trois systèmes principaux se trouvaient en présence pour résoudre cette grande question. Le premier systèmes reconnaissait au président du tribunal civil le droit de connaître dans les cas urgents des difficultés se rattachant aux matières administratives et ·invoquait dans ce sens les termes de l'article 806 : « Dans tous les cas d'urgence » ; ce qui ne comporte aucune restriction. Un deuxième système soutenait la théorie diamétralement opposée et, au nom du principe de la séparation des pouvoirs, défendait dans·tous les cas le recours au président du tribunal civil, juge des Référés, à l'occasion des contestations administratives. Un troisième système venait enfin s'intercaler entre les idées absolues et opposées de ces deux systèmes et reconnaissait au président du tribunal civil le droit d'ordonner en référé de simples constats lesquels d'ailleurs ne pouvaient lier dans aucun cas les juridictions administratives ultérieurement appelées à connaître du litige à l'occasion duquel ces constats avaient été ordonnés.

Pour les partisans du second de ces systèmes aux termes duquel le président du tribunal civil ne pouvait jamais être le juge des Référés administratives, une autre question se posait. Ne fallait-il pas reconnaître à une autre juridiction ou à une autre autorité le droit de connaître des matières urgentes du droit administratif ? Dans des matières spéciales, des dispositions de nos lois administratives avaient indiqué le moyen de pourvoir à des intérêts urgents, le préfet se trouvait ainsi dans différents cas appelé à prescrire des mesures urgentes ; c'est par extension de ces dispositions spéciales et assez peu nombreuses d'ailleurs qu'il avait été soutenu que le préfet était le juge de droit commun des Référés administratifs. Pour d'autres auteurs pour tous les cas dans lesquels un autre recours n'avait pas été indiqué c'était au Conseil de préfecture qu'il fallait s'adresser.

Quoiqu'il en soit de ces différents systèmes, leur étude comme aussi l'étude des questions qu'ils s'efforçaient de résoudre, n'a plus à notre avis qu'un intérêt historique. La disposition de l'article 24 de la loi du 22 juillet 1889 nous semble avoir eu pour but de trancher définitivement la question de savoir quel est le juge de droit commun des Référés administratifs. Voici cette disposition : « En cas d'urgence, le président du conseil de préfecture peut, sur la demande des parties, désigner un expert pour constater des faits qui seraient de nature à motiver une réclamation devant ce conseil. — Avis est immédiatement donné au défendeur éventuel. »

Nous avons dit que des dispositions spéciales des lois administratives autorisaient dans certains cas différentes juridictions ou autorités administratives à prescrire des mesures de nature à donner satisfaction à des situations urgentes. La disposition de la loi de 1889 que nous venons de citer n'a pas eu pour but de soustraire à l'application de ces lois spéciales les hypothèses qu'elles avaient prévues et réglées. Mais en dehors des matières rentrant dans les prévisions de lois spéciales, le droit commun de l'urgence administrative est écrit dans l'article 24 de la loi du 22 juillet 1889. Deux propositions ressortent de cette disposition:1° Le président du conseil de préfecture est à l'exclusion de toute juridiction ou autorité judiciaire ou administrative seul compétent pour prescrire les mesures provisoires que les matières administratives peuvent réclamer. — 2° Le président du conseil de préfecture n'a pas dans ces cas d'autre pouvoir que celui de prescrire un contat.

La volonté du législateur d'écarter dans tous les cas de la connaissance des Référés administratifs, le président du tribunal civil ressort avec évidence des paroles prononcées au Sénat par le rapporteur de la loi M. Clément :

« Les articles 806 et suivants du C. proc. civ. donnent au président du tribunal de première instance le droit de statuer en référé, en cas d'urgence ou de difficultés à résoudre provisoirement sur l'exécution d'un titre exécutoire ou d'un jugement. Mais *on ne peut admettre que le président du tribunal civil ait le droit de rendre une sentence provisoire sur des matières que le principe de la séparation des pouvoirs enlève, à raison de leur caractère administratif, à la compétence du tribunal lui même*, et qui ne peuvent être portées à son audience. »

D'un autre côté, que le législateur de 1889 n'ait pas

entendu donner au président du conseil de préfecture dans les cas urgents et dans les matières administratives tous les pouvoirs qui appartenaient dans les mêmes cas et dans les matières civiles au président du tribunal civil, cela n'est pas douteux : « D'un autre côté, continue le rapport de M. le sénateur Clément, la juridiction exceptionnelle que le Code de procédure donne au président du tribunal civil n'a été étendue par aucune loi soit au préfet soit au vice-président du conseil de préfecture *et nous ne pensons pas qu'il y ait lieu de réclamer cette extension. Il est nécessaire* cependant dans certain cas, *de faire constater* régulièrement, et avant qu'ils ne disparaissent, *des faits qui seraient de nature à justifier une réclamation.* » Et plus loin en réponse à une question de M. Bozérian dans laquelle ce sénateur demandait s'il ne serait pas possible d'introduire en matière administrative la procédure de Référé. M. le rapporteur répond: que « le président du conseil de préfecture ne saurait à aucun degré avoir le même pouvoir que le président du tribunal civil, qu'il ne peut pas rendre d'ordonnance pour trancher provisoirement un litige, qu'il n'a pas à connaître de l'exécution des décisions du conseil de préfecture, pas plus que le conseil lui-même et qu'enfin on n'aperçoit pas d'hypotèse où un titre exécutoire pourrait lui être présenté et à propos duquel il y aurait lieu de solliciter de lui une mesure provisoire. (Sénat, séance du 29 janvier 1889, *J. Off.* du 30, déb. parl. p. 74). »

Il serait difficile de caractériser d'une façon plus claire et plus précise les pouvoirs du président du conseil de préfecture statuant comme juge des Référés administratifs que ne l'a fait M. le rapporteur de la loi au Sénat. Il n'a qu'un droit, celui de faire officiellement constater par un expert commis à cet effet une situation de fait appelée à disparaître ou à se modifier, et à l'occasion de laquelle une partie entend former une réclamation ultérieure. Et comme en dehors de ces pouvoirs si limités du président du Conseil de préfecture, personne autre n'est compétent pour connaître du provisoire administratif, il faut dire que le législateur de 1889 a préféré laisser dans certains cas en souffrance des intérêts urgents plutôt que de donner au président du Conseil de préfecture, le pouvoir de connaître de tous les cas urgents et de prescrire toutes les mesures qu'ils réclamaient, plutôt également que de permettre au président du tribunal civil l'immixtion dans les matières administratives et de consacrer ainsi une violation du principe de la séparation des pouvoirs.

CHAPITRE II

Des pouvoirs du juge des référés dans les cas d'urgence

C'est assurément la question la plus délicate de notre étude, que celle qui se présente à nous maintenant.

Nous nous sommes jusqu'ici demandés dans quels cas le juge des Référés pouvait être saisi, en d'autres termes nous avons étudié les règles qui fixaient la compétence du juge des Référés. C'est maintenant la question des pouvoirs du juge des Référés qu'il nous faut aborder : Etant donné que dans telles circonstances déterminées il peut être saisi, quelles mesures peut-il ordonner, quelles décisions peut-il rendre ?

Rechercher quels sont les pouvoirs du juge des Référés, c'est implicitement reconnaître qne ces pouvoirs ne sont pas illimités ; on ne mesure pas l'étendue des pouvoirs des tribunaux civils ou des tribunaux de commerce ; lorsque ces juridictions sont valablement saisies, elles peuvent ordonner tout ce qu'elles jugent bon sous la seule obligation de respecter la loi.

Et cependant, disons-le tout de suite, l'examen de cette question nous amènera à dire que, pour nous, le juge des Référés valablement saisi, c'est-à-dire se trouvant en présence d'une situation litigieuse réclamant une solution urgente, trouvera toujours dans la loi de son institution des pouvoirs suffisants pour donner à cette situation la solution qu'elle réclame.Nous nous efforcerons d'établir que de restrictions aux pouvoirs du juge des Référés, restrictions ayant pour effet de renfermer dans d'étroites limites les mesures qu'il peut prescrire, il n'y en a pas. Nous nous efforcerons de montrer que le législateur en insérant dans le code de procédure la disposition de l'article 809 aux termes de laquelle« les ordonnances de Référéne feront aucun « préjudice au principal » n'a nullement voulu restreindre les pouvoirs du juge des Référés qu'il a seulement voulu maintenir l'indépendance absolue, vis-à-vis de cette juridiction exceptionnelle, des juridictions de droit commun ; il a entendu que l'existence d'une ordonnance de Référé ne put jamais empêcher de saisir la juridiction ordinaire compétente pour connaître du litige à l'occasion duquel elle avait été rendue et que cette juridiction conservât sa liberté d'appréciation et de décision aussi complète, aussi entière que si aucune sentencé antérieure n'avait été rendue. En un mot si la disposition de l'article 809 restreint les effets des ordonnances de Référé elle n'a nullement pour but de toucher aux pouvoirs du juge des Référés.

Telle n'est pas cependant la théorie de la jurisprudence non plus que de la généralité des auteurs.

De la jurisprudence il ne peut guère en être question pour la recherche des principes qui doivent servir de guide en la matière. Presque tous les arrêts, ayant eu à statuer

sur des questions se rattachant à la théorie des pouvoirs
du juge des Référés, ne sont que des arrêts d'espèce, dans
lesquels on invoque toujours le principe que les ordonnances
de Référé ne doivent pas préjudicier du principal, mais
dans lesquels on prend plaisir à ne pas dire ce qu'on entend
par là, de telle sorte que ce prétendu principe, trouve dans
son obscurité, le moyen d'expliquer et de justifier les
décisions les plus contradictoires. Nous rencontrerons
cependant un arrêt de la chambre des requêtes très important au point de vue des principes : nous aurons à l'étudier
avec soin et à en commenter les dispositions.

Quant aux auteurs, tout en différant sur l'étendue des
pouvoirs qu'il faut accorder au juge des Référés, tous, ou à
peu près, s'accordent pour décider qu'il ne jouit pas d'une
liberté sans limites au point de vue des mesures qu'il peut
ordonner mais le sens qu'ils entendent donner à la disposition de l'article 809, est souvent bien difficile à saisir.
Au moins quand ils en sont à l'examen des espèces
particulières, dans lesquelles l'intervention du juge des
Référés est le plus souvent sollicitée, étant alors surtout
touchés des nécessités de la pratique tout en invoquant
toujours la même règle, ces auteurs savent lui faire produire des effets quelque peu difficiles à mettre d'accord avec
le principe strictement et théoriquement interprété d'où ils
sont censés découler. Les rares auteurs qui, sur les questions
qui nous occupent ont vraiment formulé une théorie, ceux
qui n'ont pas cru pouvoir se dispenser de déterminer par
avance et avec clarté les limites que les dispositions de

l'article 809 avait à leurs yeux entendu assigner aux pouvoirs du juge des Référés, peuvent se diviser en deux groupes.

Tous partant, comme nous l'avons déjà dit, de cette idée que la disposition de l'article 809 a pour but de limiter les droits de disposition du juge des Référés, dont les pouvoirs ne doivent jamais empiéter sur ceux des juridictions ordinaires, les uns en ont tiré cette conséquence, absolument logique quoique bien rigoureuse, qu'en droit le juge des Référés n'a jamais à examiner le fond du litige ni à le juger, qu'en fait les mesures qu'il peut prescrire ne doivent jamais constituer un état irréparable. Comme ont le voit cette théorie a pour effet de limiter les pouvoirs du juge des Référés à prescrire des mesures purement conservatoires. L'application pure et simple de cette théorie réduirait à bien peu de choses le droit d'intervention du juge des Référés et laisserait en souffrance bien des intérêts urgents.

C'est la théorie de M. Bertin : (V. Bertin des ordonnances de Référé nos 46 et 53) « 46. Le juge des Référés est compétent dans les deux cas que nous venons d'indiquer (urgence et difficultés sur l'exécution) à la condition de ne faire aucun préjudice au principal, c'est-à-dire il peut s'il y a urgence *ordonner des mesures conservatoires.*

53. L'article 809 du Code de procédure enjoint au juge des Référés de ne porter aucun préjudice au principal, c'est-à-dire *de ne jamais statuer sur le fond du droit* et

de ne conférer comme conséquence de cette appréciation aucun droit de mise à exécution. »

C'est bien encore cette théorie qui semble être celle de M. de Belleyme ; du moins dans la partie de son ouvrage où cet auteur pose les principes :

(Ordonnances sur Référé 2° éd. page 5 : « Il ne suffit pas que la demande soit urgente, *il faut qu'elle soit de nature à donner lieu à une décision ou à une mesure provisoire* parce que l'article 809 porte que l'ordonnance ne peut préjudicier au principal ; *c'est parcequ'elle peut être réformée au principal* et non à cause de sa durée, qu'elle est provisoire, car à défaut d'action principale elle devient définitive ». Et plus loin page 241 : « Le juge des Référés doit éviter de prendre des mesures irréparables et ordonner celles dont le refus causerait un préjudice en définitive. »

C'est en voyant à quels fâcheux résultats on arriverait en s'en tenant à la stricte observation de ces règles restrictives que ceux-là mêmes qui les avaient établies avec le plus de rigueur, se sont empressé d'y déroyer dans l'application. Et on étonnerait peut être beaucoup de gens en leur disant quelle était la théorie, sur cette question, des pouvoirs du juge des Référés, du président de Belleyme resté le type des juges des Référés hardis et audacieux.

Mais il est arrivé que d'autres auteurs, voyant les principes de la théorie de la restriction à outrance des pouvoirs du juge des Référés en opposition trop flagrante avec les solutions que les nécessités de la pratique poussaient à sanctionner, et ne se croyant pas d'autre part autorisés à supprimer toute règle restrictive, se sont du moins efforcés de les rendre plus lâches et d'arriver ainsi à les mettre à peu près d'accord avec les résultats auxquels ils voulaient arriver.

On ne s'est pas aperçu alors, ou du moins on n'a pas voulu s'apercevoir, que dans cette transformation qu'on lui faisait subir, la règle qu'on énonçait toujours de la même façon. « Les ordonnances de Référé ne doivent pas préjudicier au principal » était devenue le principe de la liberté.

C'est du moins ce que nous nous efforcerons de démontrer en exposant ces théories.

Mais ce que ces auteurs n'ont pas pu faire parce qu'ils croyaient avoir contre eux une règle formelle, celle de l'article 809 : poser le principe de la liberté absolue pour le juge des Référés d'ordonner toutes les mesures qui lui sembleraient utiles, nous le ferons, en nous efforçant d'établir que la disposition de l'article 809 n'a pas la signification qu'on lui donne d'ordinaire et qu'elle n'a nullement pour but de limiter les pouvoirs du juge des Référés.

L'apôtre de cette théorie de la restriction atténuée, dont nous parlions tout à l'heure, ou du moins celui qui l'a exposé avec le plus de méthode et de clarté, c'est M. le conseiller Gouget, dans son rapport qui a précédé un arrêt de rejet de la Chambre des Requêtes du 19 février 1874.

Et nous ne saurions mieux présenter cette théorie qu'en reproduisant les termes de ce rapport.

Mais disons auparavant qu'il s'agissait d'un pourvoi formé contre un arrêt de la Cour de Paris, en date du 11 mai 1873, lequel confirmait une ordonnance de référé rendue par M. le Président du tribunal civil de la Seine le 31 Décembre 1872. Dans cette ordonnance, le Président avait réduit au cinquième des appointements d'un employé les effets d'une saisie-arrêt pratiquée sur ceux-ci, et cette réduction avait eu pour cause, le caractère alimentaire qui avait été reconnu à ces appointements pour les quatre autres cinquièmes.

Voici maintenant le rapport :

« Les griefs relevés par le demandeur contre l'arrêt attaqué ne manquent pas, nous le reconnaissons, de gravité ; mais nous ne pensons pas qu'ils soient à l'abri d'objections sérieuses. Toute l'argumentation du pourvoi repose, en définitive, sur la disposition de l'article 809, C. proc. civ., portant que les ordonnances sur référés ne feront aucun préjudice au principal. Ce principe est incontestable, mais il faut en déterminer avec soin la portée véritable et ne pas en étendre l'application au-delà des limites qu'il comporte. »

Les tribunaux ont seuls le droit de résoudre au fond les difficultés qui divisent les parties, et le juge des référés n'est institué que pour prendre au provisoire les mesures urgentes.

Il en résulte que ses décisions ne pourraient lier les

tribuuaux relativement à la solution du litige. C'est ce qu'explique parfaitement la formule usitée dans toutes les ordonnances de référé : « Au principal renvoyons les parties à se pourvoir, et cependant, et par provision, vu l'urgence, disons, etc... ». Il est donc vrai que les décisions rendues en référé n'exercent en droit aucune influence sur le principal, qu'elles le laissent complètement intact. Mais peut-on conclure, comme le prétend le pourvoi, qu'elles ne peuvent modifier d'une manière irréparable en fait les situations des plaideurs ? Evidemment, non. Il faut, au contraire, reconnaître que, dans une foule de circonstances, les conséquences de fait des sentences de référé sont sans remède possible, qu'elles sont de nature à causer un dommage définitif à l'une des parties. En matière de scellés, par exemple, il s'agit d'autoriser ou d'interdire une apposition ou une main-levée sans description immédiate ; en matière de saisie-exécution, de surseoir ou passer outre à des poursuites ; en matière d'emprisonnement, de maintenir l'arrestation d'un débiteur, ou d'ordonner sa mise en liberté ; en matière de location, de prescrire l'expulsion d'un locataire ou de lui conserver la jouissance des lieux ; dans tous ces cas, et dans une multitude d'autres, qu'il est inutile de rappeler, la compétence du juge des référés ne saurait être mise en doute, et l'on est cependant forcé de reconnaitre que les ordonnances peuvent singulièrement compromettre les intérêts des parties, qu'elles peuvent rendre sans utilité pratique pour elles, les décisions rendues plus tard en leur faveur par le juge du fond. Le président du tribunal de la Seine a-t-il, dans la cause, statué sur le fond du litige, où s'est-il borné à prescrire une mesure provisoire qui laissait intacte au fond les droits respectifs des parties ? Telle est donc l'unique difficulté du procès. Lucas avait pratiqué une saisie-arrêt sur les appointements de Clère, son débiteur ; la question de savoir si cette saisie était régulière, si en conséquence elle devait être validée, ou si main-levée totale ou partielle devait en être prononcée pour un motif quelconque, constituait un débat sur le fond de droit, que le tribunal de la Seine seul avait qualité pour juger, aux termes de l'article 567, C. proc. Mais à côté de cette question s'en présentait une autre : Clère prétendait que ses appointements étaient sa seule ressource pour subvenir à ses besoins et à ceux de sa famille ; qu'ils avaient dès lors, au moins pour partie, un caractère insaisissable ; que le tribunal appelé à statuer sur le mérite de la saisie apprécierait plus tard cette prétention, mais qu'en attendant sa décision, il y avait lieu de recourir à une mesure urgente, et à l'autoriser à toucher, par provision, les sommes que le président estimerait nécessaires pour ses aliments et ceux de sa famille. Cette demande ne constituait-elle pas, comme le déclare la Cour de Paris, un débat urgent, et ne sollicitait-elle pas une mesure provisoire ? N'y avait-il pas lieu par suite, d'appliquer la disposition de l'article 806 qui permet d'assigner devant le président du tribunal dans tous les cas d'urgence ?

Il n'est pas douteux que la décision par laquelle Cleré a été autorisé à toucher provisoirement les quatre cinquièmes de ses appointements nonobstant la saisie-arrêt de Lucas, est de nature à causer un dommage peut-être irréparable à ce dernier, mais il n'en est pas moins exact de dire qu'elle ne préjudicie pas, en droit, au principal, car le tribunal conserve, avant comme après cette décision, le pouvoir d'apprécier en toute liberté, et d'après les documents qui lui seront fournis, les difficultés qui lui seront soumises. Ces difficultés seront d'ailleurs autres que celles portées devant le juge des référés. — Le tribunal est, en effet, appelé à valider la saisie-arrêt, ou à en donner main levée, tandis que le président s'est borné à autoriser, provisoirement et jusqu'à la décision du tribunal sur le fond, le débiteur saisi à toucher une portion de ses appointements malgré la saisie-arrêt.

« Il est bien vrai que, pour justifier la mesure qu'il prescrivait, le président s'est fondé sur le caractère alimentaire des appointements saisis, et que ce caractère devra être pris en considération par le juge du fond pour statuer sur le fonds de la saisie ; mais la contradiction qui peut se produire sur ce point entre deux décisions, quelque regrettable qu'elle soit. ne saurait avoir pour conséquence de mettre obstacle à l'exercice des pouvoirs conférés au juge des référés : une semblable contradiction est possible dans la plupart des cas où sa compétence est établie, et l'inconvénient qui peut en résulter n'a pas paru assez grave au législateur pour l'empêcher d'instituer cette compétence. C'est qu'en effet la bonne administration de la justice exige impérieusement, dans certaines circonstances, qu'il soit statué sans aucun retard sur les difficultés urgentes qui divisent les parties ; les soumettre aux formes ordinaires de la procédure, ce serait, en réalité, leur refuser justice ; comme par exemple, assujettir un débiteur placé sous la main du garde du commerce aux lenteurs d'une assignation, même à bref délai, et d'un débat à l'audience ordinaire, pour décider s'il a été régulièrement arrêté. Le président du tribunal qui doit être ultérieurement saisi du litige ; mais en attendant elle règle la situation des parties. Les pouvoirs ainsi donnés au président sont immenses, mais indispensables ; il doit en user avec réserve, mais la loi s'en rapporte à sa prudence, et ne lui impose d'autre limite que l'urgence dûment constatée. S'il en est ainsi ; le reproche d'excès de pouvoirs adressé à l'ordonnance rendue par le président du tribunal de la Seine, dans l'espèce, semblerait difficilement admissible, car l'urgence de la mesure sollicitée par le défendeur éventuel ne saurait être l'objet d'une discussion sérieuse. Il a été admis par la jurisprudence (Cass. 10 avril 1860, S. 60, 1, 502), et non contesté pour le pourvoi, que les appointements d'un employé de commerce peuvent être dans une certaine proportion considérés comme alimentaires, et, à ce titre, comme insaisissables. Clère réclamait l'application de ce principe car Lucas le privait de l'unique ressource qui lui permettait de subvenir à ses besoins et à ceux de sa famille ; mais avant que ses prétentions pussent être appréciées par le tribunal saisi de la demande en validité de la saisie-arrêt, un délai, malheureusement assez long, était inévitable, et dans l'intervalle il se trouvait exposé à mourir de faim, lui, sa femme et ses enfants ; jamais l'urgence n'avait été mieux justifiée. Il était donc fondé à se pouvoir en référé pour obtenir l'autorisation de toucher immédiatement, à titre de provision, une certaine quantité de ses appointements, et le président était compétent pour ordonner la mesure qu'il a prescrite. »

Comme on a pu s'en rendre compte à la lecture de ce rapport il y a là une théorie très subtile au moins dans une de ces parties ; deux idées en ressortent. D'abord, et c'est en cela que cette théorie s'éloigne de celle qui restreint les pouvoirs du juge des Référés aux mesures purement conservatoires : « Dans une foule de circonstances les conséquences de fait des sentences de Référé sont sans remède possible, elles sont de nature à causer un dommage définitif à l'une des parties. »

Nous sommes déjà bien loin comme on le voit des mesures purement conservatoires, de celles que le président devait rendre sans entrer aucunement dans l'appréciation des droits des parties et qui laissaient les choses litigieuses dans un état tel que lorsque ultérieurement la sentence sur le fond était rendue nul obstacle à la mise en œuvre du droit reconnu au profit de l'une des parties ne résultait pour cette partie de ce qui avait été statué en Référé.

Permettre au juge des Référés de rendre des ordonnances susceptibles de causer à l'une des parties un préjudice irréparable, cela implique bien, il nous semble, que le juge des Référés pourra examiner et statuer sur la question même qui sera par la suite soumise au juge du fond puisqu'on suppose qu'il l'a résolue dans un sens opposé.

Eh bien pas du tout, et c'est vraiment là que la subtilité commence et qu'on sent bien le côté faible d'une doctrine qui veut à toute force avoir l'air d'observer un principe qu'elle viole ouvertement.

Ecoutons d'ailleurs M. le Conseiller Gouget ; parlant de l'instance en validité de saisie arrêt dont le tribunal sera saisi : « Ces difficultés, dit-il, seront autres que celles portées devant le juge des Référés. Le tribunal est en effet appelé à valider la saisie arrêt, ou à en donner main levée, tandis que le président s'est borné à autoriser provisoirement et jusqu'à la décision du tribunal sur le fond le débiteur saisi à toucher une portion de ses appointements malgré la saisie arrêt. »

Pour rendre plus tangible la subtilité de ce raisonnement supposons que le président ait autorisé le débiteur saisi à toucher la totalité de sa créance nonobstant la saisie-arrêt. Supposons si l'on veut pour rendre cette hypothèse possible qu'il s'agissait d'une saisie-arrêt formée sans titre et sans permission du juge ; tous les jours il arrive que le juge des Référés autorise un débiteur à toucher une créance devenue indisponible par suite d'une opposition pratiquée de cette façon irrégulière. Que va faire le juge des Référés saisi de cette demande d'autorisation de toucher au mépris de l'opposition irrégulière.

Il aura d'abord à examiner si la demande, dans les termes où elle se présente, constitue un cas urgent. S'il reconnait qu'il y a urgence à statuer, il aura à rechercher si les irrégularités alléguées sont bien réelles, s'il est bien vrai que le saisissant n'avait ni titre ni permission du juge; ces constatations faites et les allégations du demandeur reconnues exactes, il autorisera celui-ci à toucher sa créance au mépris de l'opposition pratiquée entre les mains de son débiteur et contraindra même ce dernier à |payer sa dette.

Supposons maintenant que le débat au lieu de s'être engagé en référé se soit produit devant le tribunal civil. Les prétentions des parties étant les mêmes le rôle de ces deux juridictions sera le même. Le tribunal aura à faire les mêmes constatations et nous pouvons supposer qu'il est arrivé aux mêmes conclusions, à savoir que l'opposition pratiquée était irrégulière, mais voilà la différence, tout à l'heure le juge des Référés *autorisait le débiteur saisi à toucher* au mépris de l'opposition, maintenant le tribunal va *prononcer la main-levée de la saisie-arrêt*.

Inutile de faire remarquer que comme conséquence c'est identique, et qu'aussi bien après l'ordonnance du juge qu'après le jugement du tribunal, les parties seront exactement dans la même situation.

Il n'importe, si le juge des Référés, au lieu d'avoir

autorisé le débiteur saisi à toucher nonobstant l'opposition, avait fait main-levée de l'opposition il aurait excédé ses pouvoirs.

La théorie de M. Octave Gérard (des Référés sur placets pages 64 et 5) se rapproche de celle de M. le conseiller Gouget :

« Il me semble, dit-il, que dans la plupart des espèces on pourrait se poser les deux questions suivantes qui serviraient de critérium :

« 1re question : Si le président rend l'ordonnance dans les termes de la demande restera-t-il quelque chose à juger par le jury au fond ?

« 2me question : L'état des choses que va créer l'ordonnance sera-t-il tel que l'on ne puisse remettre les choses dans leur état primitif au cas où le juge au fond déciderait qu'il en doit être ainsi ? »

Et plus loin, il conclut :

« Le président est compétent en référé quand la question qu'on lui soumet respecte les deux règles que supposent les deux questions plus haut posées. « Il est de même compétent quand une seule de ces règles se trouve violée, si toutefois il y a urgence à prendre la mesure sollicitée. »

Cette théorie est plus restrictive que celle de M. le Conseiller Gouget, et cela sur deux points. Ce dernier auteur n'exige jamais que la mesure ordonnée ne crée pas un état de choses irréparable. M. Gérard semble l'exiger.

quand la question jugée en référé est la même que celle qui sera soumise au juge du fond. — De plus, et en supposant que l'ordonnance prescrive une mesure irréparable, M. Gérard exige, pour permettre l'intervention du juge des Référés, qu'il reste quelque chose à juger par le juge du fond ; dans la théorie de M. Gouget, il suffirait que le président n'ait pas statué sur le droit lui-même, faisant l'objet du fond du litige. Si nous comprenons bien la théorie de M. Gérard sur ce point, cet auteur ne voudrait pas que la question à juger par le juge du fond fut une question sans intérêt pratique, pas suite même de la mesure ordonnée en référé. Cette théorie peut répondre avantageusement et dans tous les cas aux nécessités de la pratique ; au point de vue législatif peut-être serait-ce la théorie idéale, mais, à coup sûr, c'est une théorie qui manque absolument de base légale à quelque point de vue qu'on se place.

La théorie que nous allons exposer maintenant, et qui est la nôtre, est celle qui soutient que le législateur du code de procédure n'a jamais entendu limiter quant aux mesures qu'il peut ordonner les pouvoirs du juge des Référés. — Les ordonnances de Référé ne feront aucun préjudice au principal, nous dit l'article 809 du code de procédure. Le principal, c'est le litige lui-même, considéré en dehors des questions urgentes dont la situation peut s'imposer. Dire que les ordonnances de référé ne feront aucun préjudice au principal, c'est comme si on disait : malgré les ordonnances de référé rendues à l'occasion d'une question urgente dont la solution n'aurait pas pu attendre sans danger le jugement sur le fond du débat, la juridiction appelée à statuer sur ce fond du débat conservera ses droits et sa liberté d'appréciation et de décision aussi complets aussi entiers que si aucune décision de justice n'avait été rendue auparavant ; en un mot, la décision du juge des Référés ne liera jamais le juge du principal, alors même qu'il s'agirait pour ce dernier de statuer sur la même question que celle qui a fait l'objet du référé.

Lorsque nous avons étudié l'ancienne pratique des Référés au Chatelet de Paris, et pour mieux faire sentir toute l'importance qu'une pareille étude avait à nos yeux, nous nous sommes attachés à montrer que le référé, tel qu'il avait été organisé et réglementé par les articles 806 et s. du Code de procédure civile n'était pas différent du référé ancien ; nous avons cru trouver la preuve de cette intention du législateur de ne point innover en notre matière autant dans le laconisme et le petit nombre des articles composant le titre des referés au Code de procédure, que dans ce fait que ces articles avaient été votés sans qu'aucune modification sensible ait été apportée au projet et sans qu'aucune discussion ait précédé ces votes. Nous avons pensé que cela était d'autant plus caractéristique dans le sens que nous soutenions, que les auteurs du projet étaient des jurisconsultes très au courant des pratiques anciennes et que les corps constitués appelés à voter les lois renfermaient beaucoup de praticiens.

Qu'il nous suffise maintenant de rappeler que le lieutenant-civil, juge des référés au Chatelet-de Paris, pouvait dans les cas d'urgence prescrire toutes les mesures que cette urgence réclamait, qu'à ce point de vue ses pouvoirs étaient si étendus qu'il pouvait même, toujours à raison des nécessités de l'urgence, condamner une partie à payer à une autre une somme d'argent que celle-ci lui réclamait.

Et cependant à cette époque, où l'on suivait les règles de l'édit de 1685, la règle que les ordonnances de référé ne doivent faire aucun préjudice au principal existait déjà. Qu'est-ce à dire, si ce n'est que cette règle n'avait pas alors le sens restrictif qu'on veut lui donner. Pour la pratique de cette époque, cette règle n'avait d'autre sens que d'affirmer le droit pour le plaideur intéressé dans une contestation à l'occasion de laquelle une ordonnance de référé était intervenue, de saisir la juridiction compétente de l'examen de cette contestation et cela au mépris de l'ordonnance de référé.

Si du référé tel qu'il était pratiqué au Chatelet de Paris nous passons aux travaux préparatoires du Code de procédure nous trouvons encore, dans l'exposé des motifs présenté par Réal au corps législatif des arguments très forts en faveur de la théorie que nous soutenons : « En sanctionnant ces principes, dit l'orateur du gouvernemant à la fin de l'exposé des motifs, vous ferez sans doute avec nous le vœu que l'audience soit cependant rarement saisie de la contestation sur laquelle le juge aura prononcé en son hôtel, vous désirerez pour le bonheur des justiciables que les jugements sur référé soient dans les départements ce qu'ils sont aujourd'hui dans la capitale, c'est-à-dire l'extinction totale et définitive d'une immense quantité de contestations qui aux yeux de la loi ne sont jugées que provisoirement. »

Supposer qu'une ordonnance de référé puisse terminer une contestation n'est-ce pas admettre que cette ordonnance peut trancher la question elle-même qui forme le fond de la contestation ; n'est-ce donc pas reconnaître que le juge des Référés est compétent pour connaître du fond du litige aussi bien que le juge principal, qu'aucune restriction n'a été apportée, de ce côté, à ses pouvoirs.

Mais, et nous avons hâte de le dire. craignant qu'on ne nous accuse de faire la part vraiment trop large du juge des référés, si nous reconnaissons à ce juge le droit d'ordonner des mesures impliquant, en droit, appréciation et jugement de la question litigieuse et, en fait, constituant une situation irréparable, s'imposant même au juge du fond qui verra ainsi l'effet pratique de ses sentences singulièrement diminué, pour qu'il en soit ainsi, il faut que les nécessités de l'urgence requièrent une mesure aussi radicale, et nous nous expliquons immédiatement sur ce délicat sujet : Supposons que le juge des référés soit requis d'ordonner la main levée d'une opposition pratiquée en vertu d'une ordonnance du juge étant allégué que la religion de celui-ci a été surprise, qu'on lui a présenté des comptes faux ou inexacts, desquels il ressortait que Primus était créancier de Secundus d'une certaine somme, mais qu'en réalité cette créance n'existait pas.

Supposons que l'opposition dont s'agit ait été pratiquée pour une créance très minime et que d'un autre côté elle immobilise des sommes considérables. Une telle situation permet assurément au débiteur saisi, d'invoquer l'urgence pour obtenir du juge des Référés une ordonnance de main levée. Si nous supposons que cette question se présente en référé au tribunal de la Seine, s'il paraît bien établi que, contrairemement aux comptes présentés à l'origine, Primus n'est pas créancier de Secundus, neuf fois sur dix la main levée sollicitée sera accordée ou plutôt, bien qu'à nos yeux ce soit la même chose, on autorisera ce débiteur saisi à toucher ce que lui doit son propre débiteur nonobstant la saisie-arrêt. Nous estimons qu'en statuant ainsi le juge des référés outrepasse, nous ne dirons pas ses pouvoirs, mais les limites de sa compétence, parce qu'il statue en dehors des nécessités de l'urgence ; en comparant ces nécessités à la sentence rendue, celle-ci excède celle-là.

Qu'exigeait en effet l'urgence dans l'hypothèse que nous avons choisie ; qu'une somme considérable ne soit pas immobilisée pendant longtemps à la garantie d'une créance minime. Qu'est-ce que le juge des référés devait faire pour parer à ce danger, il pouvait par exemple prescrire le dépôt entre les mains d'un sequestre de la somme nécessaire et suffisante à la garantie de la prétendue créance, en prescrivant qu'entre les mains du sequestre la somme versée serait spécialement affectée à la garantie de la créance, en vertu de laquelle la saisie-arrêt avait été formée, pour le cas où cette créance viendrait a être ultérieurement reconnue, et à autoriser le débiteur saisi à toucher le surplus.

Une telle solution eut donné pleine et entière satisfaction aux nécessités de l'urgence, cependant le juge des reférés ne s'en est pas tenu à elle, il a prescrit une mesure plus radicale, plus définitive, en agissant ainsi nous estimons qu'il a statué en dehors des conditions de sa compétence. Généralisant l'idée qui ressort de cette espèce nous pouvons dire : L'urgence est la condition nécessaire de l'intervention du juge des Référés. Elle justifie toutes les mesures nécessaires pour éviter l'éventualité de tout préjudice que le maintien du *statu quo* pourrait faire craindre ; mais le juge des Référés, juge d'exception, qui ne trouve que dans l'urgence, l'excuse à l'empiétement qu'il commet sur le domaine des autres juridictions, serait inexcusable si cet empiétement n'était pas dans toute son étendue justifié par les nécessités de l'urgence.

Terminons sur ce point en rapportant la dissertation insérée par M. Labbé dans le recueil de Sirey (73, 2, 313), en note sous trois arrêts de la Cour de Cassation. — Il n'est pas possible de présenter sous une forme plus claire et plus précise, la théorie que nous nous efforçons de soutenir sur les pouvoirs du juge des Référés :

Deux arrêts de la Cour de Paris, en date des 7 février 1873 et 11 mai 1874, avaient décidé que le juge des Référés avait dépassé ses pouvoirs, en autorisant de faire vendre le mobilier d'un locataire saisi gagé, avant que la saisie gagerie ait été validée.

M. Labbé, après s'être demandé s'il y avait urgence à ordonner dans ces conditions la vente du mobilier et avoir résolu cette question négativement, examine la question de savoir si en tous cas, une telle sentence n'excèderait pas les pouvoirs du juge des Référés ; en un mot, si l'autorisation de vendre accordée dans ces conditions, constituerait une mesure provisoire au sens de l'article 806.

« La vente est une mesure provisoire ? On est tenté de
« dire et des auteurs ont dit : La vente en tant qu'elle con-
« somme irréparablement l'expropriation du débiteur est
« une mesure définitive (Bertin, n° 78 et 1018).

« Nous ne sommes pas de cet avis. Les mots provi-
« soire et définitif ont des sens sur lesquels il faut s'expli-
« quer. Le président en référé ne peut ordonner que des
« mesures provisoires. Il ne doit pas préjudicier au princi-
« pal, cela ne veut pas dire qu'il ne puisse ordonner que des
« mesures conservatoires, absolument réparables ou resti-
« tuables, non, mais seulement que *toute décision par lui*
« *rendue ne fixe pas le droit même entre les parties*. Le
« magistrat ordonne la vente, allons plus loin, détermine
« le montant de la créance du saisissant, fait remettre au
« saisissant le prix de la vente ; a-t-il excédé son pouvoir
« en ce que la mesure ordonnée est de sa nature définitive ?
« Non, la décision est provisoire en ce sens que le tribunal
« peut en toute liberté nier la créance du saisissant, ordon-
« ner au saisissant de rendre tout ou partie de ce qu'il a

« reçu, dire que la vente a eu lieu sans droit, condamner
« le saisissant à des dommages-intérêts. Voilà en quel
« sens, à notre avis le président statue provisoirement et
« sans préjudice au principal (Bertin 151).

« De la vérité de cette proposition nous avons la preuve
« dans notre hypothèse. Tout le monde accorde que le pré-
« sident peut ordonner l'expulsion : cela certes n'est pas
« une mesure conservatoire. Elle a matériellement des effets
« définitifs. C'est au point de vue du droit que tout est
« réservé.

« Mais la *condition du pouvoir du président en référé*
« *est dans l'urgence*. Y a-t-il urgence à ordonner une
« vente, à ordonner un versement aux mains du créancier.

« La plupart du temps non. Quelquefois la vente est
« urgente par la nature des biens saisis qui dépérissent
« promptement . . . .
« . . . .

« La vente faite, il peut même dans certains cas être
« urgent que le prix soit retiré des mains des acheteurs et
« que le paiement en soit effectué. Sans doute le plus sou-
« vent le versement à la Caisse des Consignations est la
« mesure la plus prudente. Mais il n'est pas impossible
« de supposer qu'il soit urgent de mettre l'argent aux
« mains du saisissant pour un emploi défini qui ne souffre
« pas de retard.

« Redisons-le avec le texte de la loi : *l'urgence voilà*
« *ce qui légitime la décision du président, tout ce qui est*
« *urgent il peut l'ordonner*. La loi ne borne pas son pouvoir

« aux mesures conservatoires. De ce que la décision rendue
« par le président en référé est provisoire et peut être rem-
« placée par une décision contraire rendue au principal, il
« suit que le *président doit autant que possible* et dans sa
« sagesse *s'arrêter aux mesures qui ne compromettent*
« *pas définitivement un intérêt*, qui admettent une répa-
« ration du moins par équivalent.

« Il doit ménager tous les intérêts dans l'avenir et pré-
« parer l'effet d'une décision contraire à la sienne, mais
« cela est susceptible d'applications très variées et relève
« surtout de la sagesse du président. *L'urgence, telle est la*
« *raison, la règle, la seule condition et la seule limite de*
« *son pouvoir.* Or, il ne faut pas confondre avec l'urgence,
« le désir d'empêcher que les valeurs soient absorbées par
« les frais ».

—————— — —— — ——

DEUXIÈME PARTIE

DU RECOURS AU JUGE DES RÉFÉRÉS DANS LES DIFFICULTES
QUI S'ELÈVENT AU COURS DE L'EXECUTION DES TITRES EXECUTOIRES

CHAPITRE PREMIER

DE LA COMPÉTENCE DU JUGE DES RÉFÉRÉS DANS LES DIFFICULTÉS SUR L'EXÉCUTION.

Après avoir donné compétence au juge des Référés dans tous les cas d'urgence, et nous sommes fixés maintement sur ce que nous devons entendre par là, l'article 806 lui permet encore d'intervenir « lorsqu'il s'agira de statuer provisoirement sur les difficultés relatives à l'exécution d'un titre exécutoire ou d'un jugement ».

Ces difficultés qui peuvent surgir au cours de l'exécution des titres exécutoires, sont de deux sortes, quant aux motifs sur lesquels l'opposition soulevée prétend s'appuyer.

Ou bien c'est le titre lui-même en vertu duquel l'exécution est poursuivie qu'on attaque, ou bien ce sont les actes de la procédure d'exécution eux-mêmes.

Dans les oppositions qui s'attaquent au titre lui-même, on prétendra par exemple que le titre n'est pas exécutoire, qu'il n'a pas été signifié, s'il s'agit d'un jugement par défaut qu'il est périmé faute d'avoir été exécuté dans le délai imparti par la loi, s'il s'agit d'un jugement contradictoire qu'il a été frappé d'appel alors que l'exécution provisoire n'en avait pas été ordonnée. Ou bien encore le débiteur poursuivi prétendra qu'il s'est libéré des condamnations prononcées contre lui ou qu'il a fait des offres dont la validité est soumise au tribunal . . . .

Ou bien il s'agit de difficultés soulevées à l'occasion des actes mêmes de la procédure d'exécution : Le débiteur prétend que le commandement, qui, aux termes de l'article 583 Pr. doit précéder toute saisie-exécution, n'a pas été fait ou est nul, ou bien qu'il a été compris dans la saisie des objets déclarés insaisissables par la loi, ou bien qu'il a entre les mains une saisie-arrêt sur les sommes qu'il doit à son créancier et à l'occasion desquelles celui-ci exerce les poursuites. Ou bien c'est un tiers qui intervient et qui prétend que les objets saisis lui appartiennent, à lui contre lequel le titre, en vertu duquel on agit, ne contient aucune condamnation . . . .

Toutes ces difficultés soulevées au cours de la procédure d'exécution par le débiteur qu'on exécute ne sont pas quelque chose de nouveau, la pratique ancienne les prévoyait déjà, et il semble bien, ainsi que nous l'avons dit plus haut que c'est pour trancher les difficultés de cette nature qu'au Châtelet de Paris le recours au lieutenant civil en son hôtel fut admis tout d'abord.

Cependant à notre avis le recours au lieutenant civil en son hôtel, sous l'empire de l'ancienne procédure, admis pour avoir la solution rapide des difficultés d'exécution, ne reposait pas sur les mêmes idées qui ont poussé les rédacteurs du Code de procédure à autoriser dans les mêmes cas le recours au juge des Référés.

Nous avons dit et essayé de prouver que dans l'ancienne pratique c'était à cause de l'urgence, qu'il pouvait y avoir pour un créancier muni d'un titre exécutoire à faire opérer la main-mise de justice sur les biens de son débiteur, que le recours au lieutenant-civil en son hôtel était autorisé. Nous avons montré qu'il ne s'agissait pas là d'un recours autorisé pour donner a un créancier armé d'un titre exécutoire la satisfaction d'arriver plus rapidement à la réalisation des biens de son débiteur

Nous en avons trouvé la preuve, dans ce fait bien caractéristique, que le lieutenant-civil n'était compétent pour connaître des difficultés soulevées au cours de l'exécution qu'autant que ces difficultés avaient surgi avant la saisie et dans le but d'empêcher la réalisation de cette main-mise de justice ; mais que le procès-verbal de saisie une fois dressé, les difficultés qui pouvaient encore s'élever et qui pouvaient se manifester par l'opposition du débiteur à l'enlèvement ou à la vente des objets saisis ne permettaient plus de recourir au lieutenant-civil statuant comme juge des Référés.

La théorie du Code de procédure nous paraît être à ce point de vue tout différente de celle de l'ancien droit et donner à la compétence du juge des Référés un champ d'application beaucoup plus vaste. « Lorsqu'il s'agira de statuer sur les difficultés relatives à *l'exécution* d'un titre exécutoire ou d'un jugement » dit l'article 806, c'est donc de l'exécution complète, de celle qui commence avec le commandement de payer pour aller jusqu'à la vente qu'il s'agit ; les termes généraux de l'article 806 donnent à n'en pas douter compétence au juge des Référés, pour connaître des difficultés soulevées à quelque moment à l'occasion de quelqu'acte que ce soit de l'exécution. C'est ainsi d'ailleurs que la disposition de l'article 806, que nous étudions en ce moment, a été universellement comprise et appliquée par les auteurs et la jurisprudence.

Mais qu'en conclure si ce n'est que, dans les matières qui nous occupeut, ce ne peut plus être l'urgence qui justifie le recours au juge des Référés.

L'urgence nécessitait le recours dans les cas dans lesquels l'ancienne procédure l'autorisait ; quand il s'agissait de statuer sur des difficultés antérieures à la saisie et devant avoir pour résultat d'ajourner cette saisie. Mais quand la saisie est pratiquée, les actes ultérieurs de la poursuite peuvent se heurter à un obstacle qui les arrête et les ajourne, qu'importe, il n'y a pas d'urgence, au sens technique de ce mot, à faire statuer sur ces difficultés, le créancier n'a pas en effet le droit de craindre la disparition des biens de son débiteur qui ont été placés sous la main de justice, il les retrouvera toujours, quelque soit la durée du retard qu'il devra subir ; à ce point de vue donc aucun préjudice ne le menace. C'est il nous semble une idée tout autre qui a amené le législateur moderne à autoriser dans notre matière de l'exécution le recours au juge des Référés d'une façon aussi générale :

« Le but du Référé sur l'exécution des titres exécutoires, dit M. Bertin n° 94, c'est de créer des garanties spéciales et exceptionnelles en faveur des possesseurs de titre authentiques *pour mettre un terme aux spéculations des débiteurs qui éternisent les poursuites d'exécutions* » C'est la même idée qui est présentée par M. de Belleyme (T. 2, 2ᵉ édit. p. 62). « Les Référés sont spécialement institués pour statuer sur les difficultés relatives à l'exécution des titres exécutoires et des jugements parce que *la loi comme la raison ne peut pas soumettre le porteur d'un titre ayant force d'exécution à un procès pour cette exécution.* »

Ainsi donc, et c'est l'idée qui ressort de çes citations, le bon fonctionnement de la justice et le bon renom de ses arrêts, exigent qu'un débiteur qui a usé de toutes les exceptions, que la procédure lui permettait d'opposer, pour retarder autant que possible le moment où son créancier pourrait obtenir un titre exécutoire contre lui, ne doit pas, quand ce but a été enfin atteint malgré tous les efforts de sa résistance, trouver dans les lenteurs de la procédure le moyen d'ajourner encore le moment ou il pourra être définitivement exécuté, en soulevant à chaque acte nouveau de la procédure une exception nouvelle réclamant pour être levée l'intervention des juridictions ordinaires.

Si l'on ne peut pas accorder au créancier muni d'un titre exécutoire le droit exorbitant de passer outre à l'exécution au mépris des oppositions sans nombre qu'un débiteur de mauvaise foi ne manquera jamais de soulever, ce serait vraiment par trop se prêter aux manœuvres de ce débiteur de mauvaise foi, que de condamner le créancier à recourir dans ces cas à la juridiction ordinaire et à attendre, on sait pendant quel temps, sa sentence. C'est pour donner une satisfaction aussi complète que possible à ces deux intérêts opposés que le législateur de 1807 a imaginé d'appeler, pour trancher ces difficultés d'exécution, une juridiction dont les décisions rapides ne donneraient pas aux débiteurs de mauvaise foi la satisfaction qu'ils recherchaient d'ordinaire en entravant l'exécution, celle de retarder indéfiniment le moment fatal. Et ceci admis, la juridiction du juge des Référés n'était-elle pas tout indiquée pour remplir cette mission.

Des auteurs ont cependant pensé que l'urgence était dans tous les cas indispensable pour justifier le recours au juge des Référés ; et en présence de la disposition si formelle de l'article 806 autorisant sans distinction le recours au juge des Référés lorsqu'il s'agira de statuer provisoirement sur les difficultés d'exécution, ces auteurs soutiennent que s'il en est ainsi, si le législateur de 1807 a attribué d'une façon aussi générale la connaissance de ces difficultés au juge des Référés, sans qu'il y ait ou non à rechercher si

elles présentent les caractères de l'urgence, c'est qu'il a
établi pour la solution de ces difficultés la présomption
d'urgence. C'est la théorie de M. Chauveau, c'est encore
celle de M. Rodière. Et cependant il nous semble bien
difficile en présence du texte même de l'article 806 de ne
pas saisir l'intention du législateur d'autoriser le recours
au juge des Référés dans deux séries d'hypothèses absolument distinctes. Le législateur pouvait-il vraiment s'expliquer dans ce sens avec plus de clarté, et ne faut-il pas
vouloir trouver dans un article de loi la confirmation d'une
idée préconçue, pour avoir vu dans la disposition de l'article
806 autre chose que ce que nous y avons trouvé.

La valeur des termes de l'article 806 dans le sens de la
théorie que nous soutenons n'a pas échappé à M. Boitard,
et le savant professeur qui se croit obligé de mettre ce
texte d'accord avec la théorie qui est la sienne de la nécessité de l'urgence dans tous les cas de recours au juge des
Référés, déclare l'article 806 vicieux dans ses termes et
mal rédigé. C'est à coup sûr trop facile d'écarter ainsi un
argument de texte, l'article 806 reste donc avec toute sa
force à l'appui de notre théorie.

Les paroles de l'orateur du gouvernement au Corps législatif ne sont d'ailleurs pas moins probantes. Il ressort
avec évidence de l'exposé des motifs présenté par Réal que,
dans l'esprit de cet auteur du projet, il devait y avoir deux
sortes de recours au juge des Référés, absolument distincts l'un de l'autre, et que ce n'est pas par inadvertance,
par suite d'une rédaction vicieuse, ne rendant pas avec

exactitude l'idée de son auteur, que l'article 806 a établi la distinction que nous avons soulignée.

« Les règles tracées par la *seconde partie de cette disposition* (celle relative aux difficultés sur l'exécution), dit Réal, sont assez fortement prononcées pour qu'on ne puisse les franchir sans une évidente mauvaise foi. Quelques personnes ont paru craindre qu'il ne fût facile d'abuser des cas d'urgence dont parle la *première partie* et de faire porter sous cette dénomination à l'hôtel du président. . . . . . .

. . . . »

Ainsi donc, d'après Réal, on peut craindre qu'on cherche à abuser des cas d'urgence, on peut craindre que sous le prétexte d'urgence, le juge des Référés ne connaisse d'un trop grand nombre de contestations ; mais une pareille crainte ne peut pas exister, ajoute l'orateur du gouvernement, quand il s'agit des difficultés sur l'exécution ; qu'est-ce à dire, sinon que pour ces difficultés-là, la question d'urgence ne joue aucun rôle, et que dans tous les cas le juge des Référés est compétent.

Le texte formel de l'article 806, les paroles non moins formelles de l'orateur du gouvernement au Corps législatif, viennent donc corroborer l'induction que nous avions tirée de la comparaison de la disposition qui nous occupe avec la règle corrrespondante que l'on observait dans l'ancienne procédure, et nous permettent de dire d'une façon presque certaine que l'intention du législateur de 1807 a été d'autoriser deux sortes de recours au juge des Référés, recours fondés sur des idées absolument différentes l'une de l'autre.

Nous devons reconnaître que cette manière de voir est loin d'être universellement admise. Notamment le législateur belge, réformant les dispositions de notre Code de procédure qu'il avait suivies jusqu'alors, ne parle pas dans la loi du 25 mars 1876, de la compétence du juge des Référés en cas de difficultés snr l'exécution des titres exécutoires. Et M. Alfred Moreau (*De la juridiction des Référés*, n° 114) nous dit que cette omission n'a apporté aucune modification aux droits de juridiction du président ; que le projet de la commission parlementaire indiquait spécialement comme causes de référé, les contestations en matière d'exécution de titres et que cette mention fut supprimée par la Chambre, parce que cette rédaction pouvait faire supposer que toute contestation quelconque, même dépourvue d'urgence, en matières de poursuites judiciaires, pouvait être soumise au juge des Référés. S'il en est ainsi, et comme il n'apparaît pas que le législateur belge ait entendu modifier la législation préexistante, c'est donc qu'il interprétait cette législation préexistante, qui n'était autre que le Code de procédure, dans le sens de la théorie que nous avons combattue.

Reconnaissons d'ailleurs que la question de savoir si les difficultés survenues au cours de l'exécution doivent présenter le caractère d'urgence pour justifier le recours au juge des Référés, ne présentera pas dans la pratique un intérêt considérable.

L'idée que la jurisprudence se fait de l'urgence est en effet assez large pour comprendre toutes ces difficultés, c'est donc une règle plutòt théorique que nous nous sommes efforcé d'établir, théorique en ce sens du moins, que le parti que l'on prendra sur cette question n'aura que dans une faible proportion pour résultat, d'augmenter ou de diminuer le nombres des cas dans lesquels le recours au juge des Référés sera autorisé.

Mais au point de vue de l'étude des pouvoirs du juge des Référés dans la solution des difficultés qui nous occupent l'adoption de l'une ou de l'autre des théories que nous avons exposées sera du plus grand intérêt et entraînera des conséquences très différentes. Si l'intervention du juge des Référés, n'est jamais justifiée par un autre intérêt que l'urgence, il n'y aura pas lieu d'étudier à nouveau, pour les difficultés sur l'exécution, l'étendue des pouvoirs du juge des référés, il n'y aura qu'à renvoyer à l'étude que nous en avons antérieurement faite à propos des référés fondés sur l'urgence.

Si au contraire, comme c'est notre théorie, la compétence du juge des Référés dans la solution des difficultés qui nous occupent repose sur une idée tout autre que celle de l'urgence, cette différence dans la raison de l'intervention du juge des Référés pourra bien entraîner avec elle une différence profonde dans la mesure et les limites de cette intervention.

Mais avant d'aborder cette étude des pouvoirs du juge des Référés dans les difficultés sur l'exécution disons en quelques mots quels sont ces titres que l'article 806 entend désigner sous le nom de titres exécutoires :

Ce sont d'abord, et sans aucun doute, les jugements prononcés par les tribunaux civils, par les tribunaux de commerce, par les juges de paix, par les conseils de prud'hommes, les sentences arbitrales rendues exécutoires, les jugements correctionnels ou de simples police statuant sur des réparations civiles, les exécutoires de dépens, les exécutoires en matière de compte, les bordereaux de collocation en matière d'ordre etc. . . . . . . les actes notariés.

Ce sont également les arrêts de la Cour de Cassation et les arrêts des Cours d'appel.

D'autre part il n'est pas douteux que le juge des Référés ne doit pas connaître des difficultés pouvant surgir sur l'exécution des actes de la juridiction repressive. L'expression de titres exécutoires ne s'appliquerait que difficilement à ces actes et d'ailleurs c'est une régle élémentaire du droit que les juridictions civiles ne doivent jamais à quelque titre que ce soit connaître des actes de la justice repressive.

La question est plus délicate en ce qui concerne les contraintes administratives. Cependant et par les conditions dans lesquelles elles sont délivrées et par les conséquences qu'elles entraînent il semble bien que les contraintes administratives constituent des titres exécutoires.

CHAPITRE II

DES POUVOIRS DU JUGE DES RÉFÉRÉS DANS LES DIFFICULTÉS SUR L'EXÉCUTION

Pour les cas de recours au juge des référés basés sur l'urgence, nous nous sommes efforcés d'établir que les pouvoirs du juge des référés étaient aussi étendus que les nécessités de l'urgence. C'est donc dans le but poursuivi par le législateur en autorisant dans ces cas d'urgence, l'intervention du juge des référés, que nous avons cherché et trouvé quelle devait être la mesure de cette intervention.

C'est en suivant une semblable méthode que nous chercherons à déterminer l'étendue des pouvoirs du juge des référés dans les difficultés s'élevant au cours de l'exécution des titres exécutoires.

Nous avons dit dans le précédent chapitre que ce n'était pas à raison de l'urgence que le juge des référés était compétent pour statuer sur les difficultés s'élevant au cours de l'exécution, nous avons montré que les auteurs du projet de Code de procédure, hommes très au courant de la pratique des affaires, avaient été touchés des obstacles innombrables qu'un débiteur sur le point d'être exécuté ne manquait jamais de soulever pour entraver cette exécution. Ils avaient remarqué qu'à cet égard les ressources inventives des débiteurs étaient infinies, qu'ils ne succombaient sur une exception que pour en faire naître une autre et qu'il n'y avait guère d'exemple de débiteurs laissant une exécution se poursuivre, faute d'avoir trouvé une exception nouvelle à soulever contre elle. Ils connaissaient les efforts que la pratique ancienne avait faits de très bonne heure pour porter dans la mesure du possible un remède à cet abus fâcheux à tous égards, et notamment la pratique des « sentences de passé outre nonobstant toutes oppositions ultérieures ». Mais c'était là un remède bien imparfait : Et d'abord ces sentences de passé outre nonobstant toutes oppositions ultérieures, n'étaient en général rendues que lorsque plusieurs exceptions avaient été déjà soulevées par le débiteur et repoussées comme purement dilatoires, ce qui faisait apparaître d'une façon presque certaine, la mauvaise foi de ce débiteur : D'un autre côté, la sentence de passé outre une fois prononcée, on repoussait sans examen, toute prétention nouvelle émise par le débiteur, et s'il est bien vrai qu'il y avait alors toutes les chances possibles, pour que les difficultés nouvelles aient été soulevées dans un but purement dilatoire, il n'en était pas moins dur et excessif de les repousser sans examen.

C'est en présence de ces considérations, et pour donner dans la mesure du possible satisfaction à des intérêts si difficiles à concilier, que les auteurs du projet du code de procédure ont reconnu la nécessité de donner à une juridiction dont les décisions pourraient être en quelque sorte instantanées, la mission d'examiner et de résoudre ces difficultés surgissant au cours de l'exécution forcée. Et ce principe admis la juridiction des Référés n'était-elle pas tout indiquée pour remplir cette mission ?

Il y avait là une innovation sur la pratique ancienne qui, comme nous l'avons montré, n'autorisait le recours à l'hôtel du juge qu'à raison de l'urgence.

Dans les matières qui nous occupent, le rôle du juge des Référés consistera à rechercher si la mauvaise foi et l'intérêt purement délatoires n'éclatent pas avec évidence dans les exceptions soulevées par le débiteur au cours de la procédure d'exécution suivie contre lui ; et dans les cas où il arrivera à faire cette constatation, il aura le pouvoir de permettre qu'il soit passé outre à l'exécution sans s'arrêter à l'exception soulevée, laissant au débiteur le droit de saisir la juridiction compétente de la prétention qu'il a émise.

Voici les deux règles qui nous paraissent déterminer avec le plus d'exactitude le rôle et les pouvoirs du juge des Référés, juge des difficultés sur l'exécution.

1° Il aura à examiner les raisons sur lesquelles le débiteur s'appuie pour s'opposer à l'exécution suivie contre lui ; et sans entrer dans l'examen approfondi du droit allégué, il devra rechercher si la prétention du débtteur présente quelqu'apparence de raison ; si au contraire il n'apparait pas avec évidence qu'elle ne repose sur aucun fondement sérieux et qu'elle n'a été soulevée que dans un but purement délatoire ;

2° Et à suppposer que le juge des Référés acquière la

conviction que le débiteur est un homme de mauvaise foi, dont la prétention apparait évidemment comme une manœuvre dilatoire, il devra ordonner le passé outre à l'exécution.

§ I. *Le président doit examiner la prétention de celui qui s'oppose*
à l'exécution et rechercher si elle n'apparait pas avec
évidence comme une manœuvre dilatoire.

Le président du tribunal se trouvera donc ici appelé à statuer sur la même question que celle dont le juge du principal pourra ultérieurement être saisi :

Ceci ne nous paraît d'ailleurs nullement en contradiction avec la disposition de l'article 809, aux termes de laquelle « les ordonnances de référé ne feront aucun préjudice au principal ». Nous avons dit plus haut que cette disposition n'avait nullement pour but de restreindre et de limiter les pouvoirs du juge des Référés. Pour les auteurs qui pensent, contrairement à l'opinion que nous avons émise, que la disposition de l'article 809 a pour but de restreindre dans des limites très étroites le champ d'appréciation et de décision du juge des Référés, ils se trouvent bien embarassés pour mettre cette règle en application dans les matières qui nous occupent.

C'est qu'en effet la règle. ou plutôt la prétendue règle de l'article 809 ne fait pas de distinction, et par conséquent doit limiter, si c'est une limitation qu'il faut y voir, les pouvoirs du juge des référés dans tous les cas qu'il s'agisse des cas urgents ou des difficultés d'exécution. Et cependant comme le dit M. Chauveau (9 2754 *ter*) : « Si l'on adoptait le système opposé (celui qui refuse au juge des référés le droit d'entrer dans l'examen du fond du droit) et qu'on le suivit dans ses plus rigoureuses conséquences, il serait vraiment impossible de dire quelle est la compétence du juge des référés dans les difficultés relatives à l'exécution, ou plutôt il n'en aurait aucune. En effet il n'est point d'hypothèse en cette matière où le magistrat ne doive examiner soit le titre, soit les actes par lesquels on cherche à en détruire l'effet, pas d'hypothèse où le sursis à l'exécution ne soit l'objet de la demande portée devant lui. — Si donc on lui défend d'une manière absolue d'interpréter ces actes, c'est lui défendre également d'en apprécier le sens et si la connaissance du fond lui est absolument interdite comment connaîtra-t-il de l'exécution qui n'en est que la conséquence ».

Aussi, écrasées sous le poids de ces deux nécessités inconciliables : Voir le rô'e du juge des référés réduit à néant dans les difficultés sur l'exécution, ou voir la prétendue règle de l'art. 809 fortement endommagée, les partisans de la doctrine que nous avons combattue prennent le parti heroïque de supprimer la règle restrictive, dans la mesure du moins ou son application serait incompatible avec la mission confiée au juge des référés par le second paragraphe de l'article 806 : « En matière d'exécution, dit M. Octave Gérard, la séparation du principal et du provisoire ne se présente plus de même. . . . .

. . . .

. . . . . le juge devra entrer forcément dans l'examen des titres qui lui sont soumis comme le ferait le tribunal lui-même si par exemple on lui demandait en vertu de ces mêmes titres la nullité de l'exécution » — Ainsi donc tous ces auteurs qui voyaient un abus de pouvoirs, une violation de la règle de l'art. 809, quand il s'agissait des matières urgentes, dans le fait pour un juge des référés d'entrer dans l'examen du fond du litige, ne sont plus aussi exigeants quand il s'agit des difficultés sur l'exécution. Ils acceptent alors la théorie de M. le conseiller Gouget, telle qu'elle est exposée dans le rapport sur le pourvoi à l'occasion duquel est intervenu l'arrêt de la Chambre des Requête du 18 janvier 1874.

Avec le savant magistrat, ils considérent que la règle de l'art 809 est ici suffisamment respectée par cela seul que ce n'est pas sur la question elle-même, qui pourra ultérieurement être soumise au juge du fond, que le juge des Référés est appelé à statuer. Celui-ci aura évidemment à rechercher le bien fondé, apparent au moins, de la prétention qui constitue le fond du litige et ce sera l'opinion qu'il se sera formée à ce sujet qui l'amènera à statuer dans tel sens ou dans tel autre, mais sa sentence ne devra pas contenir de décision sur la question litigieuse elle-même.

Nous nous sommes efforcés de démontrer précedemment la subtilité de cette théorie et nous n'avons pas à revenir sur cette démonstration. Mais qu'il nous soit permis de tirer un nouvel argument, contre la théorie que nous avons combattue plus haut, de ce fait que les partisans de la restriction des pouvoirs du juge des Référés comprennent et appliquent d'une façon différente la règle, restrictive selon eux, de l'article 809, suivant que l'on se trouve en présence d'un recours au juge des Référés fondé sur l'urgence ou d'un recours pour qu'il soit statué sur des difficultés d'exécution ; et cela quand l'art. 809 ne fait aucune distinction. M. de Belleyme qui, lorsqu'il s'agissait des cas urgents, voyait dans la disposition de l'article 809 une règle ayant pour but de restreindre les pouvoirs du juge des Référés dans de très étroites limites, supprime toute restriction à ces pouvoirs dans les matières qui nous occupent : « On peut encore se pourvoir en référé lorsqu'il s'agit de statuer provisoirement sur les difficultés relatives à l'exécution des titres exécutoires et des jugements, le créancier pour lever l'obstacle, le débiteur pour suspendre l'exécution. C'est la conséquence de ce principe que la provision est due au titre et à la chose jugée. L'expression statue provisoirement doit s'entendre non d'une mesure mais d'une décision provisoire. *Le président juge provisoirement la question principale.* L'article 76 de l'Edit de 1685 et les anciens auteurs admettaient le droit de juger provisoirement et *c'est parce que la décision ne peut préjudicier au principal que le Code porte statuer et non juger*, ordonnance et non jugement. »

Nous n'aurions vraiment pas pu dire aussi bien à l'appui de notre théorie. Ainsi donc, et c'est M. de Belleyme qui parle, dans les référés sur l'exécution la règle que les ordonnances de référé ne préjudicient pas au principal est supprimée, ou plutôt n'a pas d'autre sens que celui-ci : que l'existence d'une ordonnance de référé n'empêchera pas la juridiction compétente, ultérieurement saisie de la question litigieuse, d'examiner cette question et de la résoudre avec une liberté aussi entière que si aucune juridiction n'avait jamais été appelée à en connaître. Mais c'est justement ainsi que nous avons expliqué la règle ou plutôt la disposition de l'art. 809. Mais alors pourquoi ne plus admettre la même explication quand il s'agit de référés basés sur l'urgence. M. de Belleyme se croit autorisé à donner l'explication qui précède en s'appuyant sur les termes de l'art. 806 : statuer provisoirement. Nous ne pensons pas qu'il faille attacher à ces mots l'importance qu'y attache M. de Belleyme. En tous cas quels que soient les termes de l'art. 806, la disposition de l'art. 809 ne fait aucune distinction, et si elle peut avoir dans les cas de Référé sur l'exécution le sens que lui donne M. de Belleyme, elle doit s'expliquer de la même façon quand elle s'applique aux référés fondés sur l'urgence. Quoi qu'il en soit, l'opinion très dominante sur l'étendue des pouvoirs du juge des référés dans les difficultés sur l'exécution reconnait à celui-ci le droit, et même lui impose l'obligation, d'examiner le fond des prétentions que le débiteur oppose à l'exécution qu'il prétend arrêter :

Bertin, pes 105, 106 et 107 (loc. cit.). — Moreau, p. 122 (loc. cit.), — Girard, p. 61 (loc. cit.)

Une jurisprudence à peu près unanime admet le même principe. C'est ainsi que deux arrêts de la Cour de Paris, l'un du 8 février 1844, P. 44, 1, 249, et l'autre du 26 février 1884, S. 86, 2, 204 reconnaissent au juge des Référés le droit de décider que des offres réelles, qui avaient été faites au cour de l'exécution, et dont le débiteur se prévalait, n'étaient pas de nature à arrêter l'exécution. C'est encore par application de ce principe que la Cour de Cassation a décidé, dans un arrêt du 7 janvier 1885, S. 85, 1, 153, que le juge des référés n'avait pas outrepassé ses pouvoirs, en ordonnant qu'il soit passé outre à l'exécution, au mépris d'une saisie-arrêt reconnue pratiquée entre les mains du débiteur dans le but d'entraver l'exécution.

En matière de demandes en revendication d'objets saisis, formées par des tiers, une foule d'arrêts reconnaît au juge des Référés le droit d'entrer dans l'examen des raisons et des titres sur lesquels ces demandes sont fondées.

Nous trouvons cependant dans le sens contraire de cette jurisprudence deux arrêts, l'un de la cour de Paris du 25 avril 1877, J. avoués 102.250, et l'autre de la Cour de Grenoble du 3 juin 1842, S. 46, 2.455, lesquels déclarent que le juge des Référés est incompétent pour apprécier la validité et la régularité d'un appel interjeté d'un jugement de première instance, et que par la suite il ne peut ordonner la continuation des poursuites pratiquées en vertu de ce jugement, alors même que le créancier allègue que cet appel est tardif.

Malgré ces quelques divergences, on peut considérer

comme universellement admis, en thèse générale au moins,
que dans nos matières le juge des Référés est compétent
pour examiner les prétentions de celui qui déclare s'opposer
à la poursuite de l'exécution, mais cependant il ne faudrait
pas aller trop loin dans ce sens.

Si l'on devait imposer au juge des Référés l'obligation
d'entrer dans l'examen minutieux, et l'appréciation approfondie des prétentions alléguées, et si partant il était tenu
de recourir à tous les procédés d'information et d'instruction qu'emploient d'ordinaire les juridictions de droit commun, nomination d'expert, enquêtes, descentes sur lieux,
comparution de parties, conclusions signifiées et déposées,
plaidoiries à l'audience, etc, etc, il aurait été vraiment bien
inutile de créer à côté des juridictions ordinaires, et à raison
même des lenteurs de ces juridictions, une juridiction
exceptionnelle que l'observation des mêmes formalités eut
soumise aux mêmes lenteurs. Les raisons mêmes. qui
avaient présidé à la création de la juridiction des référés,
imposaient à cette juridiction l'obligation de renoncer aux
moyens d'information et d'instruction employés d'ordinaire,
et de s'en tenir aux recherches absolument indispensables pour lui permettre de statuer à vue d'œil.
qu'on nous permette cette expression qui rend bien
notre pensée.

Nous avons eu l'occasion de le dire précédemment, les
juridictions aux formes simplifiées ne peuvent pas donner aux
plaideurs, les mêmes garanties que les autres juridictions,
et c'est la logique, car s'il en était autrement il faudrait

supprimer ces dernières. Dans le cas spécial des référés, c'est dans un intérêt de rapidité qu'on renonce aux garanties ordinaires de la justice.

Dans les difficultés qui s'élèvent au cours de l'exécution, nous nous trouvons d'un côté en présence de l'intérêt légitime d'un créancier armé d'un titre exécutoire et qui demande à exécuter son titre, sans que cette exécution puisse être entravée par des oppositions du débiteur, soulevées dans un but purement dilatoire, c'est du moins ce qu'il soutient. Mais nous nous trouvons aussi en présence de l'intérêt non moins légitime du débiteur, qui prétend au contraire, avoir de justes raisons pour empêcher l'exécution, de suivre son cours et de consommer sa ruine. D'examen complet et détaillé du fondement des prétentions du débiteur, il ne peut en être question, nous venons de le démontrer. Qu'aura donc à rechercher le juge des Référés à qui il faut bien cependant accorder un certain droit d'examen : *l'apparence.*

Mais d'un autre côté, ce juge des Référés ne devra pas oublier, et c'est pour en arriver à dégager cette idée que nous avons mis en regard les deux intérêts opposés, que les deux parties qui sont en présence sont dans une situation bien différente l'une de l'autre : le créancier demande que les prétentions de son adversaire ne soient point examinées, et qu'on passe outre, le débiteur ne demande qu'une chose, qu'on lui permette d'aller utilement devant la juridiction ordinaire exposer et prouver

le bien fondé de ses prétentions et qu'en attendant là décision de cette dernière, on suspende l'exécution.

La conclusion nous paraît s'imposer, c'est qu'il faudra
vraiment, pour refuser au débiteur la satisfaction qu'il
demande, que le manque de fondement de ses prétentions saute aux yeux avec beaucoup d'évidence ; mais
rassurons-nous, cela arrivera souvent.

Précisant encore avec plus de soin la mission du juge
des Référés en cette matière, nous dirons donc que, si le
caractère purement dilatoire de l'opposition soulevée par le
débiteur contre l'exécution, n'apparaît pas au premier examen, au premier coup d'œil, le juge des Référés devra
donner satisfaction à la demande de ce dernier et ordonner
la suspension des poursuites d'exécution, la discontinuation des poursuites, comme on dit dans la pratique.

Nous n'avons vu énoncer nulle part d'une façon formelle cette règle limitative du droit d'examen du juge des
Référés dans les difficultés relatives à l'exécution que nous
venons de poser. M. Bazot nous paraît cependant tacitement le reconnaître.

Se demandant en effet quels sont les pouvoirs du juge
des Référés dans le cas où sur l'exécution survient de la
part d'un tiers une demande en revendication d'objets saisis,
M. Bazot ne reconnaît au juge des Référés le droit d'ordonner le passé outre et la continuation des poursuites,
qu'autant que la revendication apparait comme évidemment
frauduleuse. Il serait peut-être toutefois téméraire de

conclure de la décision donnée par M. Bazot dans cette espèce spéciale, que cet auteur admettrait dans tous les cas la solution dérivant du même principe ; d'autant que dans le cas spécial, il semble porté à limiter les pouvoirs du juge, à raison de ce fait, qu'une demande en revendication a été formée devant le tribunal. Pour nous, la question de savoir si le tribunal est saisi ou non de la question qui forme le fond de prétentions du débiteur est tout à fait indifférente au point de vue de la compétence et des pouvoirs du juge des Référés.

Nous avons encore trouvé l'application à un cas spécial de la règle que nous venons de poser : c'est dans un arrêt de la Cour de Paris du 23 décembre 1891 (Gaz. trib. 22 janv. 92) infirmant une ordonnance du président du tribunal de la Seine et dont nous nous contentons de rapporter le sommaire ; « En matière de revendication de meubles saisis, *si la fraude n'est pas manifeste* c'est au juge du principal à statuer sur le litige, et le juge des Référés n'est pas compétent pour ordonner la continuation des poursuites de saisie exécution ».

A propos de cette question des pouvoirs des juges des référés dans les difficultés sur l'exécution, il nous paraît intéressant de faire connaitre une pratique qui est en très grand honneur au tribunal de la Seine, pratique, empressons nous de le dire, qui nous paraît absolument vicieuse. Nous voulons parler des constats rédigés par les huissiers audienciers sur l'ordre qui leur est donné par les juges des référés, quand il se présente des difficultés nécessitant soit la constatation de certains faits soit même un examen et une étude sérieuse et approfondie de certaines questions. Cette pratique nous paraît peu recommandable à un double point de vue. D'abord il nous semble, et il y a là une idée qui serait bien féconde en applications, qu'une juridiction manque absolument à la mission qui lui a été confiée quand, appelée à connaître d'une contestation déterminée, elle se décharge sur une personne étrangère à la justice, qu'elle l'appelle, expert, arbitre ou huissier dressant des constats, peu importe. du soin de résoudre cette contestation. Or il ne faut pas s'y tromper le constat dressé par l'huissier ne contient pas comme son nom pourrait le faire croire de simples constatations de fait ; l'huissier y examine sous tous ses aspects et à tous les points de vue la question litigneuse et termine cet examen en proposant la solution qui lui paraît la meilleure ce constat est donc une véritable consultation dont les conclusions influent d'ordinaire beaucoup sur la décision qui sera rendue par le juge des référés ; n'en disons pas plus.

A un autre point de vue plus spécial, et qui se rattache davantage au sujet qui nous occupe, la pratique des constats nous paraît défectueuse. Elle suppose en effet que la mission du juge des Référés comporte un long et minutieux examen des questions qui lui sont soumises, l'huissier, délégué pour dresser le constat, se fait en effet remettre par les parties les pièces qu'elles peuvent avoir à l'appui de leurs prétentions, la remise de ces pièces peut être en outre accompagnée de notes explicatives d'une longueur illimitée

il pousse quelque fois le scrupule jusqu'à convoquer les
parties et, tout ce travail d'instruction terminé, il rédige
son constat, un véritable rapport, qu'il transmet au président. C'est trop compliqué pour un Référé, s'il est nécessaire de recourir à un examen aussi long et aussi minutieux pour convaincre le débiteur de mauvaise foi, c'est
que cette mauvaise foi n'est pas des plus évidentes,
et il faut lui permettre d'aller discuter ses prétentions
devant la juridiction ordinaire, on lui doit bien cette
garantie dans un cas aussi douteux.

§ II. *Quand la mauvaise foi du débiteur est patente, le juge des Référés doit ordonner la continuation des poursuites*

Par la première règle nous avons essayé de déterminer l'étendue du droit d'examen du juge des Référés. Cette
seconde règle a pour but de dire ce que le juge des Référés
peut prescrire.

Dans l'étude que nous faisons en ce moment de l'étendue des pouvoirs du juge des Référés dans les difficultés
sur l'exécution nous n'avons jamais invoqué la disposition de l'article 809, c'est qu'en effet, à notre avis,
cette disposition, pas plus pour les Référés sur les difficultés d'exécution que pour les Référés fondés sur l'urgence,
n'a eu pour but de déterminer et de limiter ces pouvoirs.

Dans le précédent paragraphe nous avons montré que

les auteurs qui n'admettaient pas notre manière de comprendre la disposition de l'article ?09, avaient cependant, pour le cas des référés sur les difficultés d'exécution, et en présence d'ailleurs de l'impossibilité où ils étaient de faire autrement, atténué la rigueur de leur principe et permis au juge des référés d'entrer dans l'examen de la question litigieuse elle-même.

Ces mêmes auteurs doivent au contraire se trouver à l'aise pour mettre d'accord notre seconde règle avec leur théorie la plus rigoureuse. Ce n'est pas en effet la question litigieuse elle même qu'aux termes de cette règle nous chargeons le juge des Référés de résoudre, ce n'est pas celle de savoir si le commandement qui a précédé la saisie exécution est valable, si l'appel dont le jugement, en vertu duquel les poursuites sont exercées, a été frappé est tardif, si les meubles saisis sont bien la propriété du débiteur : non, la solution de toutes ces questions est réservée au juge du fond, le juge des référés n'a, lui, qu'une question à résoudre, celle de savoir si la continuation des poursuites doit être ou non ordonnée.

Et nous reconnaissons en effet que dans les matières qui nous occupent, le juge des Référés outrepasserait ses pouvoirs, s'il faisait autre chose qu'ordonner la continuation des poursuites commencées ou en prescrire la suspension.

Mais à nos yeux cette limitation aux pouvoirs du juge des Référés, ne résulte nullement de la dispostion de l'article 809. Elle est fondée sur les raisons mêmes qui ont fait admettre le recours au juge des Référés dans les difficultés qui nous occupent, et nous nous sommes assez longuement expliqués sur ces raisons pour ne pas avoir à y revenir.

Nous avons dit que le juge des Référés ne pouvait que de deux choses l'une, ou bien ordonner la continuation des poursuites ou bien en prescrire la suspension — C'est donc qu'il ne peut jamais ordonner la suppression des actes de poursuite accomplis.

Et même quand le juge des Référés ordonnera la suspension des poursuites, il aura rendu une ordonnance d'une utilité pratique contestable, c'est ce dont il est facile de se rendre compte.

Le créancier muni d'un titre exécutoire, trouve en effet, dans la force de son titre le droit de passer outre à la poursuite de son exécution, quelque prétention et quelqu'obstable qu'on soulève contre elle pour en entraver le cours ; et l'officier de la force armée, requis par un huissier de lui prêter son concours, dans le cas où des difficultés matérielles s'opposent à l'accomplissement des actes de la procédure d'exécuiion, doit aveuglement se mettre lui et ses gens, à la disposition de cet officier ministériel, dès que celui-ci lui présente un titre revêtu de la formule exécutoire ; il est vrai que la possession d'un titre exécutoire qui donne aux créanciers des droits aussi considérables, aussi exorbitants, expose ce créancier et l'huissier qui a prêté son ministère aux risques et périls d'une exécution abusive. Si donc, malgré une opposition soulevée par le débiteur contre l'exécution dont il se prétend la victime, le créancier ou plutôt son huissier, refuse de s'arrêter et passe outre, ce créancier et cet huissier engagent gravement leur responsablilité, pour le cas au moins où la prétention émise par le débiteur et en vertu de laquelle il entendait arrêter l'exécution, viendrait ultérieurement à être reconnue bien fondée ; il n'est pas douteux que dans ce cas le débiteur obtiendrait de gros dommages-intérêts contre ceux qui ont peut-être consommé sa ruine ; et ce serait justice ; si l'exercice de ce droit exorbitant au premier abord, qui résulte pour un créancier de la possession d'un titre exécutoire, n'entraîne pas dans la pratique des abus très considérables, c'est sans doute d'abord parce que la direction de l'exécution est confiée à un officier ministériel présentant par son caractère toutes les garanties possibles de sagesse et de modération, mais c'est aussi parce que l'exercice abusif de ce droit exposerait le créancier et surtout son huissier aux plus graves réparations civiles indépendamment pour ce dernier des peines disciplinaires qui ne manqueraient pas de lui être infligées. La conclusion à tirer de tout ceci est que, lorsqu'un débiteur contre lequel une poursuite d'exécution est suivie, émettra des prétensionsqui. recconnues fondées, devraient avoir pour effet d'empêcher la procédure d'exécution de suivre son cours, il est bien certain que dès qu'il y aura dans les raisons alléguées la moindre vraisemblance, dès qu'il n'apparaîtra pas avec une clarté hors ligne que le débiteur n'a agi que sous l'empire de la mauvaise foi, l'huissier, prenant les devants, et pour sauvegarder sa responsabilité personnelle, assignera cet opposant devant le juge des Référés pour obtenir l'autorisation de continuer les poursuites malgré cette opposition. Et le juge des Référés saisi de l'examen des prétentions de ce débiteur, appelé à dire si elles présentent une apparence de raison suffisamment sérieuse pour motiver une discontinuation des poursuites, ou si au contraire il n'y a pas lieu d'ordonner la continuation pure et simple de celles-ci n'aura à prononcer de sentence que dans cette seconde alternative.

Evidemment le juge des référés ne peut pas se dispenser de statuer, lorsqu'il est régulièrement saisi, mais nous voulons dire que, lorsqu'il estimera qu'il n'y a pas lieu d'ordonner la continuation des poursuites, il devra se contenter de renvoyer la contestation au principal, en d'autres termes, dire qu'il y a lieu à référé. Et si l'effet de cette ordonnance de non lieu est bien en réalité de suspendre les poursuites d'exécution, ce but ne sera atteint en quelque sorte que par ricochet. Se déclarant incompétant pour statuer sur le mérite de l'obstacle soulevé par le débiteur, cela impliquera qu'il maintient cet obstacle, qu'il estime qu'il y a là de la part du débiteur l'émission d'une prétention qui mérite d'être examinée, devant la juridiction de droit commun compétente ; la conséquence de cette appréciation, c'est que le créancier qui n'a pas osé, alors qu'il en avait le droit, franchir sans y être autorisé l'obstacle soulevé, craignant d'engager sa responsabilité personnelle, engagerait d'une façon bien plus grave cette responsabilité si après s'être vu refuser l'autorisation sollicitée il passait outre à l'exécution.

Il y a là une garantie, contre la poursuite de la procédure d'exécution. presque certaine pour le débiteur, mais d'un autre côté c'est la seule garantie sur laquelle il puisse compter. Et si l'ordonnance renvoyant au principal défendait en même temps la continuation des poursuites cette défense serait inutile, elle n'aurait point pour effet de paralyser d'une façon compète les effets du titre exécutoire ; *stricto jure* le créancier conserverait son droit de poursuivre l'exécution, sans tenir compte de la disposition prohibitive de l'ordonnance rendue contre lui. — Dans la pratique courante les ordonnances de référé qui ordonnent dans ces circonstances le renvoi au principal prescrisent presque toujours en même temps la discontinuation des poursuites Mais les débiteurs, au profit desquels ces ordonnances sont rendues, se rendent si bien compte, que la garantie de ne pas voir se continuer contre eux les poursuites d'exécution commencées, ne résulte pas de la disposition prohibitive de l'ordonnance, que jamais ils ne la lèvent. Et comme les ordonnances de référé, rendues sur les difficultés d'exécution ne sont point transcrites sur un registre conservé au greffe, qu'il n'y en a point de minutes, que ce sont en quelque sortes des actes en brevet, quand les parties qui les ont obtenues n'en requièrent point du juge la délivrance il n'en reste plus de trace, en fait elles se trouvent réduites à néant.

Nous avons dit que si le juge des référés, saisi de difficultés soulevées à l'occasion de l'exécution d'un titre exécutoire, pouvait ordonner la continuation des poursuites et même leur suspension, sauf à rendre dans ce dernier cas une ordonnance pratiquement peu utile, il ne pouvait jamais faire main-levée des actes de la procédure d'exécution déjà accompli au moment où il avait été saisi.

Sur ce point d'ailleurs nous nous rencontrons avec l'opinion très générale des auteurs et celle de la jurisprudence ; mais presque tous ceux qui refusent du juge des référés le droit d'anéantir les actes d'exécution réalisés, invoquent dans ce sens la disposition de l'article 809, et pensent qu'en limitant ainsi les pouvoirs au juge des référés il ne font qu'imposer à celui-ci le repect de la règle aux termes de laquelle les ordonnances de référé ne doivent faire aucun préjudice au principal.

M. Bertin s'exprime ainsi à ce sujet : n° 146 : « Le juge des référés a t-il le droit d'apprécier la légitimité des actes de poursuite pratiqués avant que la contestation ait été portée devant lui ? Peut-il notamment ordonner la main levée d'une saisie ? La position seule de cette question peut paraître téméraire. Dans certaines circonstances, la main-levée d'une saisie a été demandée au juge des Référés ; mais les arrêts rendus en pareil cas ont décidé que le président exédait les limites de sa compétence, lorsqu'il statuait sur une semblable demande.

M. Chauveau, dans ses innombrables questions sur les difficultés que le code de procédure a soulevées, considère comme inutile la discussion de celle que nous venons de formuler. L'incompétence du juge des Référés en matière de saisie est ainsi devenue un dogme judiciaire que l'on ne discute plus.

Si nous arrivons à cette même conclusion, ce n'est point en vertu de la disposition de l'art. 809 sur le sens de laquelle nous n'avons plus à revenir. Mais nous pensons que les raisons qui ont fait admettre la compétence du juge des Référés dans les matières qui nous occupent n'exigent pas autre chose que son intervention pour ordonner la continuation ou la suspension, suivant les cas, des poursuites commencées, et que, dans ces conditions, son intervention pour ordonner la suppression des actes de poursuites réalisés, ne serait pas justifiée.

APPENDICE

Le juge des Référés peut-il accorder des délais aux débiteurs poursuivis

Bien que cette étude n'ait pour objet que la recherche des principes généraux qui doivent servir de guide dans la matière des Référés, nous pensons pouvoir, sans sortir absolument de notre sujet, rechercher quels sont les pouvoirs du juge des Référés, saisi, à l'occasion de poursuites coutre un débiteur, d'une demande de délais pour payer, formée par ce dernier.

L'étude de cette question aura l'avantage de nous permettre de faire l'application des principes que nous avons posés, et, de plus, il y a là une question d'une importance pratique considérable, puisque tous les référés introduits sur les difficultés d'exécution se réduisent à peu près à des demandes de délais.

Maintenant que nous connaissons les motifs qui ont amené le législateur à instituer le recours au juge des Référés dans les cas de difficultés, s'élevant au cours de la procédure d'exécution forcée, cette question ne saurait nous retenir longtemps.

Bien loin d'avoir autorisé, dans les cas qui nous occupent, le recours au juge des Référés, pour tempérer ou ralentir les effets d'une exécution trop rapide, nous avons vu, que c'était à un ordre d'idées absolument opposées que le législateur avait obéi. Nous avons vu que c'était au contraire pour permettre à cette exécution de poursuivre son but et d'y arriver rapidement, sans se soucier des obstacles que la mauvaise foi du débiteur ne se lasserait guère de soulever devant elle, que l'art. 806 avait permis le recours au juge des Référés dans les cas qui nous occupent. Et par un renversement vraiment extraordinaire de la mission que dans l'intention du législateur il devait remplir; le juge des Référés se trouve le plus souvent appelé à statuer pour accorder des délais au débiteur.

Mais cette manière de comprendre la mission du juge des Référés dans les difficultés sur l'exécution n'étant point, tant s'en faut, universellement admise, ce serait ne donner qu'une idée très imparfaite de la question que d'opposer au droit du juge des Référés d'accorder des délais, cette fin de non-recevoir.

Cette question de savoir si le juge ds Référés peut accorder des délais au débiteur, est très controversée.

Dans le sens de la négative on invoque les dispositions des articles 1244 du code éivil et 122 du code de procédure civile. La disposition de l'art. 1244 du code civil reconnaît aux aux juges le droit d'accorder des délais modérés pour le paiement. L'article 122 du Code de proc. civ. dispose : « Dans les cas où les tribunaux peuvent accorder des délais pour l'exécution de leurs jugements ils le feront par le jugement même qui statuera sur la contestation et qui énoncera le motif du délai ». Et l'on dit : S'agit-il d'une dette résultant d'une obligation notariée ; aux termes de l'article 1244, le droit d'accorder des délais appartient aux juges : or, par ce terme, a-t-on jamais entendu désigner le juge des Référés ? S'agit-il d'une dette résultant d'un jugement, l'art. 122, proc. civ. enlève, même au tribunal, le droit d'accorder des délais par un jugement autre que celui qui a prononcé la condamnation, ce jugement rendu, tout droit de réclamer ultérieurement des délais est enlevé au débiteur ; si le droit d'accorder des délais à ce débiteur condamné est refusé au tribunal a *fortiori* le juge des Référés ne peut-il pas l'exercer.

M. Larombière, dans son Traité des Obligations, T. III, p. 143 combat l'argument qu'on veut tirer de cet article en disant que « les dispositions de l'article 122, proc. civ. ne concernent nullement au fond, le droit d'accorder des délais, qu'elles règlent seulement la manière dont ce droit doit être exercé ».

On dit en outre que la concession de délais au débiteur n'est pas une mesure conservatoire, qu'une fois le délai accordé la question est épuisée ; qu'à ce point de vue le juge des référés en accordant des délais au débiteur ferait échec à la règle de l'art, 809.

On dit enfin toujours dans le sens de l'opinion négative, et c'est aux conclusions de M. l'avocat général Godart, ayant précédé l'arrêt de la Cour de Paris du 25 Septembre 1884, que nous empruntons cet argument au moins dans la forme dans laquelle nous le présentons : « Le débiteur qui demande terme et délai ne soulève pas de difficultés sur l'exécution. Il reconnaît sa dette, il ne nie pas le droit du créancier d'exercer des poursuites, c'est même parce qu'il le reconnait et qu'il n'a aucune objection à faire qu'il demande au président d'arrêter ces poursuites, d'autorité. Ce n'est pas un contestant, c'est un suppliant : il avoue qu'il doit et que le droit du créancier est d'exiger le paiement immédiat ; mais il implore du président des référés les délais que son créancier lui refuse. »

V. encore dans le sens de la négative : Thomine. Comm. T. 2. p. 491. — Carré, n° 2755. — Bioche. Référé, n° 184. — Rodière. T. 2. p. 386. — Bonfils, n° 1212. — Mourlon et Naquet. Répert. écr. n° 266. — Moreau, n° 163, 164 et 167. — Labbé Dissert. S. 85. 2. 193 et Paris 25 Sept 84. S. 85. 2. 193.

Dans le sens de l'opinion qui reconnaît au juge des Référes le droit d'accorder des délais au débiteur, M. Bertin (n° 197), s'exprime ainsi :

« Les termes de la loi ont leur importance, alors qu'il s'agit de rechercher quelle étendue le législateur a voulu donner aux pouvoirs qu'il a institués ; l'art. 1244 du Code civil dispose que : les juges peuvent, en considération de la position du débiteur... accorder des délais modérés pour le paiement.

La loi ne s'est pas servi, pour traduire sa pensée, du mot tribunal, qu'elle emploie ordinairement, mais qui eût restreint l'application de la loi à la réunion des magistrats composant le tribunal. L'expression de juges est plus générale et s'étend à tous ceux qui exercent les fonctions de juge. L'article 1244 est, en conséquence, applicable en matière de référés, puisque le président du tribunal y remplit la fonction de juge ; il est également applicable dans les affaires soumises à la juridiction des juges de paix. L'article 806 du Code proc. fournit un nouvel argument en faveur de la compétence du juge des référés en matière de délais, alors qu'il accorde au président du tribunal le droit de statuer sur tontes les difficultés relatives à l'exécution des titres exécutoires et des jugements, la question de délai à accorder étant une des difficultés qui peuvent se propuire devant le juge des référés ».

En se plaçant au point de vue des avantages que ce droit d'accorder des délais en référé présente, M. de Belleyme en concède l'exercice au juge des Référés. V. encore dans ce sens : Bazot, p. 332.

Sur cette question, la jurisprudence des différents magistrats du tribunal de la Seine qui tiennent l'audience des Référés est quelque peu variable, la plupart d'entre eux, cependant, se croit le droit d'accorder délais ; en général le délai accordé est un délai fixe de quinze jours. Et nous ne résisterons pas ici au désir que nous éprouvons de rapporter l'explication que nous avons entendu donner de sa jurisprudence par un des éminents magistrats du tribunal de la Seine ; plus que de longs commentaires cette explication fera connaître à quels mobiles les juges des Référés obéissent en accordant des délais : L'huissier poursuivant pour des raisons spéciales qu'il exposait, s'opposait fermement à la concession du plus petit délai au débtteur, mais la jurisprudence du magistrat était inébranlable sur ce point et quinze jours de délais furent accordés. Interjetez appel de mon ordonnance si elle ne vous satisfait pas, ajouta le spirituel président, et ce n'est pas dans quinze jours que vous aurez votre titre. Ceci nous explique peut-être pourquoi il n'existe que si peu d'arrêts sur la question.

Si, faisant abstraction des raisons que nous avons exposées ci-dessus et qui devraient nous empêcher de prendre part à cette discussion , nous devions donner notre préférence à l'un ou à l'autre de ses systèmes, c'est à celui de M. Bertin que nous nous rattacherions, Avec lui nous dirions « que ce n'est pas seulement par son utilité que la compétence du président peut être justifiée en matière de délais à accorder, que c'est aussi par la conformité de cette compétence avec l'article 1244 du Code civ, et avec l'article 806 proc. civ. qu'elle peut être légitimée ».

Faisant en effet abstraction de l'argument tiré de ce qu'une concession de délai n'est pas une mesure provisoire et qu'elle épuise le droit, nous dirions, si vraiment le recours au juge des Référés dans les difficultés sur l'exécution a été crée dans l'intérêt du débiteur aussi bien que dans celui du créancier, le juge des Référés doit pouvoir, duns son ordonnance, donner satisfaction aux réclamations du débiteur, toutes les fois qu'il les reconnaît blen fondées. Pour quelle raison ce droit lui serait-il particulièrement refusé quand la réclamation du débiteur a pour objet la concession d'un délai. Nous n'en voyons aucune. Trouve-t-on cette raison dans l'art. 1244 qui donne *aux juges* le droit d'accorder des délais, et d'abord cette expression est-elle assez précise pour affirmer que le juge des Référés en soit exclu. Cependant, nous considérons qu'en présence de la disposition formelle de l'art. 122, proc. civ., quand il s'agit d'une poursuite exercée en vertu d'une jugement, le juge des Référés ne pourrait accorder aucun délai.

Mais, qnoiqu'il en soit, de tous ces arguments, c'est pour des raisons plus hautes que nous avons dénié au juge

des Référés le droit de concéder des délais aux débiteurs,
Nous avons dit et nous ne pouvons que répéter, qu'en matière de difficultés sur l'exécution, le juge des Référés
oublie complètement son rôle quand il se met à la disposition du débiteur, si l'on peut ainsi s'exprimer, pour tempérer en sa faveur les rigueurs de l'exécution.

TROISIÈME PARTIE

DE LA COMPETENCE « RATIONÆ PERSONÆ » DU JUGE DES REFERES

DE LA PROCEDURE PROPREMENT DITE DES REFERES ET DES VOIES DE RECOURS CONTRE LES ORDONNANCES DES REFERES

CHAPITRE PREMIER

DE LA COMPÉTENCE « RATIONÆ PERSONÆ » DU JUGE DES RÉFÉRÉS

Nous nous sommes précédemment efforcés de déterminer les cas dans lesquels le juge des Référés était compétent *in abstracto* ; mais étant donné qu'on se trouve en présence d'une difficulté de la compétence du juge des Référés quel est parmi tous les juges des Référés celui auquel on devra s'adresser, c'est la question qui nous reste à résoudre.

Théoriquement deux systèmes peuvent se concevoir ; en fait nous verrons qu'il en existe trois. Ou bien on doit respecter ici la règle générale de l'article 59 aux termes de laquelle le juge compétent pour connaître d'un litige, c'est celui du domicile du défendeur s'il s'agit de l'exercice d'un droit personnel ou celui de la situation de l'objet litigieux s'il s'agit de l'exercice d'un droit réel. Ou bien il y a lieu de suivre en notre matière une règle différente de celle de l'article 59 soit qu'on la trouve écrite dans quelque texte, soit qu'elle résulte implicitement et nécessairement des motifs qui ont présidé à l'établissement de la juridiction exceptionnelle des Référés à côté de la juridiction ordinaire.

Si l'on suit le premier système, et si l'on pense qu'il n'y a pas lieu de déroger ici aux règles générales de la compétence écrites dans l'article 59, lorsqu'on se demandera si l'on se trouve en présence d'une action personnelle ou d'une action réelle et qu'on aura besoin de déterminer la nature de cette action, il est de toute évidence que ce sera au litige, le plus souvent à naître, et à l'occasion duquel une mesure provisoire est sollicitée qu'il faudra s'attacher et non point à cette mesure provisoire elle-même. Prenons un exemple : on demande au président, en référé, la nomination d'un expert qui aura pour mission d'examiner un immeuble ; le but de cet examen peut être de constater certains faits appelés à disparaître et sur lesquels une partie prétend s'appuyer pour faire reconnaître à son profit l'existence d'un droit réel, l'existence d'une servitude acquise par prescription sur un immeuble voisin par exemple ; le but de l'expertise peut-être tout autre, la nomination d'un expert a pu être provoquée par un locataire qui se plaint du mauvais état de l'immeuble à lui loué et réclame des réparations indispensable pour assurer sa jouissance, il y a là l'exercice d'un droit essentiellement personnel.

Si donc on s'en tenait uniquement à la mesure provisoire sollicitée et qui, dans les exemples que nous avons choisis, est la même dans les deux cas, on serait porté à voir là l'exercice d'une action immobilière, autant dire d'une action réelle, car nous savons comme les actions personnelles immobilières sont rares dans notre droit ; si au contraire on s'attache à rechercher quel est le but de celui qui sollicite la mesure provisoire, on voit qu'il y a dans notre premier exemple l'exercice d'un droit réel et d'un droit personnel dans le second.

Le raisonnement des partisans du système, aux termes duquel les règles de l'article 59 doivent s'appliquer même dans la matière des Référés, est des plus simple : Les rédacteurs du Code de procédure ayant formulé dans cet article les régles générales de la compétence *rationœ personœ* ces règles doivent s'appliquer à toutes les espèces sans qu'il y ait à se préoccuper de la juridiction à laquelle on doit avoir recours à moins cependant d'une dérogation formellement exprimée dans la loi. Or nous ne trouvons dans les différents articles du titre des Référés aucune règle devant servir à déterminer d'une façon nouvelle la compétence *rationœ personœ* du juge des Référés.

Ainsi donc d'après ce système le juge des Référés compétent pour ordonner une mesure provisoire serait le président du tribunal compétent pour connaître de la question principale à l'occasion de laquelle la mesure provisoire est sollicitée.

Les conséquences pratiques d'un pareil système appliqué dans toute sa rigueur seraient désastreuses, il est bien facile de s'en rendre compte.

De deux choses l'une en effet ou bien il s'agit d'un recours en Référé fondé sur l'urgence, nous savons que dans ce cas la raison qui a conduit le législateur à apporter une grave atteinte aux principes généraux de la procédure, c'est le danger qu'il y aurait à laisser les choses litigieuses dans un certain état jusqu'à ce qu'il ait été statué sur le fond du droit ; le plus souvent le maintien du *statu quo* pendant quelques jours, pendant quelques heures, pourrait entraîner un préjudice irréparable ; ne serait-il pas alors contraire à toute logique, d'obliger celui qui est exposé à subir les conséquences d'un péril imminent, de s'adresser au juge qui par sa situation est peut-être le moins propre à se rendre rapidement compte des faits dont on se plaint et à y remédier.

S'il s'agit d'un référé introduit à l'occasion des difficultés survenues au cours de l'exécution d'un titre exécutoire ou d'un jugement nous avons dit plus haut que dans ce cas le recours n'était pas autorisé à raison de l'urgence, au sens technique du mot, mais l'intérêt de posséder une procédure d'exécution rapide qui a été le motif déterminant en notre matière, serait souvent sacrifié s'il fallait pour la solution des difficultés naissant au cours de cette exécution avoir recours au juge du domicile du défendeur.

Aussi bien ce système dans toute sa rigoureuse logique est-il fort peu suivi, nous ne l'avons trouvé formulé nulle part ailleurs que dans un arrêt de la Cour d'Amiens du 26 Mai 1875 D. 76, 2, 68 : « Considérant, dit cet arrêt, qu'il est de principe général que le juge du fond soit le juge du provisoire ; qu'il n'a pas été fait d'exception à ce principe en matière de Référé. — Considérant en effet que la juridiction des référés n'est qu'un accessoire de la justice civile ordinaire institué pour parer provisoirement aux cas urgents et que sa compétence ne s'étend pas au delà des matières soumises par la loi à la décision des tribunaux de première instance. »

Nous arrivons alors à un second système qui se trouve formulé avec toute la clarté désirable dans une ordonnance du président du tribunal de la Seine en date du 4 avril 1868 confirmée avec adoption de motifs par arrêt de la Cour de Paris du 13 juin 1868 (D. 68, 2, 178) : attendu que les règles ordinaires de la compétence *rationœ personœ* ne sont pas absolues en matière de référé ; que le juge compétent est celui du lieu s'il y a urgence et non pas nécessairement celui du tribunal qui connaît du fond de l'affaire ; que s'il en était autrement, le but du référé serait manqué surtout lorsqu'il s'agit de la conservation d'un fait ou d'une chose sans lesquels l'action n'aurait plus d'intérêt, qu'en effet le juge du domicile du défendeur, qui pourrait être fort éloigné, serait moins propre que le juge du lieu à apprécier les faits et circonstances du référé et a prescrire d'urgence les mesures de conservation qui devraient être ordonnées ».

Voir dans le même sens :

Pau, 31 août 1837, D. 39, 2, 93 ;—Chauveau, q. 2764 *bis*

in fine ; — Rousseau et Laisney : Référé, n° 18 ; — Bertin, n° 240 et S. ; — De Belleyme, T. I p. 400.

Voilà comment s'exprime à ce sujet ce dernier auteur :

« Les principes généraux des articles 59 et suivants servent à déterminer la compétence du président, néanmoins le président du lieu de l'exécution ou de l'objet du référé est compétent pour statuer sur le référé. »

Ainsi donc la théorie de ce système c'est qu'en principe on doit observer dans notre matière les règles de l'article 59, toutefois, lorsque l'application de ces règles entrainerait des conséquences incompatibles avec le but poursuivi par le recours en référé, on peut y déroger.

Nous ne pouvons pas comprendre un pareil système ; si l'on pense en effet que le législateur a entendu que les règles de l'article 59 s'appliqueraient à la juridiction des référés comme aux autres juridictions il faut observer ces règles dans tous les cas. Qu'on ne vienne pas parler de l'incomptabilité de l'application rigoureuse à la juridiction des référés des règles gènéralés sur la compétence avec le but même de cette juridiction exceptionnelle ; qu'importe si le législateur auquel ces inconvénients n'ont pas du échapper n'a pas estimé qu'il y avait là une raison suffisante pour faire échec aux règles ordinaires de la compétence.

Mais il nous semble que le législateur n'a pas commis cette imprévoyance qu'on paraît lui préter, qu'il a manifesté sinon expressément, au moins d'une façon très suffisamment claire, son intention de voir suivre pour déterminer la compétence du juge des Référés des règles spéciales et exceptionnelles. Et d'abord, cette intention de déroger au droit commun en notre matière, n'est guère contestable au moins en ce qui concerne les Référés sur les difficultés d'exécution.

L'article 554 du Code de procédure, donne en effet compétence au tribunal du lieu de l'exécution, pour connaître des difficultés qui peuvent s'élever au cours de cette exécution, lorsqu'elles requièrent célérité. Or, cette disposition est devenue lettre morte ou a tout au moins perdu une grande partie de son intérêt, en présence de la disposition de l'article 806, qui range ces difficultés au nombre des matières dont peut connaître le juge des Référés. Mais ce qui subsiste de cette disposition quasi caduque et ce que nous voulons en retenir, c'est que c'est le juge du lieu de l'exécution qui est compétent pour connaître des difficultés qui peuvent s'élever au cours de cette exécution ; l'article 806 a remplacé et fait disparaitre l'article 554 dans une de ses parties, celle dans laquelle il attribuait au tribunal la connaissance des difficultés sur l'exécution ; au tribunal, l'article 306 a substitué le président ; mais au contraire, la disposition de l'article 554, en tant qu'elle donnait *au juge du lieu*, compétence pour connaître des difficultés qui nous occupent, subsiste et de sa combinaison avec la disposition de l'article 806, on peut conclure que le juge des Référés, compétent pour connaître des difficultés d'exécution, c'est le président du tribunal du lieu de l'exécution.

C'est ce que décide un arrêt de la Chambre des requêtes du 1er décembre 1886 (Sir. 87. 1. 128) ;

« Attendu que de l'article 806 du Code de procédure combiné avec l'article 554, il résulte que lorsqu'il y a lieu a référé sur l'exécution d'un jugement, cette procédure doit être suivie devant le juge du lieu. »

Le motif sur lequel la Cour de cassation basait sa décision, ne permettait pas d'étendre la solution qu'elle formulait en dehors des Référés sur les difficultés d'exécution ; on pouvait donc se demander quelle serait la théorie de la Cour suprême, pour déterminer la compétence *ratione personæ* du juge des Référés, saisi de l'examen des questions urgentes. La réponse ne se fit pas longtemps attendre, et c'est encore la Chambre des requêtes qui nous la donne; elle maintient la solution de l'arrêt de 1886 et, chose curieuse, c'est sur les mêmes motifs qu'elle appuie sa nouvelle décision (Req. 12. Févr. 89. S. 90. 1. 156) :

« Attendu qu'en établissant une procédure spéciale fondée sur l'urgence, le législateur, ainsi que l'indique l'article 554, a nécessairement entendu que, hors le cas d'incompétence *ratione materiæ*, le juge compétent serait celui du lieu où les constatations doivent être faites, qu'autrement les parties seraient exposées à des retards préjudiciables et que l'intérêt de célérité qui sert de fondement à cette procédure, ne recevrait plus satisfaction. »

C'est ce même argument d'analogie, présenté avec plus de clarté peut-être, qu'invoque l'ordonnance du président du tribunal de la Seine du 4 avril 1858, ladite ordonnance confirmée par arrêt de la Cour de Paris, du 13 juin 1868 (D. 68. 2. 178) :

20

« Attendu qu'aux termes de l'article 554 (proc.) si les difficultés élevées sur l'exécution des jugements ou arrêts requièrent célérité, le tribunal du lieu y statue provisoirement et renvoie la connaissance du fond au tribunal d'exécution ; attendu qu'il doit en être de même dans tous les cas d'urgence, puisqu'il y a pour procéder ainsi les mêmes motifs que dans les cas prévus par l'article 554 ».

La doctrine qui ressort de ces diverses décisions est très claire, tant pour les Référés sur les difficultés d'exécution que pour ceux fondés sur l'urgence ; le but que le législateur a cherché à atteindre au moyen de cette juridiction exceptionnelle c'était d'arriver à une solution rapide ; pour atteindre plus parfaitement ce but il a pensé, que c'était le juge du lieu qui devait être appelé à connaître de ces questions litigieuses urgentes ; il a formulé expressément, dans l'article 554, l'établissement de cette compétence exceptionnelle pour les cas de difficultés sur l'exécution ; il y a lieu, dit alors la doctrine que nous exposons en ce moment d'étendre par identité de motifs cette compétence du juge du lieu à tous les cas dans lesquels le recours en Référé est autorisé : « Attendu, dit encore l'ordonnance du président du tribunal de la Seine de 1868, que s'il en était autrement, le but du Référé serait manqué, surtout lorsqu'il s'agit de la conservation d'un fait ou d'une chose sans lesquels l'action n'aurait pas d'intérêt ; qu'en effet le juge du domicile du défendeur, qui pourrait être fort éloigne, serait moins propre que le juge du lieu à apprécier les faits et circonstances du Référé et à prescrire d'urgence les mesures de conservation qui devraient être ordonnées. »

Ajoutons qu'il y a plus qu'un argument d'analogie pour étendre aux Référés fondés sur l'urgence la règle que le législateur a formellement consacrée dans les cas de Référé sur les difficultés d'exécution mais un *à fortiori*. Nous avons en effet montré que pour ces derniers ce n'était pas le péril en la demeure qui justifiait le recours au juge des Référés.

C'est pour les cas de recours en Référés fondés sur l'urgence qu'on peut plus spécialement dire avec l'orateur du gouvernement que le délai d'un seul jour et même le délai de quelques heures peut-être la source des plus grandes injustices et causer des pertes irréparables.

Remarquons enfin que dans les articles 606, 921 et 922 dans lesquels le code de procédure autorise le recours au juge des Référés dans les demandes de décharge formées par les gardiens aux saisies et dans les difficultés sur l'apposition des scellés c'est au juge du lieu qu'il donne compétence.

Nous conclurons donc avec la Cour de Cassation que tant sur les difficultés qui peuvent s'élever au cours de l'exécution que dans tous les cas d'urgence le juge des Référés compétent pour prescrire les mesures provisoires que la situation comporte c'est le juge du lieu de l'exécution ou de l'objet du Référé. Mais les motifs mêmes qui nous ont paru justifier cette dérogation au droit commun de l'article 59 nous permettent en même temps d'en limiter le champ d'application.

La compétence du juge du lieu a été introduite dans l'intérêt de celui qui réclame la mesure provisoire objet du Référé, si donc celui-ci, renonçant à cette faveur, saisit le juge du domicile du défendeur ce dernier ne pourra pas s'en plaindre et serait non recevable à soulever l'incompétence de son juge naturel.

CHAPITRE II

DE LA PROCÉDURE DES RÉFÉRÉS PROPREMENT DITE

Les règles que nous allons mainenant étudier ont pour but de répondre à ces trois question :

1° Comment s'introduit le Référé.

2° Comment il se juge.

3° Comment l'ordonnance s'exécute.

Mais avant d'entrer dans l'examen de cette étude, il importe d'établir une distinction entre les cas dans lesquels la question litigieuse objet du référé a pris naissance au cour de l'accomplissement par les juges de paix (en dehor de leurs fonctions contentieuses),les notaires, les huissiers et les gardes de commerce, des actes de leur ministère es ceux dans lesquels la difficulté soumise a pris naissance dans toute autre circonstance.

Les litiges de la première classe donnent lieu aux référés dits sur procès-verbaux et les autres aux référés, appelés dans la pratique parisienne,référés sur placet, nous aurons à expliquer le sens de cette dernière dénomination.

Les uns et les autres s'introduisent, se jugent et voient leurs décisions s'exécuter de façons sensiblement diffé-rentes, c'est ce qui justifiera la division que nous allons faire dans notre étude de la procédure proprement dite du référé. Mais une erreur contre laquelle il importe de se tenir en garde, serait celle qui consisterait à confondre d'une part le référé sur placet et le référé fondé sur l'urgence, d'autre part le référé sur procès-verbal et le référé sur les difficultés d'exécution, un exemple fera très bien comprendre qu'il y a là une double classification ne reposant pas sur les mêmes distinctions : les difficultés survenant au cours de l'apposition des scellés ou des confections d'inventaires, donnent ouverture à un recours en référé qui s'introduit et se juge dans la forme des référés sur procès-verbaux, et cependant il ne s'agit nullement là de difficultés d'exécution.

SECTION PREMIÈRE. — De la procédure des référés sur placet

§ I. — *Comment s'introduit le référé*

Comme les instances ordinaires, le référé s'introduit par un exploit d'ajournement délivré à la requête de la partie qui sollicite une mesure provisoire à celle contre laquelle cette mesure doit s'exécuter.

La première question qui se pose est celle de savoir s'il est nécessaire d'obtenir une autorisation préalable pour assigner en Référé ; il est facile de justifier la solution négative que nous donnons à cette question. Dans certains cas exceptionnels (808 proc.) la loi prescrit cette autorisation préalable c'est donc qu'en dehors de ces cas, que nous aurons à étudier tout à l'heure elle n'est pas nécessaire.

Nous pensons qu'il y a lieu de soumettre cet exploit d'ajournement à toutes les formalités de l'article 6? sauf en ce qui concerne la constitution de l'avoué, dont le ministère n'est pas obligatoire par devant la juridiction des Référés, et l'indication du délai pour comparaître laquelle est remplacée par la fixation du jour auquel la comparution doit avoir lieu ; il nous semble également que l'observation de ces formalités est exigée à peine de nullité (art. 61 in fine).

On a soutenu (Dalloz, repert alph. Référé n° 37 — Bazot p. 369 — Rousseau et Laisney Référé n° 194 — Moreau n. 378) qu'en l'absence de tout exploit d'ajournement préalable, le juge des Référés pouvait valablement statuer en cas de comparution volontaire des parties ; on argumente de ce qui est autorisé devant les juges de paix par l'art. 7, proc. ; nous ne sommes pas de cet avis ; les mesures réclamées du juge des Référés sont souvent extrêmement graves ; bien qu'on les appelle des mesures provisoires, elles peuvent compromettre d'une façon irrémédiable les droits des parties ; il nous parait donc indispensable qu'il soit imposé au demandeur l'obligation de formuler ses réclamations dans un exploit d'ajournement que le défendeur pourra examiner avec soin et soumettre à ses conseils avant de venir à l'audience ; c'était d'ailleurs la règle de l'ancien droit.

Un Référé peut-il être introduit par requête d'avoué à avoué, lorsqu'une instance existe déjà entre les parties ? (Dans le sens de l'affirmative : Caen, 17 juin 54. D. 55. 2. 190. Rousseau et Laisney, n° 195. — Dans le sens de la négative : Paris, 7 juin 1809. Chauveau, p. 2766. Boitard, t, 2, n° 1069. De Belleyme, p. 402. Bertin, n° 286. Bazot, p, 374).

Il nous semble difficile d'autoriser ce mode d'introduction du Référé, en présence des termes de l'article 808, qui parle d'assignation, et d'ailleurs, nous pouvons répéter ce que nous disions tout à l'heure : le Référé est souvent aussi gros de conséquences au point de vue du droit des parties, qu'une instance au principal et la garantie d'une assignation délivrée à la personne reconnue nécessaire dans ce dernier cas, doit l'être également dans celui qui nous occupe. C'est cette même raison qui nous porte à penser que l'assignation en référé comme l'assignation au principal, doit être délivrée à la personne ou au domicile réel et non pas au domicile élu (*sic* : Rennes, 23 janvier 1818. P. chr Bertin, n° 285 Contra : Rodière, t. 2, n° 285). Dans la pratique à Paris, notamment dans les demandes de réduction des effets d'une saisie-arrêt, on assigne au domicile élu dans l'opposition.

Une question importante qui se présente à résoudre ici, est celle de savoir quel est le délai minimum qui doit s'écouler entre l'assignation en référé et la comparution.

Trois systèmes différents ont été imaginés pour résoudre cette question :

D'après un premier système, les articles du titre des Référés ne contenant aucune prescription spéciale à cet égard, il faut appliquer le droit commun de l'article 72, c'est-à-dire qu'on doit observer le délai de huitaine, à moins que le demandeur n'ait obtenu une ordonnance du président, lui permettant d'assigner à plus bref délai (Demiau de Crouzilhac, p. 488. Bourges 13 juillet 1830).

Ce système n'a jamais réuni beaucoup de partisans et

n'est guère soutenable ; en l'appliquant, on arriverait à des résultats tellement contradictoires avec l'intérêt d'arriver à une solution rapide, qu'il n'est pas possible de supposer que le législateur ait pu avoir l'intention de maintenir en notre matière l'application de la règle de l'article 72.

Comme le dit fort bien M. Bertin, n° 287 : « Lorsqu'il s'agit de Référé, ce n'est pas au droit commun qu'il faut avoir recours, mais aux dispositions spéciales et exceptionnelles du titre des Référés et aux explications données par ceux qui ont proposé la loi et en ont précisé le sens et la portée. »

On arrive alors au second système d'après lequel il faudrait observer le délai d'un jour franc (de Belleyme, t. I. p. 405).

Cette réduction de délai, atténue à coup sûr dans de notables proportions, les conséquences désastreuses qu'on pouvait reprocher au premier système d'engendrer ; mais ne serait-il pas bien téméraire d'affirmer que dans tous les cas, il y aura là un délai suffisammeut court ?

C'est le moment de se souvenir une fois de plus des paroles de Réal, que nous avons déjà plusieurs fois citées ; il y a des cas dans lesquels le maintien du *statu quo*, pendant quelques heures, peut entraîner un préjudice irréparable.

Il est vrai que lorsqu'une pareille urgence apparaîtra, la partie qui se propose de solliciter du juge des Référés une mesure provisoire pourra user de la faculté de l'article

808 et demander au président l'autorisation d'assigner à heure indiquée, soit à l'audience, soit à l'hôtel. Mais il nous semble ressortir de la comparaison des termes de l'article 807 avec ceux de l'article 808 qne la disposition exceptionnelle de ce dernier article ne s'applique que dans le cas où on se propose d'assigner en dehors des jours ct heures d'audience indiqués d'avance par le tribunal. Si donc le fait litigieux à l'occasion duquel le besoin d'une mesure provisoire immédiate se fait sentir a pris nrissance le matin du jour auquel doit se tenir l'audience ordinaire des référés, on sortirait des termes de l'article 80S et le président devrait se refuser à répondre la requête qui lui serait présentée à fin d'autorisation d'assigner pour cette audience.

Qu'est-ce à dire sinon que le législateur du Code de procédure n'ayant indiqué dans le titre des Référés aucun délai entre le moment de l'assignation et celui de la comparution, c'est intentionnellement qu'il a agi ainsi ; puisqu'on reconnait qu'il n'y a pas lieu d'observer le délai de huitaine de l'article 72, il est absolument arbitraire d'en imposer un plus court : pourquoi plutôt un jour que deux ou trois, il n'y a aucune raison de s'arrêter à ce choix. La vérité, c'est que le législateur a entendu laisser au juge des Référés lui-même le soin d'apprécier dans sa sagesse, en laquelle il s'est complètement remis. si le délai en fait observé a été suffisamment long pour permettre au défendeur de se présenter, d'examiner la réclamation formulée, de réunir les pièces dont il pouvait avoir besoin pour sa défense et de prendre l'avis de ses conseils.

(Caen, 9 nov. 1874 ; D. 76.2.48 ; — Paris. 8 mars 1870 ;
D. 70.2.101 ; — Paris, 18 juin 1869: D. 70 2.64 ; — Bertin,
n° 289 et suiv. ; — Bazot, p, 370 ; — Gérard, p. 57 ; —
Moreau, n° 381 ; Rousseau et Laisney, n° 199).

Mais, à notre avis, lorsque l'assignation a été délivrée
le jour même de la comparution, l'heure de la remise de
l'exploit doit y être indiquée à côté de la date, cela nous paraît indispensable pour permettre au juge d'apprécier s'il
s'est écoulé un temps suffisamment long depuis la délivrance de cet exploit pour permettre au défendeur de venir
présenter sa défense devant lui.

A Paris quand il s'agit des référés sur placet on observe
le délai d'un jour franc et on demande l'autorisation au
juge d'assigner à plus bref délai lorsqu'il y a une urgence
extrême.

Nous verrons lorsque nous étudierons la procédure
des référés sur procès verbaux qu'on n'observe plus ce même
délai, pourquoi distinguer entre ces deux cas nous n'y
voyons aucune raison, c'est l'arbitraire.

§ II. *Comment se jugent les référés sur placet*

C'est là que nous allons trouver l'explication de cette
dénomination de *référés sur placet*. L'exploit d'ajournement est transcrit sur une feuille appelée *placet* lequel est
rédigé et signé par un avoué et remis entre les mains du
président avant l'audience. Mais disons tout de suite qu'il
n'y a dans la rédaction et le dépôt de ce placet l'observa-

tion d'aucune prescription légale, ce sont des formalités d'ordre intérieur destinées à faciliter la tâche du président qui peut ainsi examiner avant l'audience les questions qui lui seront soumises.

Les parties, aussi bien le demandeur que le défendeur, peuvent se présenter par devant le président en personne, par conséquent celui-ci ne pourrait pas se refuser à écouter les réclamations d'une partie qui se présenterait à sa barre sans l'assistance d'un avoué ; pratiquement, et à raison même de l'obligation de déposer un placet qui doit être signé d'un avoué, le demandeur en référé est toujours représenté ou assisté d'un avoué.

Mais à supposer que l'une des parties ne se présente pas en personne peut-elle se faire présenter par un mandataire de son choix ou doit-elle nécessairement s'adresser à un avoué. C'est une règle d'application générale que devant les juridictions auprès desquelles ne sont pas attachés certains officiers ministériels, auxquels on doive nécessairement avoir recours, toute partie peut se faire représenter par la personne qu'il lui plaît de choisir pourvu que cette dernière soit munie d'une procuration, il n'y a aucune raison pour faire échec à cette règle dans la matière qui nous occupe. A Paris nous avons vu fréquemment des juges des référés se refuser à entendre les mandataires des parties absentes, à part les avoués et leurs clercs, les huissiers et avocats inscrits au barreau ; c'est du pur arbitraire.

Si la partie absente est représentée par un avoué nulle difficulté pour dispenser celui-ci de représenter une procuration de son client, mais si au lieu de l'avoué en personne c'est un de ses clercs qui se présente, faudra-t-il que celui-ci soit porteur d'une procuration. Dans la pratique il n'y a pas de question et il n'est pas un seul juge des référés qui se refuse à entendre les clercs d'avoués non munis de pouvoir. Nous nous empressons de reconnaître qu'au point de vue des avantages qu'elle procure cette solution n'est pas contestable, mais au point de vue des principes il y a là une question quelque peu délicate. MM. de Belleyme, T. 1. p. 409 et Bertin n° 311 admettent la solution de la pratique, mais ils ne donnent aucune raison juridique pour la justifier ils se contentent d'invoquer l'usage immémorial et les avantages qu'il y a à autoriser cette manière de faire. Aussi est-ce à notre grand regret que nous nous rangeons à l'opinion contraire, mais nous pensons que le clerc d'avoué ne peut pas invoquer le pouvoir donné à son patron, les fonctions d'avoué étant personnelles et ne pouvant être déléguées.

Le juge des référés peut prescrire toutes les mesures d'instruction qui lui paraissent utiles, sans perdre de vue toutefois, que c'est l'urgence qui justifie son intervention et qu'une mesure d'instruction n'est compatible avec la loi de son institution qu'autant qu'elle peut être réalisée rapidement.

Le président du tribunal siégeant comme juge des référés doit être assisté du greffier (1040 Pr.) celui-ci rédige les ordonnances rendues et les dépose au greffe, à moins que le président n'ordonne l'exécution de son ordonnance sur la minute auquel cas celle-ci est remise à la partie qui l'a obtenue à charge par cette dernière de la rétablir au greffe après l'accomplissement de l'exécution.

Les ordonnances de référé doivent être motivées comme de véritables jugements et à vrai dire ce sont des jugements, nous avons en effet montré précédemment qu'elles pouvaient résoudre les mêmes questions que les juridictions ordinaires :

(*Sic.* de Belleyme. T. 1, p. 418. — Bazot, p. 384. — Bertin, n° 322. — Moreau, n° 401. — Contra : Carré, n° 2771. — Pigeau. T. 2. p. 107).

. Il résulte implicitement des termes des articles 60 et 66 du Décret du 30 Mars 1808, modifié par le Décret du 10 Novembre 1872 que le président peut renvoyer devant le tribunal l'examen des contestations qui lui sont soumises en référé. Le tribunal siège alors comme un juge des référés et doit par conséquent observer les formes de la procédure des référés.

On admet généralement que lorsque le président renvoie les parties en état de référé devant le tribunal et qu'il indique en même temps la chambre du tribunal qui doit être saisie et le jour de la comparution si ce renvoi est prononcé en la présence effective de toutes les parties ou de leurs mandataires, il n'est pas nécessaire de lancer une nouvelle assignation (Bertin, n° 348. — Moreau, n° 412).

§ IIIe. — *De l'exécution de l'ordonnance*

Nous avons dit que le président pouvait ordonner en

cas d'extrême urgence l'exécution de son ordonnance sur la minute (1) ; mais en dehors de ce cas exceptionnel l'exécution se réalise au moyen de la délivrance d'une expédition de l'ordonnance en forme de grosse faite à celui qui doit profiter des dispositions qui y sont insérées.

Les ordonnances de Référé sont exécutoires par provision nonobstant appel et sans caution à moins qu'il n'en ait été décidé autrement. On décide en général que l'exécution de l'ordonnance ne peut en être poursuivie qu'après la signification (Riom, 4 mai 1852, D. 52, 2, 229 ;—de Belleyme, t. 1, p. 422 ;—Bazot, p. 389 ;—Moreau, n° 405) ; nous ne trouvons véritablement aucune raison pour justifier cette exigence, à moins cependant que les mesures prescrites ne doivent s'exécuter à l'encontre de tiers, ou que le juge des Référés n'ait enjoint à une partie l'exécution de certains faits et ne lui ait imparti pour cela un délai déterminé ayant pour point de départ cette signification elle-même.

Dans le cas que nous venons de prévoir où certaines mesures doivent s'exécuter à l'encontre des tiers (autorisation de toucher des loyers nonobstant opposition) devra-ton observer la règle de l'article 548 aux termes de laquelle les tiers sont en droit d'exiger qu'il leur soit justifié par un certificat du greffier que l'ordonnance qu'on se propose

____

(1) La minute ne contenant pas la formule exécutoire, il importe que dans ce cas le président insère dans son ordonnance une clause aux termes de laquelle il déclare que l'exécution des prescriptions qui y sont contenues s'accomplira même avec l'assistance du commissaire de police et de la force armée.

d'exécuter n'a pas été frappée d'appel. Il nous semble que
non ; qu'importe à ces tiers que l'ordonnance ait été on non
frappée d'appel puisqu'elle est exécutoire nonobstant appel ;
si l'ordonnance qui a été exécutée vis-à-vis d'eux est réformée en appel ils ne pourront jamais être inquiétés pour
s'être conformés aux prescriptions qu'elle contenait, on ne
pourra pas leur reprocher de s'être prêté à une exécution
qui pouvait être exigée d'eux.

Contrà : Paris 11 juin 1861, D. 61, 2, 169 ; — Paris 14
juillet 1878, J. pal. 79, p. 519 ; — Rousseau et Laisney, n°
232 ; Sic : Chauveau, supp. 9, 2779 *bis*.

SECTION II. — De la Procédure des Référés sur procès-verbaux

§ 1. — *Comment s'introduisent ces Référés*

Ces référés ont pour but de trancher, nous le savons
déjà, les difficultés qui peuvent naître au cours de l'exercice par les greffiers, notaires, huissiers de certains des
actes de leur ministère. Ces actes ce sont pour les greffiers
les appositions et les levées de scellés, pour les notaires les
inventaires, pour les huissiers les saisies.

Lorsque ces officiers ministériels procèdent à ces différents actes, ils rédigent des procès-verbaux dans lesquels
sont relatés les différentes opérations auxquelles ils se sont
livrés. Si une difficulté surgit alors, dont le but, ou tout au
moins le résultat, soit d'empêcher la poursuite des opérations qu'on se proposait d'effectuer, difficulté justifiant soit

à raison de l'urgence qu'il y a à la résoudre, soit parce qu'elle constitue une difficulté sur l'exécution, le recours au juge des Référés, il en sera fait mention sur le procès-verbal de l'officier ministériel, qui contiendra également l'indication des jour et heure auquel les parties devront se transporter devant le juge des Référés.

La difficulté, cause de ce renvoi en référé, ayant été soulevée par une partie assistant aux opérations qu'on était en train de poursuivre, celle-ci sera suffisamment avertie du jour auquel elle devra se présenter en référé, par l'indication qui en sera faite au procès-verbal sans qu'il soit besoin de lui délivrer un procès-verbal d'ajournement. La validité de cette manière de procéder résulte d'ailleurs très clairement de la disposition de l'art. 222 Pr., spécial il est vrai aux difficultés qui peuvent prendre naissance au cours de l'apposition des scellés, mais nous ne voyons aucune raison pour en restreindre l'application à ces matières et à ne pas l'étendre à des matières présentant avec celle qu'il prévoit la plus grande analogie.

En réalité il s'agit là de référés d'un caractère tout spécial, ainsi qu'il est facile de s'en rendre compte ; le juge saisi de la question litigieuse se trouve appelé beaucoup moins à départager deux parties sur des prétentions opposées qu'à dire qui, de l'officier ministériel qui voulait procéder ou de la partie qui s'est opposée à la continuation des opérations de celui-ci, avait raison. La conséquence de cette idée, importante au point de vue de l'étude que nous poursuivons en ce moment, c'est que l'officier ministériel devra se présenter en référé porteur de son procès-verbal, sur lequel ont été insérées les mentions que nous savons et y jouera personnellement le rôle de demandeur bien plutôt que la partie pour laquelle il instrumente.

Si l'on suppose que le procès-verbal contienne renvoi à l'audience ordinaire des référés, il est bien certain que sur le vu de ce procès-verbal, le juge des référés sera valablement saisi sans qu'il soit besoin qu'une assignation ait été délivrée, c'est ce que nous savons déjà. Mais si le procès-verbal contient un renvoi à l'hôtel du président, ou à son cabinet au Palais en dehors des jours d'audience, ne faudra-t-il pas observer la disposition de l'article 808. — Nous ne le pensons pas :

L'article 921 prévoyant les difficultés qui peuvent s'élever au cours de l'apposition des scellés prescrit au juge de paix d'en référer sur le champ au président ; qu'est-ce à dire si ce n'est que le juge de paix devra se transporter séance tenante par devant le président, la nécessité d'une autorisation et d'une assignation préalable ne serait-elle pas contradictoire avec cette prescription.

Or ce que nous avons dit tout à l'heure de la disposition de l'art. 922 nous le disons maintenant de la disposition de l'article 922, à savoir qu'il n'y a véritablement aucune raison pour restreindre cette faculté au cas spécialement prévu par ledit article. Cette faculté du transport sur le champ en référé se trouve encore expressément accordée par l'article 786 spécial à l'exercice de la contrainte par corps. La jurisprudence, représentée d'ailleurs par des arrêts anciens, semble cependant admettre l'opinion contraire, deux arrêts de la Cour de Paris des 29 novembre et 21 janvier 1857 subordonnent dans notre matière la valadité du renvoi à l'hôtel du président ou à son cabinet en dehors des jours d'audience à la nécessité d'une autorisation préalable et d'une assignation par huissier commis (V. dans le sens de notre système : Bertin, n° 305).

§ II. *Comment se jugent les référés sur procès verbaux*

A Paris ces référés se jugent à des audiences spéciales et en observant des formes particulières. Avant d'étudier ces formes il importe de se demander s'il y a dans la distinction établie à Paris entre les deux espèces de référés autre chose qu'un mode de procéder imaginé par la pratique ou si au contraire pour le cas où des référés sur procès verbaux auraient été jugés à l'audience des référés sur placet et avec les formes de ces derniers il y aurait là un vice pouvant entraîner la nullité des ordonnances ainsi rendues. Il a été jugé par un arrêt de la Cour de Paris du 19 janvier 1882 S. 83. 2. 127 que la distinction des référés sur placet et des référés sur procès verbaux pratiquée au tribunal de la Seine était purement réglementaire et n'altérait ni ne modifiait les pouvoirs de juridiction qui étaient attribués par la loi au juge des référés. Nous ne pouvons que nous ranger à l'opinion formulée par cet arrêt.

Nous avons dit que l'officier ministériel devait se présenter en référé, ajoutons en personne et porteur de son procès verbal.

Il n'est pas rédigé de placet et le ministère des avoués n'est pas plus obligatoire que dans le cas des Référés sur placet. Nous ne pouvons que renvoyer à ce que nous avons dit dans le chapitre précédent en ce qui concerne la comparution des parties et leur droit de se faire représenter. L'officier ministériel présente son procès-verbal au président lequel après avoir entendu les explications des parties prononce son ordonnance qui est transcrite sur le procès-verbal à la suite de la déclaration du renvoi en référé.

En fait le président siège seul à l'audience des Référés sur procès-verbaux sans l'assistance du greffier ; est-ce légal ? Nous le pensons, la présence du greffier serait en effet ici tout à fait inutile car, cela résulte des termes mêmes de l'article 922, c'est l'officier ministériel lui-même qui doit écrire l'ordonnance sur son procès-verbal sous la dictée du président qui n'a plus qu'à la signer.

§ III. — *De l'exécution des ordonnances.*

Ce que nous savons déjà nous montre que ces ordonnances de Référé ne s'exécutent pas au moyen d'une expédition en forme de grosse ; il ne reste au greffe aucune trace de ces ordonnances et par conséquent il ne peut en être délivré d'expéditions par le greffier.

L'éxécution consistera d'ailleurs uniquement dans la continuation des opérations suspendues par suite de la difficulté objet du Référé, si cette continuation a été ordonnée, **dans le cas contraire dans le maintien du *statu quo*.**

CHAPITRE III

DES VOIES DE RECOURS CONTRE LES ORDONNANCES DE RÉFÉRÉ.

SECTION I. : — De l'opposition.

Les ordonnances de référé ne seront pas susceptibles d'opposition, telle est la disposition du 2ᵉ alinéa de l'article 809.

Il n'est guère contestable ni contesté que lorsque le président a renvoyé au tribunal, siégeant comme juge des référés la connaissance d'une question litigieuse à lui soumise, le jugement qui intervient n'est pas plus susceptible d'opposition que ne l'aurait été l'ordonnance rendue en l'absence de ce renvoi (Bazot p. 591 — de Belleyme p. 439).

La question de la recevabilité de l'opposition aux arrêts par défaut des Cours rendus sur l'appel des ordonnances de référé est beaucoup plus délicate, et très discutée tant en jurisprudence qu'en doctrine.

La jurisprudence de la cour de Cassation paraît cependant fixée dans le sens de la recevabilité de l'opposition, deux fois la chambre civile a été saisie de cette question et deux fois elle l'a résolue dans le même sens : Cass., 26 août 79, S. 79, 1. 453 ; — 15 avril 91, S. 91. 1. 160.

Voir dans le même sens :

Bourges. 9 nov. 70, S. 71, 2. 47 ; — Amiens, 4 mars 74, S. 75. 2. 109. ; — Bordeaux, 11 juillet 1883. S. 84. 2. 56 ;

Sic : Carré et Chauneau, q. 2772 ; — de Belleyme, T. 1. p. 439 ; — Moreau , n° 426.

En sens contraire : Paris, 31 mars 70, S, 70. 1. 158 ; Bordeaux, 12 j^{er} 88, S. 90, 2.7. ; — Bazot, p. 396 ; — Bertin, n° 369.

Nous n'hésitons pas un seul instant à nous ranger à l'opinion de la Cour de Cassation, Comme le dit la Cour suprême dans son arrêt de 1891 ; l'opposition est une voie de recours de droit commun ouverte aux défaillants pour attaquer les décisions de justice rendues à leur préjudice et ce principe fondamental du droit de défense ne reçoit exception que dans les cas expressement déterminés par la loi. — Or, ajoute elle, si l'art. 809 décide que les ordonnances sur référé ne seront pas susceptibles d'opposition le même article qui règle dans ses deux derniers paragraphes le mode de procéder en appel ne reproduit pas cette prescription. Le raisonnement nous parait irréfutable au point de vue des principes ; aussi pour le combattre se place-t-on uniquement au point de vue des inconvénients pratiques qui résulteraient, prétend-on, de l'application d'un pareil système. En fut-il ainsi, serait-il vrai que la faculté accordée aux intimés défaillants de faire opposition aux arrêts rendus contre eux en matière de référés, pût avoir des conséquences extrêmement fâcheuses, il faudrait le déplorer et regretter peut-être que le législateur ne les ait pas écartées au moyen d'une disposition formelle, c'est tout ce que l'on pourrait faire. Mais il nous semble que même en se plaçant à ce point de vue purement utilitaire il n'y a place à aucune des craintes qu'on parait avoir dans l'opinion contraire.

Le fondement même du référé, sa raison d'être c'est, nous l'avons dit cent fois, qu'il permet, en présence d'une situation qui réclame une intervention immédiate de la justice, d'obtenir une solution pour ainsi dire instantanée. Pour que le but soit complétement atteint, il ne sufit pas, on le comprend sans peine, qu'une sentence rapide intervienne il faut encore que cette sentence puisse être exécutée sans délai et sans que rien puisse venir en paralyser les effets. C'est pour satisfaire à cet intérêt qu'on introduisit la règle que les ordonnances de référés ne seraient pas susceptibles d'opposition et quelles seraient exécutoires nonobstant appel ; mais cette double règle nécessaire pour permettre au référé d'atteindre son but n'était-elle donc pas suffisante ? Une mesure provisoire est sollicitée du juge des référés, s'il l'accorde, elle est immédiatement appliquée étant exécutoire par provision ; qu'importe alors qu'on interjette appel de cette ordonnance et qu'il intervienne à la cour un arrêt par défaut frappé ensuite d'opposition, quelles conséquences fâcheuse cette procédure d'appel si longue qu'elle soit pourra-t-elle entraîner; nous ne l'apercevons pas. — Le président a-t-il au contraire refusé d'autoriser la mesure provisoire ; le demandeur en référé interjette appel de l'ordonnance et il intervient un arrêt par défaut lequel réformant la décision du président accorde la mesure provisoire sollicitée ; y aura-t-il un bien grand péril à ce que l'opposition formée à cet arrêt en suspende l'éxécution ? ce n'est guère problable et d'abord il est bien rare de voir une cour d'appel accorder une mesure provisoire que le juge des référés n'a pas cru pouvoir prescrire, c'est bien plutôt le contraire qui est fréquent ; aussi quand tel aura été le résultat d'un arrêt par défaut il y a de bien grandes chances de supposer qu'il y a là une décision surprise à la religion d'une juridiction mal informée ; d'ailleurs quand une mesure provisoire réclamée au nom de l'urgence n'est prescrite qu'en appel de deux choses l'une ou elle intervient trop tard, le danger qu'on voulait éviter est consommé ou bien c'est qu'alors l'urgence invoquée était bien peu sérieuse, dans les deux cas le maintien du *statu quo* un peu plus longtemps, jusqu'à ce qu'il ait été statué sur l'opposition, n'aura pas de bien graves conséquences.

Il nous semble donc que non seulement les principes certains du droit s'opposent à ce que l'intimé défaillant soit privé du droit de former opposition à un arrêt rendu en matière de référés, mais les inconvénients pratiques invoqués dans la doctrine opposée comme les conséquences nécessaires de l'application d'un pareil système font complètement défaut, comme nous croyons l'avoir montré.

SECTION II. — De l'appel

Dans les cas où la loi autorise l'appel, dit l'article 809 3e par., cet appel pourra être interjeté même avant le délai de huitaine à dater du jugement, il ne sera point recevable s'il a été interjeté après la quinzaine à dater du jour de la signification du jugement.

§ I. *Quelles sont les ordonnances de Référé susceptibles d'appel ?*

Trois règles sont généralement admises pour répondre à cette question.

1° L'appel n'est admissible en matière de référé comme en tout autre matière qu'autant que le litige dépasse le taux du dernier ressort.

Paris, 16 août 1836, S 36,2,257. — 9 août 1836, S 37,2, 143 ; — 5 octobre 1848, S, 48, 2. 594 ; — 2 Décembre 1848 D, 49, 5, 106 ; — 22 Février 1889, J, av, 114, 235 ; Carré et Chauveau q. 2776 ; — Boitard, T, 2, n. 1070 ; — de Belleyme T, 1, p, 426 ; — Bazot, p, 395 ; — Bertin, n. 393 ; — Moreau. n. 419

2° L'appel motivé sur un excès de pouvoir du juge des référés est recevable quelque soit la valeur de la contestation. Paris, 29 novembre 1871, D, 72. 5, 379 ; — Poitiers, 4 août 1887. D, 88. 2, 239.

3° L'appel est recevable pour incompétence du juge des référés quoique la matière soit du dernier ressort.

Paris 13 octobre 1841, S, 41, 2, 570 ; — 1er avril 1854 D, 54, 5, 63 ; — Chauveau q, 2776, — Bazot, p, 395 — Bertin n, 377 ; — Moreau. n· 423

Contra : Amiens 27 avril 1898. S. 39, 2, 201.

Du rapprochement de ces trois règles semblerait résulter que la première question à se poser, pour savoir si une ordonnance de référé est susceptible d'appel serait cela de savoir si le litige à l'occasion duquel le référé a été introduit est lui-même susceptible de cette voie de recours.

Mais il ne nous paraît pas possible de répondre dans tous les cas à cette seconde question, nous allons le montrer par un exemple : un propriétaire se plaint de malfaçons commises par un entrepreneur dans l'exécution d'un travail dont il avait chargé celui-ci et il requiert en référé la nomination d'un homme de l'art ayant pour mission de constater les malfaçons et d'en évaluer l'importance.

Où est ici la question litigieuse ? elle n'a pas encore pris naissance ; elle consistera soit dans une demande de dommages intérêts formée par le propriétaire contre l'entrepreneur, ce sera quand ce dernier aura déjà reçu l'intégralité du prix à lui dû, soit dans une demande en réduction de prix s'il reste encore un reliquat à verser ; mais en tous cas sous quelque forme que le litige prenne naissance ultérieurement il est dès lors impossible d'en évaluer le taux.

La vérité c'est que, lorsque le juge des référés sera saisi d'une demande tendant uniquement comme dans l'exemple qui précède, à l'obtention d'une mesure purement conservatoire, n'impliquant en aucune façon la connaissance ni la solution d'une question litigieuse qui n'est pas encore née. par la force même des choses le juge d'appel pas plus que le juge de référés n'aura à entrer dans l'examen de cette question.

Pour répondre à la question de savoir quand une ordonnance de référé est susceptible d'appel nous estimons qu'il y a lieu de faire une distinction au point de vue de l'objet de la mesure sollicitée du juge des référés. — Cette mesure implique-t-elle la solution préalable de la question litigieuse, de celle là même qui pourra ultérieurement être déférée au juge du principal, (nous avons montré plus haut que cela était possible, que c'était ce qui arrivait le plus souvent dans les référés sur les difficultés d'exécution) alors pour savoir si l'on se trouve en présence d'une ordonnance rendue en premier ou en dernier ressort, il y aura lieu d'observer notre première règle et de rechercher si le taux du fond du litige lui-même dépasse ou non le premier ressort, étant ici rappelé qu'on pourra toujours aller en appel sur la question d'excès de pouvoirs ou d'incompétence. Mais le juge des référés était-il saisi d'une demande n'impliquant en aucune façon l'examen d'une question litigieuse quelconque, par la force même des choses l'appel ne sera recevable que sur la question d'incompétence ou d'exès de pouvoirs.

C'est une question qui s'est très souvent présentée devant les tribunaux que celle de savoir si, lorsque le président du tribunal a autorisé une saisie arrêt en se réservant de statuer en référé sur les réclamations de la partie saisic, l'ordonnance qu'il rend sur ces réclamations est susceptible d'appel.

Dans le sens de l'affirmative :

Cass. 10 nov. 85. S. 86. 1. 9. — Paris 24 Déc. 85 et 11 Janv. 86. S. 86 2. 36,— Paris 19 Février 1886 S. 88. 2. 163. — Aix 29 nov. 86. S. 88. 2·163. — Bioche saisie arrêt n° 212. Rousseau et Laisney n° 244. — Glasson note Dalloz 1881. 2. 97 (sous arrêt de la cour de Paris du 15 Déc. 85).

Dans le sens de la négative :

Montpellier 26 Déc. 70 S. 72. 2. 195. — Paris 31 juillet 1871. S. 72. 2. 24.—Bordeaux 16 juillet 1872 S, 72. 2. 291. — Paris 20 juillet 1880 S. 82. 2. 132. — Paris 24 nov. 1881 J. av. 107. 408. — Paris 15 Décembre 1882. S. 83. 2. 151.

La solution de cette question ne peut pas nous embarasser bien longtemps après ce que nous avons dit plus haut touchant la nature de la sentence du président rendue dans ces conditions. Nous avons dit qu'il n'y avait pas là une ordonnance de référe mais bien un mode d'exercice du droit accordé au président du tribunal d'autoriser les saisies arrêt, un palliatif imaginé par la pratique pour parer aux dangers pouvant résulter des surprises de la mauvaise foi ; nous estimons donc que l'ordonnance du président rendue dans ces conditions ne peut jamais être déférée à la Cour d'appel pour quelque cause que ce soit.

§ II. Délai pour interjeter appel.

Ce délai est de quinze jours à partir de la signification de l'ordonnance, Faut-il lui appliquer la règle de l'article 1033, aux termes de laquelle lorsqu'un délai a pour point de départ une signification à personne ou à domicile, le dies a quo et le dies ad quem ne font pas partie du délai, le délai est susceptible d'augmentation à raison des distances et si le dernier jour du délai est un jour férié l'échéance est reportée au lendemain.

La raison de douter provient de ce que l'article 809 ne dit pas que le délai pour interjeter appel d'une ordon-

nance de référé sera de quinze jours à partir de la signification mais que l'appel ne sera point recevable s'il a été
interjeté après la quinzaine de la signification.

Les délais qui jouissent de la triple faculté d'augmentation accordée par l'article I033 c'est ce qu'on appelle les
délais francs, et on décide généralement que lorsque la
loi procède comme cela a lieu dans notre cas, au moyen
d'une formule exclusive et précise impliquant l'intention
de ne pas étendre au delà d'un certain terme le délai prescrit, ce délai n'est pas franc. C'est en vertu de ce principe
qu'il a été jugé, par application de l'article 13 ou la loi de
1838, que l'appel d'un jugement de justice de paix formé
le 31ᵉ jour de sa signification n'était pas recevable.

Cass., civ. 2 août 1887 ; — D. 88. 1. 180 ; — Cass.
Req., 5 Février 1879 ; D. 80. 1. 200.

En sens contraire il a été jugé que lorsque l'échéance
du délai de quinzaine pour interjeter appel d'une ordonnance de référé tombait un jour férié elle était reportée au
lendemain : Paris, 16 juin 1866, S. 67. 2. 189.

V. dans le sens opposé à cette décision : Bertin, n· 391 ;
— de Belleyne, T. 1. p. 435.

En ce qui concerne la question de savoir si le délai
de quinzaine est susceptible d'augmentation à raison des
distances il n'apparait pas qu'elle ait jamais été résolu par la
jurisprudence : mais il nous semble qu'il y aurait une double
raison pour ne pas appliquer au délai qui nous occupe la
possibilité d'une augmentation à raison des distances ; d'a-

bord la raison résultant des termes précis et exclusifs de l'article 809 mais de plus la jurisprudence considère que le délai d'appel de droit commun n'est pas susceptible d'augmentation à raison des distances.

Quoiqu'il en soit sur cette dernière question nous éprouvons quelques scrupules à admettre que le fait par le législateur d'avoir employé dans certaines dispositions cette expression ; tel acte ne pourra s'accomplir après tel délai : plutôt que celle-ci : tel acte devra s'accomplir dans tel délai put avoir pour conséquences d'écarter dans le premier cas l'application de la règle de l'article 1033 qui subsiste dans le second. Il y a là deux expressions que dans le langage courant on emploirait indifféremment l'une pour l'autre et nous avons peine à croire que d'une façon générale, ce soit sainement interprêter la loi que de peser un à un les mots et les expressions dont elle se sert plutôt que de s'en rapporter purement et simplement au sens que la phrase employée aurait dans le langage courant.

La disposition de l'article 1033, par la place que cet article occupe dans le code de procédure et à raison même de ses dispositions, nous semble devoir être considéré comme un texte d'une application générale ; pour y déroger il faudrait plus qu'un argument de mots dans le genre de celui qu'on invoque dans l'espèce, il faudrait tout au moins en l'absence d'une dérogation formelle de sérieuses raisons que nous n'entrevoyons nullement

Toutes les règles qui précèdent s'appliquent dans les mêmes termes aux jugements rendus en état de référé.

Sic : Paris, 14 mai 1836, S 36. 2 258 : — 21 Dic. 1880. S. 81. 2 118 ; — Bazot p 394 — Bertin n· 392 — Moreau n° 426.

Contra arrêts donnant un délai de deux mois pour inter-jeter appel des jugements rendus en état de référé) : Riom 23 avril 1839 S. 39. 2. 454 ; —Bordeaux 19, Déc. 46, S, 47. 2 368.

L'appel d'une ordonnance de référé doit être signifié à personne ou à domicile

§ III *De l'arrêt rendu sur l'appel d'une ordonnance de Référé*

Cet appel est jugé sommairement et sans plaidoirie (art 809).

Il s'est posé en pratique la question de savoir si la Cour qui infirmait une ordonnance de référé pouvait en même temps prononcer des dommages-intérêts basés sur le préju-dice que l'éxécution de l'ordonnance avait pu causer.

La Cour de Paris a résolu cette question dans le sens de l'affirmative (Paris 1 er Février 1873 — S, 73.2 87)

Il n'est pas douteux qu'à raison du préjudice résultant de cette exécution une demande de dommages intérêts pour-rait être formée par devant le tribunal civil ; mais il ne nous semble pas possible de reconnaître à la cour saisie de d'une ordonnance de référé de statuer sur une semblable demande. Nous sommes en effet absolument en dehors des cas dans lesquelles aux termes de l'art. 473 proc. la Cour d'appel jouit de la facnlté d'évocation.

SECTION III. De la Tierce opposition

Il n'est pas douteux qu'une ordonnance de référé alors même quelle se borne à prescrire une mesure provisoire puisse causer à des tiers un préjudice définitif. Il nous semblerait donc bien qu'on doive reconnaître à ces tiers le droit de former tierce opposition à l'ordonnance rendue ; on ne l'admet cependant généralement pas ; mais comme d'un autre côté toute personne qui prétend avoir à se plaindre d'une ordonnance de référé à laquelle elle est restée étrangère peut introduire un référé pour faire rapporter en ce qui la concerne les effets de la première ordonnance, il y a dans l'exercice de ce droit, qu'on l'appelle ou non tierce opposition, quelque chose, qui et dans sa forme et dans son résultat, ressemble singulièrement à cette procédure.

SECTION IV. — Du Pourvoi en Cassation.

C'est une question des plus controversées que celle de savoir si le pourvoi en cassation est recevable contre les ordonnances de référé passées en force de chose jugée.

La raison de douter provient de ce que le pourvoi en Cassation n'est ouvert que contre les décisions définitives ; or disent certains arrêts et certains auteurs l'ordonnance de référé est une décision essentiellement provisoire.

A notre sens la controverse provient surtout de ce que l'on ne s'entend pas sur le sens qu'on donne aux mots.

Lorsqu'on dit que le pourvoi en Cassation n'est recevable que contre les décisions définitives on entend par cette expression décisions définitives : 1° celles qui tranchant dans un certain sens la question litigieuse mettent fin au débat ; 2° celles qui, sans mettre fin au début, le préjugent néanmoins et tracent en quelque sorte d'avance la marche que le juge devra suivre selon l'issue que la mesure, objet de la décision provisoire, aura obtenue ; ces dernières décisions portent le nom d'interlocutoires. On oppose alors à ces décisions définitives les désisions préparatoires lesquelles ne préjugent le fond dans ancun sens et ne sont pas susceptibles d'un recours en Cassation. Il est facile de comprendre la raison de cette distinction :

La Cour de Cassation est une juridiction suprême à laquelle le recours ne peut être autorisé que lorsqu'il s'agit de lui déférer une décision de justice ne laissant plus entiè-res les prétentions réciproques des parties. C'est ainsi qu'un jugement qui ordonne une mesure d'instruction, à l'encontre des prétentions d'une partie d'après laquelle les faits qu'cn se propose d'établir au moyen de cette mesure d'instruction ne sont ni pertinents ni admissibles, peut être déféré à la Cour de Cassation ; le plaideur qui niait la pertinence des faits a en effet succombé de ce chef et ses prétentions ne sont plus entières.

Nous nous sommes longuement étendus précédemment sur les pouvoirs du juge des référés et sur la nature des dispositions que pouvait contenir son ordonnance. Nous avons dit qu'à notre sens le caractère provisoire des

ordonnances de référé n'imposait point au président de
s'en tenir aux mesures purement conservatoires, à ces
mesures laissant entières les prétentions des parties, en ce
sens que le juge qui les a prescrites a pu s'abstenir de tout
examen de la question litigieuse; mais nous avons dit aussi
que le juge des référés pouvait et devait même s'en tenir
aux mesures purement conservatoires lorsque celles ci
donnaient satisfaction complète aux nécessités de l'urgence.

Si l'on suppose que l'ordonnance déférée à la Cour de
Cassation soit de eelles qui, par les mesures qu'elles pres-
crivent, impliquent la solution dans un certain sens des
prétentions réciproques des parties il semble bien que le
jeu même des principes que nous venons de poser, lesquels
ne sont pas douteux, devrait nous conduire à admettre la
recevabilité du pourvoi.

Telle n'est cependant pas notre opinion : L'ordonnance de référé ne statue que provisoirement, et nous savons
ce qu'il faut entendre par ces mots ; qu'importe donc que
la décision du juge des référés implique la solution dans
un certain sens des prétentions des parties ; celle des parties
aux droits de laquelle cette ordonnance a fait échec n'a
qu'a saisir la juridiction compétente au fond pour examiner
ses prétentions et cette juridiction sera appelée à statuer en
toute indépendance sans que sa liberté d'appréciation soit
le moins du monde entravée par la décision du juge des
référés qu'elle ne devra pas connaître.

Par a *fortiori* nous repousserions la recevabilité du pourvoi en Cassation contre les ordonnances de référé qui se

borneraient à prescrire des mesures simplement conservatoires,

Voir dans le sans de notre solution ; Chauveau, 9. 1776
— Moreau, n˙ 432 et 433 (cet auteur admet cependant le
recours en cassation pour cause d'incompétence ou d'exès
de pouvoir) ; — Cass. 1ᵉʳ mai 1860, S. 62. 1. 150

Voir en sens contraire.

Cass., 23 juillet 1851 , S, 51. 1.˙753 ; — Rodière, T 2.
p 393 ; — Rousseau et Laisney n˙ 251.

Entre ces deux opinions extrêmes il s'en est intercalée
une troisième dont il nous semble pouvoir résumer le système en disant que le pourvoi en Cassation sera recevable
contre les ordonnances de référé prescrivant des mesures
qui peuvent constituer un état de fait irréparable mais contre
celles-là seulement.

Voir : Berti nn˙ 402 et suiv. Bazot p. 401 et s. — Cass. 6
1865 S. 66. 1. 44 ; — Rapport de M. le Conseiller Lepelle-
tier sous arrêt de Cassation du 3 juillet 1889. S. 90. 1 425.

Nous ne saurions nous ranger à ce système qui donne à
l'expression décisions définitives un sens tout différent
de celui que le législateur a entendu lui attribuer en
disant que les décisions définitives seraient seules susceptibles d'un recours en cassation. Et d'ailleurs le moyen employé repondrait bien peu au but recherché, le pourvoi en
Cassation ne suspendant dans aucun cas l'exécution des décisions qui lui sont déférées, encore bien moins des ordonnances des référés, lesquelles sont exécutoires par provision.

POSITIONS

DROIT ROMAIN

I. A l'origine, le juge est un arbitre choisi par les parties ; il se borne à dire le droit (*judicare*) sans prononcer de condamnation.

II. Les créanciers envoyés en possession des biens de leur débiteur n'acquièrent sur ces biens qu'un droit de garde et de surveillance lequel n'implique nullement une prise de possession effective.

III. Le créancier qui a fait procéder au *pignus in causa judicati captum* de certains biens doit être mis en possession effective de ces biens.

IV. Le débiteur dont les biens ont été vendus en masse ne se trouve pas, pour cela, libéré de toutes ses dettes antérieures ; il reste tenu vis-à-vis de ses créanciers pour la somme leur restant due après la répartition du prix de la vente.

DROIT FRANÇAIS

I. L'urgence, nécessaire pour justifier l'intervention du juge des Référés, implique que le maintien du *statu quo* pourrait causer à l'une des parties un préjudice irréparable.

II. La disposition de l'article 809 (proc. civ.), aux termes de laquelle les ordonnances de référés ne feront aucun préjudice au principal, n'a nullement pour but de restreindre dans certaines limites, les pouvoirs du juge des Référés.

III. Le juge des référés est compétent pour statuer au provisoire sur les matières de la compétence des tribunaux de commerce ou des juges de paix quand elles réclament une solution urgente.

IV. Dans les difficultés qui s'élèvent au cours de l'exécution des titres exécutoires, le juge des Référés doit se borner à rechercher si les prétentions du débiteur paraissent ou non sérieuses et, dans ce dernier cas, ordonner la continuation des poursuites.

Positions prises en dehors de la Thèse

DROIT ROMAIN

I. L'existence d'une servitude prédiale sur le fonds vendu ne donne pas, en l'absence d'une convention formelle, naissance à l'exercice des actions *ex empto* et *ex stipulatu duplæ*.

II. Le délit d'injures, réalisé par des paroles ou des écrits, n'implique pas nécessairement des allégations calomnieuses.

III. Le paiement par un débiteur en état d'insolvabilité à un créancier qui connaît cet état ne donne pas ouverture à l'exercice de l'action Paulienne.

IV. La règle d'après laquelle la dot ne peut, en principe, être restituée pendant le mariage ne dérive pas de la prohibition des donations entre époux.

DROIT CIVIL

I. L'inobservation des formes de publicité, auxquelles sont soumis les mariages, n'entraîne la nullité de ces mariages qu'autant qu'elle a eu pour effet de les rendre clandestins.

II. Lorsque des conditions impossibles ou illicites, insérées dans les acte à titres gratuit, doivent être considérées comme la cause impulsive des libéralités ; leur présence dans les testaments ou les donations entraîne la nullité de ceux-ci.

III. Sous le régime dotal, les créanciers pour fournitures d'aliments faites au ménage ne peuvent poursuivre le paiement de ce qui leur est dû que sur la partie des revenus des biens dotaux qui excède les besoins du ménage.

IV. Après l'ouverture d'une succession bénéficiaire ou d'une faillite, on peut encore prendre inscription pour les intérêts d'une créance conservée par une inscription antérieure.

PROCÉDURE CIVILE

I. Un jugement par défaut à la suite duquel a été dressé un procès-verbal de carence, n'est réputé exécuté qu'autant que ce procès-verbal a été porté à la connaissance effective du débiteur.

II. Le créancier hypothécaire qui a encouru la forclusion de l'art. 755 (proc. civ.) conserve le droit de se faire colloquer par préférence aux créanciers chirographaires sur la partie du prix de l'immeuble restant libre après la clôture de l'ordre.

DROIT COMMERCIAL

III. Le syndic d'une faillite ne peut pas appréhender ni mettre en vente les titres de rente sur l'Etat appartenant au failli.

DROIT ADMINISTRATIF

IV. Le ministre d'un culte traduit devant une juridiction de repression à l'occasion d'un acte de son ministère constituant un abus, ne peut pas opposer devant cette juridiction une fin de non-recevoir tirée de ce qu'il n'aurait pas été préalablement traduit comme d'abus devant le conseil d'Etat.

Vu par le Président de la Thèse,
GLASSON.

Vu : Le Doyen,
COLMET DE SANTERRE.

Vu et permis d'imprimer,
Le Vice-Recteur de l'Académie de Paris,
GRÉARD.

TABLE DES MATIÈRES

DROIT ROMAIN

Caractères généraux de l'exécution aux différentes époques de la Législation Romaine

DROIT FRANÇAIS

DE LA JURIDICTION DES RÉFÉRÉS

Préliminaires, Notions historiques

PREMIÈRE PARTIE

Du Recours au Juge des Référés dans les cas d'urgence

PARTHENAY, IMPRIMERIE A. RAYMOND